高等职业教育创新型系列教材·物流管理类

货物运输操作

主　编　陈昊平
副主编　王公强
参　编　刘　辉　　毛小萌　　张玉静
　　　　王粉萍　　徐晨攀
主　审　张翠花　　王富有

北京理工大学出版社
BEIJING INSTITUTE OF TECHNOLOGY PRESS

版权专有　侵权必究

图书在版编目（CIP）数据

货物运输操作/陈昊平主编. —北京：北京理工大学出版社，2016.8（2022.2 重印）
ISBN 978-7-5682-2734-6

Ⅰ.①货…　Ⅱ.①陈…　Ⅲ.①物流-货物运输-教材　Ⅳ.①F252

中国版本图书馆 CIP 数据核字（2016）第 182552 号

出版发行 / 北京理工大学出版社有限责任公司	
社　　址 / 北京市海淀区中关村南大街 5 号	
邮　　编 / 100081	
电　　话 /（010）68914775（总编室）	
（010）82562903（教材售后服务热线）	
（010）68944723（其他图书服务热线）	
网　　址 / http：//www.bitpress.com.cn	
经　　销 / 全国各地新华书店	
印　　刷 / 北京虎彩文化传播有限公司	
开　　本 / 787 毫米×1092 毫米　1/16	
印　　张 / 15	责任编辑 / 周　磊
字　　数 / 353 千字	文案编辑 / 周　磊
版　　次 / 2016 年 8 月第 1 版　2022 年 2 月第 3 次印刷	责任校对 / 周瑞红
定　　价 / 46.00 元	责任印制 / 李志强

图书出现印装质量问题，请拨打售后服务热线，本社负责调换

前　　言

本教材按照"任务驱动"的教学思路编写，在内容设计上，力求激发学生的学习兴趣，提高教学效果，培养学生的探索能力，营造互动、交流、协作的教学情境征。

本教材的特色体现在以下三个方面：

1. 编写教材的决定来源于专业需求调查。近年来，编者进行了大量的专业需求调查，通过走访、寄调查表等不同形式对毕业生、企业等进行了调查。调查结果显示，企业对具有货物运输知识员工的需求比较旺盛，因此高职学生掌握货运知识就十分必要，所以编者决定编写这一教材。

2. 本教材的体系确定来源于实际调查。在对从事物流工作的毕业生以及物流企业业务骨干的调查中，编者发现货物运输操作技能在实际的物流工作中占有十分重要的地位，因此，本教材重点介绍货物运输操作与管理的内容。

3. 本教材的结构安排和内容组织注重工学结合。从本教材的结构安排上看，一方面，注重从实际寻找问题，激发学生思维；另一方面，更注重解决实际问题，在每个任务后都有与本任务相结合的实际资料，从而可以更好地促进理论与实践的结合，有利于培养学生的职业素养和职业能力。

本教材由陕西工业职业技术学院陈昊平担任本书主编，并负责总体策划、编写大纲、统稿和定稿，西安铁路职业技术学院王公强担任副主编。本教材编写分工如下：陈昊平编写项目一、项目二的任务一和任务三；王公强编写项目三的任务三；陕西工业职业技术学院刘辉编写项目二的任务四和任务六；陕西工业职业技术学院毛小萌编写项目二的任务五；陕西工业职业技术学院张玉静编写项目三的任务一，陕西工业职业技术学院王粉萍编写项目三的任务二；陕西国际商贸学院徐晨攀编写项目二的任务三。

陕西工业职业技术学院张翠花和西安正邦物流公司总经理王富有担任本书主审。

在编写过程中，本书参考了大量的书籍、文献、论文等，引用了许多专家学者的资料，在此谨对他们表示衷心的感谢。

本书虽经多次修改，但物流行业发展较快，加之时间仓促和编者水平有限，难免存在疏漏和不足之处，敬请批评指正。

编　者

目 录

项目一　货物运输操作的认知 ··· 1
　任务一　运输市场和运输企业 ··· 1
　任务二　物流运输方式和物流运输业务运作流程 ································· 13
　任务三　各种运输方式的技术经济特点和影响运输方式选择的因素 ····· 16
　任务四　物流运输合理化 ··· 21
　任务五　影响运输成本的因素 ·· 26
项目二　货物运输操作的应用 ··· 35
　任务一　公路货物运输 ·· 35
　　子任务一　公路运输的设施设备和方式 ·· 36
　　子任务二　整车货物运输的组织 ·· 43
　　子任务三　零担货物运输的组织 ·· 50
　　子任务四　集装箱货物运输的组织 ··· 55
　　子任务五　特种货物运输的组织 ·· 62
　　子任务六　公路货运费的计算 ·· 67
　任务二　铁路货物运输 ·· 73
　　子任务一　铁路货物运输的基础知识 ··· 74
　　子任务二　国内铁路货物运输的组织 ··· 80
　　子任务三　特殊条件的铁路货物运输的组织 ····································· 91
　任务三　水路货物运输业务 ·· 97
　　子任务一　租船运输业务 ·· 98
　　子任务二　班轮运输业务 ·· 102
　　子任务三　水路货物运输费用计算 ··· 112
　任务四　航空货物运输 ·· 118
　　子任务一　航空货物运输的基础知识 ··· 118
　　子任务二　国际航空货物运输方式 ··· 122
　　子任务三　国际航空货物运输的业务流程 ······································· 128

子任务四　航空货物运输费用的计算 …………………………………… 129
　任务五　管道运输业务 ……………………………………………………………… 137
　　子任务一　管道运输系统及工作原理 …………………………………… 138
　　子任务二　管道输油设备 ………………………………………………… 140
　　子任务三　管道生产管理 ………………………………………………… 142
　任务六　国际多式联运 ……………………………………………………………… 146
　　子任务一　国际多式联运基础知识 ……………………………………… 147
　　子任务二　国际多式联运的程序及运输组织形式 ……………………… 150
　　子任务三　国际多式联运单证 …………………………………………… 154
　　子任务四　国际多式联运经营人 ………………………………………… 156

项目三　货物运输操作的拓展 …………………………………………………… 160
　任务一　物流过程中的运输决策 …………………………………………………… 160
　　子任务一　运输方式的选择 ……………………………………………… 161
　　子任务二　车辆运输路线的选择 ………………………………………… 165
　　子任务三　车辆行车路线和时刻表的制定 ……………………………… 176
　　子任务四　船舶航线和船期计划 ………………………………………… 180
　任务二　货物运输合同 ……………………………………………………………… 191
　　子任务一　货物运输合同的基本知识 …………………………………… 192
　　子任务二　公路货物运输合同 …………………………………………… 196
　　子任务三　铁路货物运输合同 …………………………………………… 199
　　子任务四　水路货物运输合同 …………………………………………… 206
　　子任务五　航空货物运输合同 …………………………………………… 208
　　子任务六　多式联运合同 ………………………………………………… 213
　任务三　运输纠纷及其解决 ………………………………………………………… 217
　　子任务一　运输纠纷的类型 ……………………………………………… 218
　　子任务二　承运人的责任期间和免责事项 ……………………………… 220
　　子任务三　托运人的责任 ………………………………………………… 223
　　子任务四　索赔与争议的解决 …………………………………………… 226

参考答案 …………………………………………………………………………………… 229

参考文献 …………………………………………………………………………………… 231

项目一

货物运输操作的认知

任务描述

在人类从荒蛮走向文明的历史进程中，运输及运输方式的变革发挥了重要作用。现代社会中，运输毫无疑问是世界上最重要的产业之一。如果没有运输，我们就不能开杂货店，也不能赢得战争。现代运输系统是如此发达和普遍，所以大部分人很少想到运输带来的种种好处。不妨设想一下如果没有运输，我们的社会生活将会是什么样子？

任务分析

通过本项目的学习，使学生对运输市场和运输企业、物流运输方式和物流运输业务运作流程、各种运输方式的技术经济特点和影响运输方式选择的因素、物流运输合理化、影响运输成本的因素等知识有感性的认识，为后续货物运输操作应用和拓展项目的学习打下基础。

概念点击

运输市场、运输企业的组织结构、职务说明书、物流运输方式、物流运输业务运作流程、各种运输方式的成本结构、合理运输、不合理运输、运输费率

任务实施

任务一　运输市场和运输企业

作为企业"第三利润源"的物流，完成其改变"物"的空间位置功能的主要手段是运输。综合分析表明，运费占全部物流费用近50%的比例。现实中，依然有很多人认为物流

就是运输，就是因为物流的很大一部分功能是运输完成的。由此可见，运输在物流中占有重要地位。

运输是用设备和工具将物品从一地点向另一地点运送的物流活动，包括集货、分配、搬运、中转、装入、卸下、分散等一系列操作。

运输是物流的主要功能之一。物流是物品实体的物理性运动，这种运动不但改变了物品的时间状态，也改变了物品的空间状态。运输承担了改变物品空间状态的主要任务，它以搬运、配送等方式完成改变空间状态的全部任务。

运输是社会物质生产的必要条件之一，是国民经济的基础和先行。马克思将运输称为"第四个物质生产部门"，是生产过程的继续。这个"继续"虽然以生产过程为前提，但如果没有它，生产过程就不能最后完成，所以将其看成一个物质生产部门。运输这种生产活动和一般的生产活动不同，它不创造新的物质产品，不增加社会产品数量，不赋予产品新的使用价值，而只是一个价值不断增值的过程。

运输可以创造"场所效用"。同种物品由于空间场所不同，其使用价值的实现程度也不同，其效益的实现也不同。通过改变场所可发挥最大的使用价值，最大限度地提高了产出投入比，因而称之为"场所效用"。通过运输，将物品运到场所效用最高的地方，就能发挥物品的潜力，实现资源的优化配置。从这个意义来讲，也相当于通过运输提高了物品的使用价值。

运输是"第三个利润源"的主要源泉。首先，运输是运动中的活动，它和静止的保管不同，要靠消耗大量的动力才能实现，且运输又承担大跨度空间转移的任务，所以活动的时间长、距离远、消耗大。消耗的绝对数量大，其节约的潜力也就大。其次，从运费来看，它在物流总成本中占据最大的比例，综合分析计算社会物流费用，运输费用在其中一般占近50%的比例，有些产品运费高于其生产成本。所以，节约的潜力非常大。再次，由于运输总里程远，运输量大，通过体制改革和运输合理化可大大缩短运输里程，从而获得较大的节约。

一、运输市场

运输市场是运输生产者和运输需求者进行运输产品交易的场所和领域，是运输活动的客观反映。狭义的运输市场指的是运输承运人提供运输工具和运输服务，来满足旅客或货主对运输需要的交易活动场所，即进行运输能力买卖的场所。广义的运输市场，是指一定地区对运输需求和供给的协调与组织，包括一定的交易场所、较大范围的营业区域和各种直观或隐蔽的业务活动。

运输市场的形成是由于客观上存在对运输的需要，并且有了合适的运输工具及有可供运输工具运行的铁路、公路、航道和港站等，还存在着为满足运输需求而提供的设施和劳务。因此运输市场表现为在相当广阔的空间里，在一定时间的推移中实现运力的需求和供给，从而完成客、货位移。运输市场随运输需求和供给而产生，它的作用通过市场机制的调节得以发挥，它的运行在价值规律作用下进行。

（一）运输需求与运输供给分析

1. 运输需求的特征

（1）运输需求的派生性。市场需求有本源需求和派生需求两种。本源需求是消费者对最终产品的需求，而派生需求则是由于对某一最终产品的需求而引起的对生产它的某一生产要素的需求。运输活动是产品生产过程在流通领域的继续，它与产品的调配和交易活动紧密相连，因此运输是工农业生产活动中派生出来的需求。

（2）个别需求的异质性。就整个市场而言，对运输总体的需求是由于性质不同、要求各异的个别需求构成的。在运输过程中必须采取相应的措施，才能适应这些个别需求的各种要求。它们在经济方面的要求也各不相同，有的要求运价低廉，有的要求送达速度快。因此，掌握和研究这些需求的异质性，是搞好运输市场经济的重要条件。

（3）总体需求的规律性。对运输企业来说，不但要掌握和研究个别需求的异质性，而且要研究总体需求的规律性。不同货物的运输要求虽然千差万别，但就总体来说还是有一定规律性的，如货流的规律性、市场需求变化的规律性等。

2. 影响运输需求的主要因素

（1）工农业生产的发展。一个国家的主要任务是发展国民经济，而国民经济的主要内容则是工农业生产。工农业生产发展了，那么对运输的要求也就增加了，运输业也随之得到了发展。

（2）国际贸易的增加。随着国家对外开放程度的增加，国家的对外贸易迅速增加，相应增加了对运输的需求。

（3）国家的经济政策。国家经济政策对运输需求的影响主要表现在政府对经济的扶持与干预上。例如，国家发展了某一产业，对该产业采取扶持的政策，降低贷款利率或减免税收。又例如，国家为了促进经济的发展，扩大住房建设和加大交通设施建设的投入等。这些都会影响运输的需求。

（4）自然因素。自然因素主要是农产品及其他季节性产品在不同的季节里，对运输有着不同的需求。

（5）地理因素。地理因素主要指资源的地理分布不平衡，由于资源在全球分布不均，为了适应生产和消费的需要，必然产生在地理位置上的运输需求。

（6）社会交流和文化旅游活动。随着经济收入的提高和社会交流的发展，因经济活动、访友和旅游的需要，必然引起对运输的需求。

3. 运输供给的特征

运输供给是在运输市场上，运力的供给者在不同的运输条件下所提供的运力数量。运输供给具有以下特征：

（1）必须储存运输能力。由于运输产品不能储存，运输企业一般以储存运输能力来适应市场变化。但运输能力的储存相当复杂，储存不当会造成巨大的经济损失。而运输在时间和空间上的不平衡性使这一问题更加复杂。运输有旺季、淡季之分，按淡季准备运力就不能适应旺季的运输需求，反之，按旺季准备运力，在淡季又会造成运力的浪费。同时，运输活动在往返方向上还存在着不平衡性，按重载方向准备运力，则有较多回程浪费。

（2）要有合理的运力规模。在需求旺季时，运价呈上升趋势，运输企业大量购买和建造运输工具，使运力不断增加，市场可能达到饱和甚至超饱和。相反，运力过剩和运价长期处于低落状况，必然使运输业处于不景气状态。因此，保持合理的运力规模是提高运输工具利用率和满足运输市场需求的必要条件。

4. 影响运输供给的主要因素

（1）国家经济发展状况。一个国家的经济发展状况必然会影响运输工具的建设要求。国家工农业发展迅速，经济建设高速发展，运输需求就会增加，相应的运输供给量也会增加。

（2）政策的倾斜方向。国家以能源、交通为重点，则对运输业的发展有利。如我国目前铁路、公路和航空运输建设的投资很大，运输能力迅速增加，已经适应了国民经济发展的要求。

（3）运输工具造价和科技发展。由于机车车辆制造业、造船业、汽车工业以及航空工业的技术进步，使运输工具成本降低，技术更精，质量更好，必然会增加运输的需求，促进运输业的发展。如果成本高，从经济利益考虑势必减少订购量。这是影响运输供给的主要因素。

（4）军事需要。包括铁路车辆、商船和民航飞机在内的各种运输工具都是一国战时军事力量的补充。

（二）运输需求与运输供给弹性

1. 运输需求弹性

货物运输市场需求是指拥有一定货运量的全体需求者，在不同的运价下对运输工具的需求量。只要在每一运价条件下，求出各需求者需求量的总和，即可求得市场总需求量。现列出需求表1-1，并给出需求函数。

已知 $Q_d=f(p)$，用反函数表示：

$$P = \varphi(Q_d)$$

式中　P——运价；
　　　Q_d——需求量。

表1-1　市场需求表

运价（p）	甲需求量（Q_a）	乙需求量（Q_b）	丙需求量（Q_c）	市场需求量（Q_d）
50	2	1	3	6
40	4	2	5	11
30	8	3	7	18
20	14	6	11	31
10	21	11	14	46

在一般情况下，若运输市场运价下跌，则需求者对运输工具的需求量将会增加，反之则减少。需求变动是指运价以外的其他条件发生变动而导致整条需求曲线的变动，如图1-1所示。

需求量的变动是指对于既定需求，某种运输工具的需要量因运价涨落而发生的变动，其变动是沿一条既定的需求曲线从某一点移至另一点，如图1-2所示。

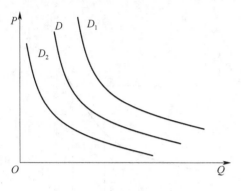

图 1-1　运输需求的变动　　　　图 1-2　运输需求量的变动

用弹性系数可以较好地反映因运价变动而引起的需求量变动的程度。

$$运输需求弹性系数 = \frac{需求量变动的百分数}{运价变动的百分数}$$

即

$$E = \frac{\Delta Q/Q}{\Delta P/P} = \frac{\Delta Q}{\Delta P}\frac{P}{Q}$$

如果运价变动同需求量变动处于相反方向，则弹性系数符号为负号，应根据 E 的绝对值是大于1、小于1或等于1来采取不同的价格策略，以提高企业的经济效益。若 $|E|>1$，则采取降价来提高企业经济效益；若 $|E|=1$，则采取提价与降价的方法都不影响企业的经济效益。

货运需求的价格弹性往往取决于货物的价值，价值小的货物，价格弹性较大，价格大的货物，因运价所占比重很小，故价格弹性较小。价格弹性的大小还同货物的季节性以及市场状况有关，当某种货物急于上市推销，或某种货物不能久存时，货主情愿选择运价高但速度快的运输方式，尽快地把货物运往市场，而不去选择运价低、速度慢的运输方式，以免错失市场机会。

2. 运输供给弹性

运输供给的表示方法与运输需求相同，也可用供给表、供给函数及供给曲线来表示，供给曲线如图1-3所示。

运输供给曲线是一条由左下方向右上方延伸的平滑曲线，线上任何一点都表示着一定运价与一定运力供给量的关系。在一般条件下，运价上涨，运力供给量增加；运价下跌，运力供给量减少。我们把因运价的涨落而引起供给量的增减称为供给法则。

若运价以外的其他条件所发生的变化，使整条供给曲线向右或向左移动，如图1-4所示，表示供给发生变化。

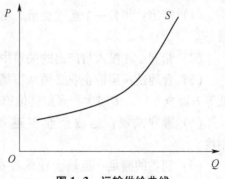

图 1-3　运输供给曲线

供给量的变动是由于运价的变化所引起的供给量的增加或减少。这种增减是在同一供给曲线上某一点的移动,如图1-5所示,S 为供给曲线,由 A 点移至 B 点,其供给量由 Q_1 增至 Q_2,是因为价格由 P_2 上涨至 P_1。

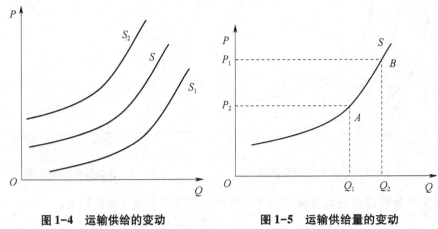

图1-4　运输供给的变动　　　　图1-5　运输供给量的变动

二、运输企业

(一)运输企业组织结构的设立

运输企业的组织结构是企业运作与管理的基础。不同的组织在其设立过程中有不同的要求。

1. 运输企业组织目标分析

在分析运输企业组织目标时,必须密切注意和研究影响目标确定的各种因素,至少要从三个基本层次来分析,即环境层、组织层和个人层。这三个层次间存在着一定的冲突,但是,要使组织生存发展下去,这种冲突必须有最低限度的目标一致性。

运输企业的目标不可能也不应该是单一目标,应该是一个目标体系。这个目标体系的构成应与它作为独立实体所需求的目的和所需要的条件有关。像经营的稳定、组织的发展、参与者的满意、行业地位的提高、技术的革新等,都是系统目标。

每个组织都有多重目标,并且需要把它们转化成具体的、可以衡量的工作目标。组织的主要目标是:

(1) 产出:作为一个运输企业,必须有产出,运输企业的产出就是提供给货主的运输服务。

(2) 营利:在投入与产出的关系中,运输企业必须追求利润的最大化。

(3) 合理性:运输企业必须从市场开拓、人力和物力资源的调动、技术革新、成本降低等方面全方位、多层次、多角度地追求合理化。

(4) 遵守法规:运输企业要遵守包括国家、政府及组织自身制定的法律、规章制度。

(5) 利益的满足:运输企业的存在必须满足组织成员、组织本身及国家的利益需求。这些利益是多方面的、难以一致而又相互重叠的,很难满足但又必须找到利益的最佳结合点加以满足。

运输企业应能为国家、社会、他人以及与组织相关的企业等作出贡献，提供服务。它是人类生活必不可少的部分。让货主满意，让货运代理商营利，为合作伙伴着想，从而获得共同发展，这是组织存在的最高层次的目标。

在以上诸多目标中，利益的满足是首要的，利益驱动是组织最根本的动力机制。组织设计的过程中必须充分弄清国家、投资者、合作伙伴、管理者、员工等每一层面及同一层面不同侧面的相同的和不同的利益所在。只有找出内在联系与利益的最佳结合点，才能定出本企业的管理模式。一方面，组织与合作伙伴之间，组织与国家之间，组织内部上下级之间、各部门与各部门之间、个人与个人之间的利益是存在差别的，这些利益差别会转化成不同的需求心理状态。另一方面，国家和组织中的不同层面、不同岗位、不同个人也一定有相同的利益所在。随着市场竞争的加剧，个人收入、成长发展机遇等切身利益与组织整体利益的联系越来越密切。因此，找到利益的共同点，建立合理有效的利益驱动机制不仅是必要的，而且是可能的。

2. 组织职务的分析

职位与职务分析就是对运输企业内的各种职位及其相应的职务进行分类和区别。职位分析，是对企业内所有的职位，按一定的标准加以分类整理，使工作与人员相互配合，达到管理上因事设人、按才录用、同工同酬、按劳分配的目的。职务分析，就是通过观察和研究确定关于某种特定职务的范围、内容。

职务分析包括以下三个方面的内容。

（1）确定分析的项目。职务分析的项目主要有：职务的目的；完成职务的方法；完成职务的条件；职务要求的熟练程度。

（2）职务分析的方法，具体包括：

① 记录法：将作业有关的各种事项及其主要内容加以记录，进行统计整理。

② 面谈法：直接与员工面谈取得有关事情的方法。

③ 观察法：分析人员在现场对操作者进行观察。

④ 实验法：用生物学、医学以及心理学的测定方法，进行数量的测定。

（3）职务说明书。从职务分析中获得职务情况和特性，记在上面。一般要记载下列各项：职务名称、编号、所属单位名称；职务概要，工作范围、目的、内容等概要；所做工作，工作的具体目的、对象、方法等；操作人员的原始资料，履行职务所必需的经验、必要的训练资料与其他职务的关系等；履行职务的必要条件，如负责程度、知识、身体条件、灵巧程度等。

3. 组织部门的划分

运输企业组织各部门的划分是设计其组织构成的主要内容，是根据各部门的特征进行的分类。部门划分的评价标准有：能否最大限度地利用专业化技术和标准；能否有效利用机器设备；能否便于直线下达命令；能否便利协调；能否发挥员工的聪明才智。

运输企业部门划分的方法有以下六种。

（1）服务部门化。服务部门化划分方法如图 1-6 所示。其优点在于：目标单一，力量集中，可使服务质量和效益效率不断提高；分工明确，易于协调和采用机械化；单位独立，管理便利，易于绩效评估。其缺点在于无法统筹运用人力、物力，而导致浪费。

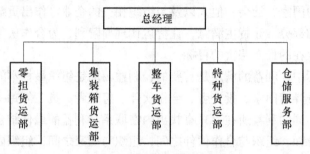

图1-6　服务部门化示意图

（2）顾客部门化。顾客部门化划分方法如图1-7所示。这种划分方法虽然能使产品或服务更切合顾客的实际要求，但同时却牺牲了技术专业化的效果。

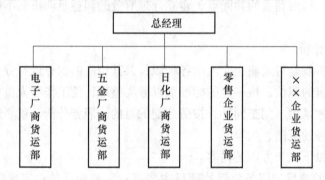

图1-7　顾客部门化示意图

图1-8　地理位置部门化分示意图

（3）地理位置部门化。地理位置部门化划分方法如图1-8所示。这种划分的最大优点是对所负责的地区有充分的了解，各项具体业务的开展更切合当地的实际要求，但是容易产生各自为政的弊病，忽视了公司的整体目标。

（4）职能部门化。职能部门化划分方法如图1-9所示，它是以同类性质为划分基础的，在组织中广为采用。此种划分的优点在于责权统一，便于专业化，但往往会因责权过分集中，而出现决策迟缓和本位主义现象。

按职能部门专业化的原则，通常可把部门划分为三种类别。

① 生产部门：营运部、服务部、客房部、餐厅部等。

② 控制部门：办公室、人事部、财务部等。

③ 支持部门：总部、后勤、保安、服务业的工程部、制造业的维修部等。

（5）生产过程部门化。生产过程部门化划分方法如图1-10所示，它是根据作业流程划分的。这种划分所形成的部门，专业化程度高，生产效率也高，常用于组织大型货运企业。

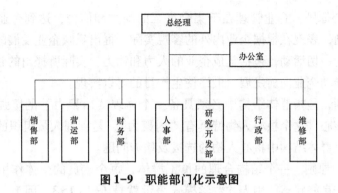

图1-9 职能部门化示意图

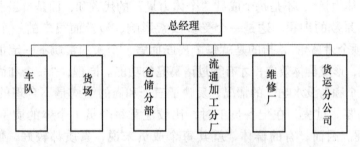

图1-10 生产过程部门化示意图

（6）混合划分。混合划分方法是综合以上各种划分方法而成的一种划分方法，如图1-11所示。它一般用于大型货运企业组织中，至少运用以上两种划分方法，有的则运用以上全部的划分方法。

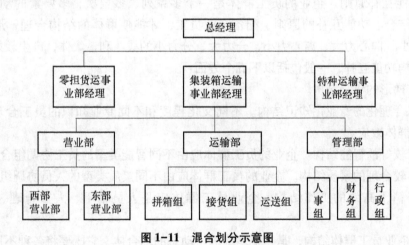

图1-11 混合划分示意图

4. 各部门人员的分配

各部门人员的分配是根据企业组织结构的形态、组织结构设计的原则以及企业组织任务和目标、企业组织各职位的情况和企业组织各部门的划分，并结合企业人力资源的实际情况来进行人员的分配，目的是要达到群体的结构优化。各部门人员配备应遵循以下原则。

（1）目标核心原则。企业管理在于集合员工的脑力和体力，达到企业的经济目标。员工组合的目标原则，表现在根据企业内外的客观实际，提出反映企业发展的管理目标；表现在企业员工配备的一切活动，包括集成企业的人力和物力，实际所提出的管理目标，产生最大的经济效益，推动企业向前发展，最终使生产目的得以实现。

所谓核心原则，是指群体结构中必须具备一个体现"内聚力"的坚强支柱。一个管理群体只能有一个核心，这个核心人物特具有"内聚力"，是管理人员组织的灵魂。贯彻核心原则，要认真解决群体结构中核心人物的选拔及培养问题。

（2）整体效应原则。一个结构合理的员工群体，每个成员的个体作用必定得到充分发挥，整体效应处于良好状态，用人才数学模式表示就是 1+1+1>3。因为，一个员工群体结构所具有的"整体力量"，不是每个成员"个体力量"的代数和，而是员工群体每个成员的能力系数和配合系数的乘积。这是一个受多因素影响、涉及面很广的一个问题。俗话说"三个臭皮匠，顶个诸葛亮"，指的是就每个皮匠而言，个人的素质不一定很高，但由于三个皮匠结构合理，形成群体效应，才有赛过诸葛亮的功能。同理，"一个和尚挑水吃，两个和尚抬水吃，三个和尚没水吃"的情况，反映了三个和尚的结构是不合理的，能量全部内耗，整体效应为零。过去，在配备员工时，比较注意每个员工个体的质量，很少考虑整体结构是否合理。因而，有的群体，就其每个成员来说，素质都较好，但组合在一起，却运用不好，连个人的作用也难以发挥，成了"内耗型"的部门，其功能用公式表示是：1+1+1<3。

一个企业员工群体的整体效应是否良好，主要是看它的领导功能、创造功能和人员功能是否充分发挥。

（3）功能互补原则。企业的员工群体是一个多系列、多层次、多要素的动态综合体。只有按人才结合、功能互补的原则，配备企业员工，才能使群体的结构合理，形成内聚力大、摩擦力小、向心力大、离心力小、合力大、分力小的战斗和谐集体，产生较好的整体功能。群体结构功能互补，一般包括以下五个方面：

① 具有梯形的年龄结构。

② 具有合理化的专业化知识结构。不同文化程度和不同专业知识的员工合理搭配，发挥企业员工群体效应。

③ 具有较好的智能结构。企业的员工群体应由不同智能类型的员工协调组合。

④ 具有较合理的素质结构。企业的员工群体应由不同素质类型的人员协调组合。

⑤ 具有精干高效的工作结构。企业员工群体应是人员精干、人数合理、效率高的结构。

合理的企业员工群体结构，是一个多维的、动态的综合体，它既要将各种不同年龄、知识、能力、素质的管理人员进行合理搭配，形成最佳员工群体结构，实现整体效应，也要随企业内外环境和条件的变化，不断调整、补充和更新群体要素，使企业员工群体结构始终保持最佳状态。

（4）动态交易原则。管理的有效与否，既不决定于管理者的个人品质，也不决定于某种固定不变的管理行为，而是取决于管理者是否适应所处的具体环境。因而，作为一个有效的员工群体，应适应企业所处的具体环境，应适应企业经营目标和企业各种不同的管理职责的要求。而企业的经营目标,又是随着国家、社会一级市场不同时期的需求情况的变化而变化的。企业内部的管理职责,也将由于经营目标的变化,有着不同的内容。所以,企业员工群体的组合不可能是固定不变的静态组合,而随着环境条件、经营目标、管理职责的变化而变化的动态组合。但是,永恒的"动"与相对的"静"是相互依存的。合理的员工群体结构在动态中做到相对稳定,才能保持员工群体优化的平衡。

还应看到,虽然员工群体的各类人员的配备在一定条件下是一个常数,但员工的提升、任免、调出、调入、选拔、补充、退休等都是变量,而且进出的人员条件不可能都完全相同,这也说明,员工群体的结构不可能是永恒不变的。

要使员工群体结构能在"动"中仍保持结构的优化状态,必须注意以下四点:

① 要使员工的发现、培养、选拔、使用的工作制度化、正常化。不能"临时招兵",更不能从组织人事部门的任务观点出发,应付差事,滥竽充数。

② 实行员工合同制,没有特殊原因,不能随便调动更换,保持员工群体结构的相对稳定。

③ 调配、任免要尽量同步进行,做到有出有进,保持工作的连续性和继承性,不要出而不进,出现空缺,影响员工群体功能的发挥,更不能搞"一刀切"的大换班,使员工群体的工作运行中断。

④ 选准苗子,定向培养,定向使用,使"梯队建设"绵延不绝,拥有一支专业配套,结构齐全,可供随时选配的后备干部队伍,以便及时补充员工群体结构中的空缺。

(二)运输企业的组织结构

运输企业的运作与管理是建立在其组织结构中的,企业组织结构的设计就是使各种职位及其有关人员有计划、有系统地编配组合,有效地合作。它是整个运输企业运作与管理的基础,是一项十分重要而又难度极高的基础管理工作,涉及方方面面。运输企业的管理人员应掌握基本的组织结构形态、组织结构的设计以及组织结构的治理等。

运输企业的基本结构由直线型、职能型、直线职能型以及事业部型等。当然运输企业的组织结构也不是固定不变的,它也要随着运输企业的性质、规模、目的、环境的变化而变化。

1. 直线型组织

直线型组织是最早产生,也是最简单的结构形式,如图1-12所示。

其特点是:企业各级行政单位从上到下垂直领导,各级主管人员对其主管单位的一切问题负责,没有职能机构和职能人员。这种组织结构形式一般只适用于小型运输企业,不适用于规模庞大和运营管理比较复杂的现代运输企业。

2. 职能型组织

职能型组织是运输企业按职能实行专业内分工管理,在各级行政负责人下设立相应的职能

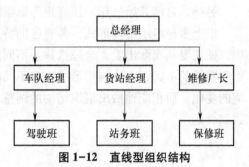

图1-12 直线型组织结构

机构，各职能机构都可以在自己的职权范围内对下级直接进行指挥，如图 1-13 所示。

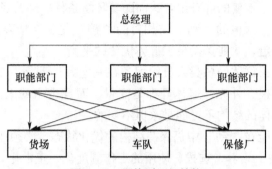

图 1-13 职能型组织结构

3. 直线职能型组织

直线职能型组织是在直线制和职能制的基础上，综合两者优点而形成的，如图 1-14 所示。

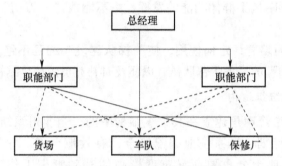

图 1-14 直线职能型组织结构

其特点是：既保持直线制的统一指挥，又保持职能制的专业管理。各级行政人员应具备对下级的指挥权，各职能机构作为行政负责人员的参谋，对下级进行业务指导，但各职能机构横向联系较差。

4. 事业部型组织

事业部型组织是适应于大型运输企业既要与强大对手竞争，又要对市场变化及时采取对策要求，"集中决策、分散经营"的管理组织结构形式。总公司是决策中心，分公司或事业部是利润中心，车队、车站、维修厂等是成本中心，如图 1-15 所示。

另外，目前开始选用的还有矩阵型组织和多维主体组织等。

以上多种组织结构形式，各有各的特点和优缺点。因此，在运输企业中的组织结构设计中，要主要从实际出发，合理选择。不同的运输企业，由于企业规模、市场、运输的货物种类和数量的不同，组合结构形式应有不同的选择。同一企业在不同时期，也要根据战略、环境的变化，而相应地做出组织结构的调整。在同一企业中，也可根据需要，多种组织结构形式综合运用。

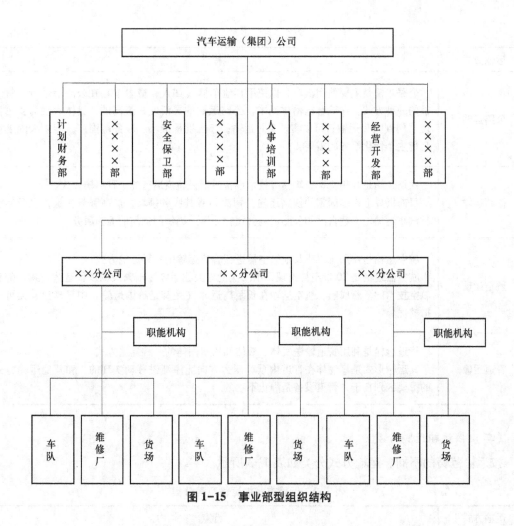

图 1-15 事业部型组织结构

任务二 物流运输方式和物流运输业务运作流程

一、物流运输方式

现代物流运输方式可按运输设备、运输工具、运输范畴、运输作用及运输协作程度和中途是否换载进行分类。

（一）按运输设备及运输工具分类

按运输设备及运输工具的不同，运输方式分类如表 1-2 所示。

表 1-2 运输方式按运输设备及运输工具分类

运输方式	特点
水路运输	使用船舶等浮运工具，在江、河、湖、海及人工水道上载运客货的一种方式。水路运输主要承担大吨位、长距离的货物运输，是在干线运输中起主力作用的运输形式。在内河及沿海，水运也常作为小型运输工具使用，担任补充及衔接大批量干线运输的任务

续表

运输方式	特点
公路运输	公路运输是主要使用汽车，也使用其他车辆（如人、畜力车）在公路上进行客货运输的一种方式。在综合运输体系中，公路运输的灵活性是最高的，具体表现为：可实现"门到门"运输；可以实现及时运输；起运批量最小；服务范围广；能最大限度满足货主个性化服务的需要
铁路运输	铁路运输是利用机车、车辆等技术设备沿铺设轨道运行的一种运输方式。目前世界上许多国家的铁路运输公司为拓展其服务领域，提高服务质量，也开始涉足汽车运输，组建自己的公路运输公司，为客户提供门到门的运输服务
航空运输	航空运输是使用飞机或其他航空器进行客货运输的一种运输方式。航空器运输是20世纪初出现，第二次世界大战后才逐渐繁荣的现代运输方式，随着航空技术的不断成熟，航空运输在长距离运输（尤其是跨国运输）中显现出其无可比拟的优势
管道运输	管道运输是利用管道输送气体、液体和粉状固体的一种运输方式。其运输形式是靠物体在管道内顺着压力方向循序渐进移动实现的，和其他运输方式的重要区别在于，管道设备是静止不动的

（二）按运输范畴分类

按运输范畴的不同，运输方式分类如表1-3所示。

表1-3 运输方式按运输范畴分类

运输方式	特点
干线运输	干线运输是利用铁路、公路干线、大型船舶的固定航线进行的长距离、大载量的运输，是进行距离空间位移的重要运输方式。干线运输一般速度较同种运输工具的其他运输要快，成本也较低。干线运输是运输的主体
支线运输	支线运输是在与运输干线相接的分支线路上的运输。支线运输是干线运输与收、发货地点之间的补充运输形式，路程较短，运输量相对较小。支线的建设水平往往低于干线，运输工具水平也往往低于干线，因而速度较慢
二次运输	二次运输是一种补充性的运输形式，路程较短。干线、支线运输到站后，站与仓库或指定接货地点之间的运输，均属二次运输。由于是单位的需要，所以运量也较小
厂内运输	厂内运输是在工业企业范围内，直接为生产过程服务的运输，一般在车间与车间之间、车间与仓库之间进行。通常将小企业中的这种运输方式以及大企业车间内部、仓库内部的运输称为"搬运"

（三）按运输作用分类

按运输作用的不同，运输方式分类如表1-4所示。

表1-4 运输方式按运输作用分类

运输方式	特点
集货运输	集货运输是将分散的货物汇集集中的运输形式,一般是短距离、小批量的运输。货物集中后才能利用干线运输形式进行长距离及大批量运输,因此,集货运输是干线运输的一种补充形式
配送运输	配送运输是将配送中心已按用户要求配送好的货物分送各个用户的运输。一般是短距离、小批量的运输,也是对干线运输的一种补充和完善

（四）按运输协作程度分类

按运输协作程度的不同,运输方式分类如表1-5所示。

表1-5 运输方式按运输协作程度分类

运输方式	特点
一般运输	孤立地采用不同运输工具或采用同类运输工具但没有形成有机协作关系的运输即为一般运输
联合运输（联运）	联合运输是使用同一运送凭证,由不同运输方式或不同运输企业进行有机衔接以接运货物,利用每种运输手段的优势以充分发挥不同运输工具效率的一种综合运输形式

（五）按运输中途是否换载分类

按运输中途是否换载,运输方式分类如表1-6所示。

表1-6 运输方式按运输中途是否换载分类

运输方式	特点
直达运输	直达运输是在组织货物运输时,利用一种运输工具从起运站、港口一直运送至到达站、港口,中途不经过换载、不入库储存的运输形式,可以避免中途换载所出现的运输速度减缓、货损增加、费用增加等一系列弊病,从而能缩短运输时间、加快车船周转、降低运输费用、提高运输质量
中转运输	中转运输是在组织货物运输时,在货物运送目的地的过程中,在途中的车站、港口、仓库进行转运换载,包括同各运输工具不同运输线路的转运换载,不同运输工具之间的转运换载。 通过中转,往往将干线、支线运输有效地衔接,可以化整为零或集零为整,方便用户,提高运输效率;可以充分发挥不同运输工具在不同路段上的最优水平,获得节约或效益,也有助于加快运输速度。 中转运输方式的缺点是在换载时会出现低速度、高货损、增加费用支出等问题

二、物流运输业务运作流程

运输业务非常复杂,涉及公路运输、铁路运输、水路运输、航空运输、管道运输等,每一部分的运输流程都不大相同。但对于一个物流公司的运输业务而言，通常情况下，物流运输业务运作程序如图1-16所示。

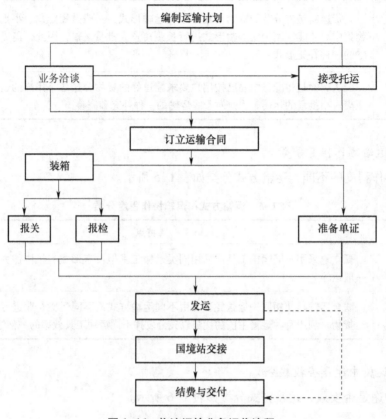

图 1-16　物流运输业务运作流程

任务三　各种运输方式的技术经济特点和影响运输方式选择的因素

一、各种运输方式的技术经济特点

现代的运输工具主要是车、船、飞机、管道等。常见的运输方式有铁路运输、公路运输、水路运输、航空运输和管道运输。

（一）铁路运输

这是使用铁路列车运送客货的一种运输方式。铁路运输主要承担长距离、大数量的货运，在没有水运条件的地区，几乎所有的大批量货物都是依靠铁路，是在干线运输中起主力运输作用的运输形式。

1. 铁路运输的优点

从技术性能上看，铁路运输的优点有：

（1）运行速度快，常规时速一般在80~120千米，提速后可高达200千米以上，高速磁悬浮或轮轨列车时速可达 300~400 千米。

（2）运输能力大，一列货车可装 2 000~3 000 吨货物，重载列车可装 20 000 多吨货物；单线单向年最大货物运输能力达 1 800 万吨，复线单向达 5 500 万吨；运行组织较好的国家，单线单向年最大货物运输能力达 4 000 万吨，复线单向年最大货物运输能力超过 1 亿吨。

（3）铁路运输过程受自然条件限制较小，连续性强，能保证全年运行。

（4）通用性能好，既可运客又可运各类不同的货物。

（5）火车客货运输到发时间准确性较高。

（6）火车运行比较平稳，安全可靠。

（7）平均运距分别为公路运输的 25 倍，为管道运输的 1.15 倍，但不足水路运输的 1/2，不到民航运输的 1/3。

从经济性能上看，铁路运输的优点有：

（1）铁路运输成本较低，有关数据表明，我国铁路运输成本分别是汽车运输成本的 1/11~1/17，民航运输成本的 1/97~1/267。

（2）能耗较低，每千吨千米标准燃料消耗为汽车运输的 1/11~1/15，民航运输的 1/174，但是这两种指标都高于沿海和内河运输。

2. 铁路运输的缺点

（1）投资太高，单线铁路每千米造价为 100 万~300 万元，复线造价在 400 万~500 万元。

（2）建设周期长，一条干线要建设 5~10 年，而且占地太多，随着人口的增长，将给社会增加更多的负担。

因此，综合考虑，铁路适合于在内陆地区运送中、长距离、大运量、时间性强、可靠性要求高的一般货物和特种货物；从投资效果看，在运输量比较大的地区之间建设铁路比较合理。铁路运输经济里程一般在 200 千米以上。

（二）公路运输

这是主要使用汽车，也使用其他车辆（如人、畜力车）在公路上进行客货运输的一种方式。公路运输主要承担近距离、小批量的货运和水运、铁路运输难以到达地区的长途、大批量货运及铁路、水运优势难以发挥的短途运输。

1. 公路运输的优点

（1）机动灵活，可以实现"门对门"运输。

（2）货物损耗少，运送速度快。

（3）投资少，修建公路的材料和技术比较容易解决，易在全社会广泛发展。这是公路运输的最大优点。

2. 公路运输的主要缺点

（1）运输能力小，每辆普通载重汽车每次只能运送 5 吨货物。

（2）运输能耗很高，分别是铁路运输能耗的 10.6~15.1 倍，沿海运输能耗的 11.2~15.9 倍，管道运输能耗的 4.8~6.9 倍，但比民航运输能耗低，只有民航运输的 6%~8.7%。

（3）运输成本高，分别是铁路运输的 11.1~17.5 倍，沿海运输的 27.7~43.6 倍，管道运输的 13.7~21.5 倍，但比民航运输成本低，只有民航运输的 6.1%~9.6%。

（4）劳动生产率低，只有铁路运输的 10.6%，沿海运输的 1.5%，内河运输的 7.5%，但比民航运输劳动生产率高，是民航运输的 3 倍。此外，由于汽车体积小，无法运送大件物资，不适宜运输大宗和长距离货物；公路建设占地多，随着人口的增长，占地多的矛盾将表现得更为突出。

因此，公路运输比较适宜在内陆地区短途运输，可以与铁路、水路联运，为铁路、港口集疏运旅客和物资，可以深入山区及偏僻的农村进行运输，在远离铁路的区域从事干线运输。

（三）水路运输

这是使用船舶运送客货的一种运输方式。水运主要承担大数量、长距离的运输，是在干线运输中起主力作用的运输形式。在内河及沿海，水运也常作为小型运输工具使用，担任补充及衔接大批量干线运输的任务。水路运输有以下四种具体形式：沿海运输、近海运输、远洋运输、内河运输。

1. 水路运输的优点

从技术性能看，水路运输的优点有：

（1）在运输条件良好的航道，通过能力几乎不受限制。

（2）运输能力大。在五种运输方式中，水路运输能力最大。在长江干线，一支拖驳或顶推驳船队的载运能力已过万吨，国外最大的顶推驳船队的载运能力达 3 万~4 万吨，世界上最大的油船已超过 50 万吨。

（3）水路运输通用性能也不错，既可运客，也可运货，可以运送各种货物，尤其是大件货物。

从经济技术指标上看，水路运输的优点有：

（1）水运建设投资省。水路运输只需利用江河湖海等自然水利资源，除必须投资购（造）船舶、建设港口之外，沿海航道几乎不需投资，整治航道也仅仅只有铁路建设费用的 1/3~1/5。

（2）运输成本低。我国沿海运输成本只有铁路的 40%，美国沿海运输成本只有铁路运输的 1/8，长江干线运输成本只有铁路运输的 84%，而美国密西西比河干流的运输成本只有铁路运输的 1/3~1/4。

（3）劳动生产率高。沿海运输劳动生产率是铁路运输的 6.4 倍，长江干线运输劳动生产率是铁路运输的 1.26 倍。

（4）平均运距长，水路运输平均运距分别是铁路运输的 2.3 倍，公路运输的 59 倍，管道运输的 2.7 倍，民航运输的 68%。

（5）远洋运输在国际经济贸易中占重要地位，我国有超过 90% 的外贸货物采用远洋运输，是发展国际贸易的强大支柱，战争时又可以增强国防能力，这是其他任何运输方式都无法代替的。

2. 水路运输的主要缺点

（1）受自然条件影响较大。内河航道和某些港口受季节影响较大，冬季结冰，枯水期水位变低，难以保证全年通航。

（2）运送速度慢。途中的货物多，会增加货主的流动资金占有量。

总之，水路运输综合优势较为突出，适宜于运距长、运量大、时间性不太强的大宗物资运输。

（四）航空运输

这是使用飞机或其他航空器进行运输的一种形式。

1. 航空运输的优点

（1）运行速度快。时速一般在 800~900 千米，是火车速度的 5~10 倍，轮船速度的 20~30 倍。

（2）机动性能好。几乎可以飞越各种天然障碍，不受地形地貌、山川河流的限制，能够到达其他运输方式难以到达的地方。

2. 航空运输的缺点

成本很高，机场及飞机的建设造价高、能耗大、运输能力小、技术复杂。

航空运输主要适合运载的货物有两类，一类是价值高、运费承担能力很强的货物，如贵重设备的零部件、高档产品等；另一类是紧急需要的物资，如救灾抢险物资等。

（五）管道运输

这是利用管道输送气体、液体和粉状固体的一种运输方式。其运输形式是靠物体在管道内顺着压力方向循序移动实现的。和其他运输方式的重要区别在于，管道设备是静止不动的。管道运输是随着石油和天然气产量的增长而发展起来的，目前已成为陆上石油、天然气运输的主要运输方式。近年来输送固体物料的管道，如输煤、输精矿管道，也有很大发展。

1. 管道运输的优点

（1）运输量大。一条直径 720 毫米的输油管道，一年即可输送原油 2 000 万吨，几乎相当于一条单线铁路单方向的输送能力。

（2）运输工程量小，占地少。管道运输只需要铺设管线，修建泵站，土石方工程量比修建铁路小得多。而且在平原地区大多埋在地下，不占农田。

（3）能耗小，在各种运输方式中是最低的。

（4）安全可靠，无污染，成本低。

（5）不受气候影响，可以全天候运输，送达货物的可靠性高。

（6）管道可以走捷径，运输距离短。

（7）可以实现封闭运输，损耗小。

2. 管道运输的缺点

管道运输的缺点是：专用性强，只能运输石油、天然气及固体料浆（如煤炭）等物资。

二、影响运输方式选择的因素

现代运输主要有铁路、公路、水路、航空和管道五种运输方式，各种方式的成本结构比较如表 1-7 所示，营运特征比较如表 1-8 所示。

表1-7　各种运输方式的成本结构比较

运输方式	固定成本	变动成本
铁路	高（车辆及线路）	低
公路	高（车辆及线路）	适中（燃料、维修）
水路	适中（船舶及设备）	低
航空	低（飞机及机场）	高（燃料、维修）
管道	最高（铺设管道）	最低

表1-8　各种运输方式的营运特征比较

营运特征	铁路	公路	水路	航空	管道
运价	3	4	1	5	2
速度	3	2	4	1	5
可行性	2	1	4	3	5
可靠性	3	2	4	5	1
能力	2	3	1	4	5

运输企业可以根据所需运输服务的要求，参考不同运输方式的不同营运特征进行正确的选择。一般来说主要考虑以下七个方面的因素。

（一）商品性能特征

这是影响企业选择运输工具的重要因素。一般来讲，粮食、煤炭等大宗货物适宜选择水路运输；水果、蔬菜、鲜花等新鲜商品，电子产品、宝石以及节令性商品等宜选择航空运输；石油、天然气、碎煤浆等适宜选择管道运输。

（二）运输速度和路程

运输速度的快慢、运输路程的远近决定了货物运送时间的长短。而在途运输货物犹如企业的库存商品，会形成资金占用。一般来讲，批量大、价值低、运距长的商品适宜选择水路或铁路运输；而批量小、价值高、运距长的商品适宜选择航空运输；批量小、距离近的适宜选择公路运输。

（三）运输的可得性

不同运输方式的运输可得性也有很大差异，公路运输最可得，其次是铁路，水路运输与航空运输只有在港口城市与航空港所在地才可得。

（四）运输的一致性

运输的一致性指在若干次装运中履行某一特定的运次所需的时间与原定实现或与前N次运输所需时间的一致性，它是运输可靠性的反映。近年来，托运方已把一致性看做是高质量运输的最重要指标。如果给定的一项运输服务第一次花费2天、第二天花费了6天，这种意想不到的变化就会给生产企业产生严重的物流作业问题。厂商一般首先要寻求实现运输的一致性，然后再考虑交付速度。如果运输缺乏一致性，就需要安全储备存货，以防预料不到的服务故障。运输一致性还会影响买卖双方承担的存货义务和有关风险。

（五）运输的可靠性

运输的可靠性涉及运输服务的质量属性。对质量来说，关键是要精确地衡量运输可得性和一致性，这样才有可能确定总的运输服务质量是否达到所期望的服务目标。运输企业如要持续不断地满足顾客的期望，最基本的是承诺的不断改善。运输质量来之不易，它是经仔细计划，并得到培训、全面衡量和不断改善支持的产物。在顾客期望和顾客需求方面，基本的运输服务水平应该现实一点。必须意识到顾客是不同的，所提供的服务必须与之相匹配。对于没有能力始终如一地满足的过高的服务目标必须杜绝，因为对不现实的全方位服务轻易做出承诺会极大地损害企业信誉。

（六）运输费用

企业开展商品运输工作，必然要支出一定的财力、物力和人力，各种运输工具的运用都要企业支出一定的费用。因此，企业进行运输决策时，要受其经济实力以及运输费用的制约。例如企业经济实力弱，就不可能使用运费高的运输工具，如航空运输。也不能自设一套运输机构来进行商品运输工作。

（七）市场需求的缓急程度

在某些情况下，市场需求的缓急程度也决定着企业应当选择何种运输工具。如市场急需的商品须选择速度快的运输工具，如航空或汽车直达运输，以免贻误时机；反之则可选择成本较低而速度较慢的运输工具。

任务四　物流运输合理化

随着现代物流概念的提出，对物流技术水平也提出了更高的要求，它要求在原有运输概念的基础上更加合理地选择运输工具、运输方式和运输线路来组织货物运输，力求做到运力省、速度快、费用低，以实现物流运输合理化，进而实现物流合理化。

一、合理运输

所谓合理运输，是指在实现货物从生产地到消费地转移的过程中，充分有效地运用各种运输工具的运输能力，以最少的人、财、物消耗，及时、准确、经济、安全地完成运输任务。其标志是运输距离最短、运输环节最少、运输时间最省、运输费用最低和运输质量最高。

运输合理化的影响因素很多，起决定性作用的有以下五方面，称为合理运输的"五要素"。

（一）运输距离

在运输过程中，运输时间、运输费用等一系列技术经济指标都与运输距离有一定的比例关系，运输距离长短是运输合理与否的一个最基本的因素。

（二）运输环节

每增加一个运输环节，势必要增加运输的附属活动，如装卸、包装等，各项技术经济指标也会因此发生变化。所以，减少运输环节将对合理运输有一定的促进作用。

（三）运输工具

各种运输工具都有其优势领域，对运输工具进行优化选择，最大限度地发挥运输工具的优越性和作用，是运输合理化的重要一环。

（四）运输时间

在全部物流时间中，运输时间占绝大部分，尤其是远程运输。因此，运输时间的缩短对整个流通时间的缩短有决定性的作用。此外，运输时间缩短还有利于加速运输工具的周转，充分发挥运力效能，提高运输线路通过能力，不同程度地改善不合理运输。

（五）运输费用

运输费用在全部物流费用中所占的比例很大，可以说，运费高低在很大程度上决定着整个物流系统的竞争能力。实际上，运费的相对高低无论对货主还是对物流企业都是运输合理化的一个重要标志，同时也是各种合理化措施是否行之有效的最终判断依据之一。

从上述五个方面考虑运输合理化，就能取得预期的效果。

二、不合理运输

不合理运输是指在现有条件下可以达到的运输水平未达到，从而造成运力浪费、运输时间增加、运费超支等问题的运输形式。目前我国存在的不合理运输形式主要有以下九个方面。

（一）空驶

空车无货载行驶是不合理运输的最严重形式。在实际运输组织中，有时候必须调运空车，从管理上不能将其看成不合理运输。但是，因调运不当，货源计划不周，不采用运输社会化而形成的空驶是不合理运输的表现。造成空驶的不合理运输主要有以下三种原因：一是能利用社会化的运输体系而不利用，却依靠自备车送货提货，这往往出现单程重车、单程空驶的不合理运输；二是由于工作失误或计划不周，造成货源不实，车辆空去空回，形成双程空驶；三是由于车辆过分专用，无法搭运回程货，只能单程重车，单程空驶。

（二）对流运输

对流运输也叫"相向运输""交错运输"。将同一种货物或彼此间可以互相代用而又不影响管理、技术及效益的货物，在同一线路上或平行线路上做相对方向的运送，而与对方运程的全部或一部分发生重叠交错的运输，称作对流运输。已经制定了合理流向图的产品，一般必须按图中流向的方向运输，如果与合理流向图指定的方向相反，也属于对流运输。

在判断是否为对流运输时需注意，有的对流运输不是很明显的隐蔽对流，例如不同时间的相向运输，从发生运输的那个时间看，并无出现对流，可能做出错误判断。所以要注意隐蔽的对流运输。

（三）倒流运输

倒流运输是指货物从销地或中转地向产地或起运地回流的一种运输现象。其不合理程度要高于对流运输，原因在于，往返两程的运输都是不必要的，形成了双程的浪费。倒流运输也可以看成是隐蔽对流的一种特殊形式。

（四）迂回运输

迂回运输是舍近求远的一种运输。它是指本可以选取短距离进行运输而不为之，却选择路程较长的线路进行运输的一种不合理形式。迂回运输有一定的复杂性，不能简单处之，只有当计划不周、地理不熟、组织不当而发生的迂回，才属于不合理运输。如果因最短距离路径上有交通阻塞，道路情况不好，对噪声、排气等有特殊限制而采用的迂回，则不能称之为不合理运输。

（五）过远运输

过远运输是指调运物资时舍近求远，即近处有资源不调而从远处调。这就造成本可以采取近程运输而未采取，拉长了货物运距的浪费现象。过远运输占用运力时间长、运输工具周转慢、物资占资金时间长，同时，远距离自然条件相差大，易出现货损、货差，增加费用支出。

（六）重复运输

重复运输是指本来可以直接将货物运到目的地，却在未达目的地之处将货物卸下，再重复装运送达目的地，这是重复运输的一种形式。另一种形式是，同品种货物在同一地点一面运进，同时又向外运出。重复运输的最大弊病是增加了非必要的中间环节，这就延缓了流通速度，增加了费用开支，增大了货损率。

（七）运力选择不当

运力选择不当是指未考虑各种运输工具的优劣势而没有正确地选用运输工具造成的运输不合理现象。常见运力选择不当有以下三种形式：

（1）弃水走陆。在同时可以利用水运和陆运时，不利用成本较低的水运或水陆联运，而选择成本较高的铁路运输或汽车运输，使水运优势不能发挥。

（2）铁路、大型船舶的过近运输。不是铁路及大型船舶的经济运行里程却利用这些运力进行运输的不合理做法。其主要不合理之处在于，火车及大型船舶起运和到达目的地的准备、装卸时间长，且灵活机动性不足，在过近距离中运用，发挥不了运速快的优势。相反，由于装卸时间长，反而会延长运输时间。另外，和小型运输设备相比，火车及大型船舶装卸难度大、费用也较高。

（3）运输工具承载能力选择不当。不根据承运货物的数量及重量选择，而盲目决定运输工具，造成过分超载、损坏车辆或货物不满载、浪费运力的现象。尤其是"大马拉小车"现象发生较多。由于装货量小，单位货物运输成本必然增加。

（八）托运方式选择不当

对于货主而言，本可以选择最好的托运方式而未选择，造成运力浪费及费用支出加大的一种不合理运输。例如，应选择整车托运而未选择，却采用零担托运；应当直达而选择了中转运输；应当中转运输而选择了直达运输。诸如此类都属于这一类型的不合理运输。

（九）超限运输

超过规定的长度、宽度、高度和重量运输，容易引起货损、车辆损坏和路面等设施的损坏，还有可能造成严重的安全事故。超限运输是当前表现最为突出的不合理运输。

上述的各种不合理运输形式都是在特定条件下表现出来的，在进行判断时必须注意其不合理的前提条件，否则就容易出现判断失误。例如，如果同一种产品，商标不同、价格不同，不能将所发生的对流看成不合理，因为其中存在着对市场机制引导的竞争，优胜劣汰。如果强调因为表面的对流而不允许运输，就会导致保护落后、阻碍竞争甚至助长地区封锁的现象发生。

三、运输方式的选择

在各种运输方式中，如何选择适当的运输方式是物流运输合理化的重要内容。一般而言，应根据物流系统要求的服务水平和允许的物流成本来选择。这种选择不能限于单一的运输手段，而是通过两种及其以上运输手段的合理组合来实现的。选择运输方式，应根据具体条件加以研究，作为这些具体条件的基础，可以从下述五个方面考虑。

（一）货物品种

在考虑所运输货物的品种时，应以其性质、形状、单件重量和体积等为依据，来选择适合所运货物特性和形状的运输方式。同时，货主对运费的承担能力也不容忽视。

（二）运输期限

运输期限必须与交货日期相联系。为能及时将货物送达到客户指定的地点，承运人应保证运输期限。因此，必须严格掌握各种运输工具所需要的运输时间，以便根据运输时间来选择合适的运输工具。

单位运输时间的运输快慢顺序一般情况下依次为航空运输、公路运输、铁路运输、水路运输。各种运输工具可以按照自身的速度来安排行程，加上它的两端及中转的作业时间，就可以计算出总共所需要的运输时间。

（三）运输成本

运输成本因货物的种类、重量、体积、运距等的不同而不同。而且，随着运输工具的不同，运输成本也会发生变化。在考虑运输成本时，还必须注意运输费用与其他物流子系统之间存在着"效益背反"现象，故不能只考虑运输费用来决定运输方式，而要由全部的总成本来决定。

（四）运输距离

从运输距离看，选择运输方式可以依照以下原则：300千米以内，采用公路运输；300~500千米的区间，采用铁路运输；500千米以上，采用水路运输。实践表明，这样的选择是比较经济合理的。

（五）运输批量

运输如生产一样，在设计运作安排时规模经济必须被实现，费率的结构典型地体现出用折扣形式奖励那些大批量货主。选择合适的运输工具进行运输是降低成本的良策。一般而言，20吨以下的货物采用公路运输；20吨以上的货物采用铁路运输；数百吨以上的原材料之类的货物，应选择水路运输。

运输方式选定以后，如何进一步选择其相应的运输线路也是物流运输合理化的重要问题。运输线路的选择主要包括以下方面：发送者应如何分组来制定运输路线；如何为最好的服务顾客的发送顺序；哪一条线路应分派给哪一种车辆；针对服务不同类型的客户，什么是最好的车辆类型；客户是如何限制发送时间的。

四、运输合理化的有效措施

（一）提高运输工具实载率

实载率有两个含义：一是指单车实际载重与运距之乘积和额定载重与行驶里程之乘积的比率，这在安排单车、单船运输时，是作为判断合理与否的重要指标；二是指车船的统计指标，即一定时期内车船实际完成的货物周转量（以吨/千米计）占车船载重吨位与行驶千米数之乘积的百分比。在计算时，车、船行驶的千米数不但包括载重行程，也包括空驶行程。

提高实载率的意义在于：充分利用载重工具的额定载重能力，减少车船空驶和不满载行驶的时间，减少浪费，从而求得运输的合理化。

（二）减少劳动力投入、增加运输能力

这种合理化的要点是少投入、多产出，走高效益之路。运输的投入主要是能耗和基础设施的建设，在设施建设已定型和完成的情况下，尽量减少能源投入，这是少投入的核心。做到了这一点就能大大节约运费，降低单位货物的运输成本，达到合理化的目的。

国内外在这方面的有效措施有以下几种："满载超轴"、水运拖排和拖带法、顶推法及汽车挂车。

（三）发展社会化的运输体系

运输社会化的含义是发展运输的大生产优势，实行专业分工，打破一家一户自成运输体系的状况。

目前，铁路运输的社会化运输体系已较完善，而在公路运输中，小生产作业方式非常普遍，是发展社会化运输体系的重点。

社会化运输体系中，各种联运体系是其中水平较高的方式。联运方式充分利用面向社会的各种运输系统，通过协议进行一票到底的运输，有效地打破了一家一户的小生产，受到了普遍欢迎。

（四）开展中短距离铁路、公路分流、"以公代铁"的运输

这一措施的要点是在公路运输经济里程范围内利用公路，或者经过论证，超出通常平均经济里程范围，也尽量利用公路。这种运输合理化的表现主要有两点：一是对于比较紧张的铁路运输，用公路分流后，可以得到一定程度的缓解，从而加大这一区段的运输能力；二是充分利用公路从门到门和在中途运输中速度快且灵活机动的优势，以实现铁路运输服务难以达到的水平。

我国"以公代铁"目前在杂货、日用百货及煤炭运输中较为普遍，一般在200千米以内，有时可达700~1 000千米。山西的煤炭外运经认真的技术经济论证，用公路代替铁路运至河北、天津、北京等地是合理的。

（五）尽量发展直达运输

直达运输是追求运输合理化的重要形式，其要点是通过减少中转过载换装，从而提高运输速度，节省装卸费用，降低中转货损。直达的优势，尤其是在一次运输批量和用户一次需求量达到了一整车时表现最为突出。此外，在生产资料、生活资料运输中，通过直达，可以建立稳定的产销关系和运输系统，也有利于提高运输的计划水平。考虑用最有效的技术来实现这种稳定运输，能够大大提高运输效率。

（六）配载运输

配载运输是充分利用运输工具载重量和容积，合理安排装载的货物及载运方法以追求合理化的一种运输方式。配载运输也是提高运输工具实载率的一种有效形式。

配载运输往往是轻、重商品的混合配载，在以重质货物运输为主的情况下，同时搭载一些轻泡货物，例如，海运矿石、黄沙等重质货物，在舱面捎运木材、毛竹等，铁路运输矿石、钢材等重物上面搭运轻泡的农、副产品等。在基本不增加运力投入、不减少重质货物运输的情况下，解决了轻泡货物运输的搭运，因而效果显著。

（七）"四就"直拨运输

"四就"直拨是减少中转运输环节，力求以最少的中转次数完成运输任务的一种形式。一般批量到站或到港的货物，首先要进入分配部门或批发部门的仓库，然后再按程序分拨或销售给用户。这样一来，往往会出现不合理运输。

"四就"直拨首先是由管理机构预先筹划，然后就厂、就站（码头）、就库、就车（船）将货物分送给用户，而无须再入库了。

（八）发展特殊运输技术和运输工具

依靠科技进步是运输合理化的重要途径。例如，专用散装车及罐车，解决了粉状、液状货物运输损耗大、安全性差等问题；袋鼠式车皮、大型半挂车解决了大型设备整体运输问题，"滚装船"解决了车载货的运输问题；集装箱船比一般船能容纳更多的箱体；集装箱高速直达车船加快了运输速度等，这些都是通过运用先进的科学技术来实现合理化。

（九）通过流通加工，使运输合理化

有不少产品，由于产品本身形态及特性问题，很难实现运输的合理化，如果进行适当的加工，就能够有效地解决运输中的问题。例如，将造纸材料在产地预先加工成干纸浆，然后压缩体积运输，能解决造纸材运输不满载的问题；将轻泡产品预先捆紧包装成规定尺寸，然后装车，就容易提高装载量；将产品及肉类预先冷冻，可以提高车辆装载率并降低运输损耗。

任务五　影响运输成本的因素

一、运输成本

运输成本是指为货物在两个地理位置间的位移而支付的费用以及与行政管理和维持运输

中的存货有关的费用，运输成本包含的成本内容很多，如人工成本、燃油成本、维护成本、端点成本、线路成本和管理成本等。

（一）成本结构

（1）固定成本。固定成本是不随车辆行驶里程和运输量变化而变化的成本，如管理费用、端点站、通道、信息系统和运输工具的使用等费用。在一定的行驶范围内，随着运输距离和运输量的增加，单位运输固定成本逐渐减少，这是运输规模经济的表现。

（2）可变成本。可变成本是随着车辆行驶里程和运输量变化而变化的成本，如人工费用、燃料费用和维修费用。人工费用在不同国家和地区差别很大，燃料费用受全球燃料市场价格的影响很大，运输企业往往无法控制。在一定的行驶范围内，变动成本随着运输距离和运输量的增加而增加，但单位距离运输变动成本基本保持不变。

（3）联合成本。联合成本是指提供某种特定的运输服务而产生的不可避免的费用。联合成本对运输收费有很大的影响，因为承运人索要的运价中必须包含隐含的联合成本，它的确定是要考虑托运人有无适当的回程货，或者这种回程运输是否由托运人支付的运费来弥补。

（4）公共成本。公共成本是承运人代表所有的托运人或某个分市场的托运人支付的费用，如端点站和管理部门的费用，具有企业一般管理费的特征，通常是按照运输活动的距离和载运量等分摊给托运人。公共费用，历来存在着合理与不合理的探讨。

（二）端点成本与线路成本

（1）端点成本。端点成本是指在运输过程的起点与终点产生的费用，包括固定成本和与运量有关的装卸、收货、存货和发货成本。

（2）线路成本。线路成本指在运输线路上产生的费用，包括工资、燃油、润滑油和运输工具的维护成本。线路成本的两个重要决定性因素是运距和运量。

（三）不同运输方式的成本特征

（1）铁路运输的成本特征：铁路运输的固定成本高，端点的可变成本也很高，线路成本相对较低，而且单位可变成本会随运量和运距的增加略有下降。

（2）公路运输的成本特征：公路运输的固定成本是所有运输方式中最低的，而卡车运输的可变成本很高，因为公路建设和公路维护成本都以燃油税、公路收费、吨千米税的方式征收。

（3）水路运输的成本特征：水路运输的固定成本主要投放在运输设备和端点设施上。水运中常见的高端点成本在很大程度上被很低的线路费用所抵消。

（4）航空运输的成本特征：昂贵的固定成本和可变成本合在一起使航空运输成为最昂贵的运输方式，短途运输尤其如此。

（5）管道运输的成本特征：管道公司（或拥有管道的石油公司）拥有运输管道、泵站和气泵设备。这些固定装备的成本加上其他成本使管道的固定成本与总成本的比例是所有运输方式中最高的。可变成本主要包括运送产品（通常为原油和成品油）的动力和与泵站经营相关的成本。

二、影响运输成本的因素

（一）距离

距离是影响运输成本的主要因素，因为它直接对劳动、燃料和维修保养等变动成本发生作用。图1-17显示了距离和成本的一般关系，并说明了以下两个重点：第一，成本曲线不是从原点开始的，因为固定成本与距离无关，只与货物的提取和交付活动所产生的固定费用有关；第二，成本曲线的增长幅度是随距离的增长而减少的一个函数，这种特征被称作递减原则，即运输距离越长，城市间每千米单位费用就越低。但市内配送是个例外，因市内配送通常会频繁地停车，要增加额外的装卸成本。

（二）装载量

装载量之所以会影响运输成本，是因为与其他许多物流活动一样存在着规模经济，每单位重量的运输成本随装载量的增加而减少，如图1-18所示。

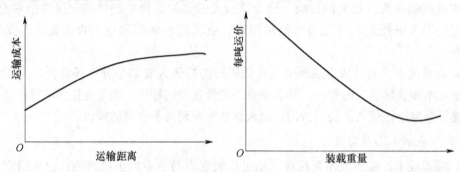

图1-17 运距与运输成本之间的一般关系　　图1-18 重量与运输成本之间的一般关系

（三）产品密度

通常情况下，运输收费是按重量和体积收费的，产品密度是把重量和空间两方面因素结合起来考虑。因此，产品密度低的货物可能装满了车辆，但实际装载吨位却达不到车辆的额定载重，车辆吨位利用率低；产品密度高的货物可能达到了车辆的额定载重，却不能装满车辆，车辆容积利用率低，如图1-19所示。

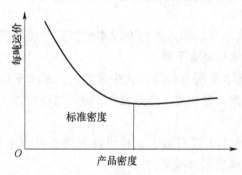

图1-19 产品密度与运输成本之间的一般关系

（四）配积载能力

配积载能力这一因素是指产品的具体尺寸及其对运输工具（铁路车、拖车或集装箱）的空间利用程度的影响。一般来说标准长方体的产品要非标准外形的产品更容易配积载，大批量的产品能够相互嵌套，要比小批量的产品容易配积载。

（五）装卸搬运

运输中货物的装卸搬运是难免的，装卸搬运成本与货物的种类、包装和运输方式有关，也影响到运输成本。

（六）责任

责任与货物的特征有关系，如货物的易损坏性、易腐蚀性、易被偷窃性、易自燃自爆性等，在运输过程中，都有可能发生货物损坏或数量减少而导致货物索赔事故。因此承运人必须通过向保险公司投保来预防可能的索赔，否则就有可能承担任何损坏的赔偿责任，这个也会影响到运输成本。

（七）市场因素

诸如运输市场供求的波动性、运输通道的流量和通道流量均衡等市场因素也会影响到运输成本。

三、运输费率

运输费率是指在两地间运输某种具体产品时的每单位运输里程或每单位运输重量的运价。运输费率一般由承运人制定并罗列于费率本中。

运输费率的基本形式如下：

（1）基于重量的费率。这种费率随运输货物的重量变化，而不是随距离变化。

（2）基于距离的费率。这种费率随运输距离和重量的变化而变化，对已给定的重量以线性或非线性形式变化，如整车运输费率。

（3）和需求相关的费率。这种费率既不取决于重量，也不取决于距离，只和外部市场需求有关。

（4）契约费率。这种费率是在货主和承运商之间进行协商的费率。

（5）等级费率。这种费率是根据运输距离、商品类型来确定的。

（6）其他特殊费率。特殊费率是指在一定时期内，对某些特殊地区或商品实行的费率，它可能比正常费率高或低。

四、运输定价

（一）计算行程费用

在运输定价中计算行程费用非常关键，行程费用一般由三种费用组成，每种都有不同的特征，第一种是基于载重量的费用，第二种是时间费用，第三种是距离费用。

行程费用＝每次装载费用＋每小时功能费用×运行时间＋每千米功能费用×千米数

每次装载费用使用历史费用数据和载货数据进行估计；每小时的功能费用是用驾驶员工资、利息、折旧及租金、设施费用之和除以人员、设备花费的总时间计算；每千米功能费用是用燃油费用、设备维修费用之和除以载货和空载运输的总里程计算。

（二）特殊费用

1. 行程空载费用

行程空载费用的分配及体积或密度系数的调整是特殊运输费用问题中的两个重要方面。空程费用的分配可按下述三种方法折算。

（1）把后面的空程距离加到本次载货运输距离上。

（2）把前面的空车距离加到本次载货运输距离上。

（3）前后两次空程距离的50%分别加到本次载货运输距离上。

2. 混合发载费用

对于车辆的混合发载（如货物的一部分是重货，另一些是泡货）问题，要对不同的货物进行不同的费用分配。可以按照下面的步骤安排这种情况。

（1）首先计算标准密度（车的容积除以载货汽车有效载重量）。

（2）再将产品体积通过标准密度转化为重量。

（3）最后用标准密度下的重量和实际重量相比较，选其中最大的作为收费依据。

（三）运输定价

运输定价是对为客户提供的运输服务的定价，可以应用以下三种定价方法：

1. 基于成本的运输定价

基于成本的运输定价方法包含了下面三种方式：

（1）向客户收取发生运输服务的实际成本费用。这种情况大都发生在使用公司内部自己的运输部门提供运输服务时。客户支付运输的实际费用，往往造成运输部门把无效的运营费用和不合理的运输费用也全部转嫁给了客户。

（2）按标准费用收取，在这种情况下，无效的运营费用不会转嫁给客户。

（3）收取边际费用，在这种情况下，固定费用作为日常开支不考虑，只收取变动费用。当运能很大时，这种方法比较有效。

2. 基于市场的运输定价

基于市场的运输定价一般可用以下两种方式执行：

（1）按市场上相竞争的承运人相似服务的费用收取。市场价格可能比实际价格高，也可能比实际价格低，如市场中过剩的运输能力可能会降低运输价格，这就需要经常进行检测。

（2）按调整后的市场价格（市场价格-费用节约）进行收费。如果运输组织效率高，调整后的市场价格就会低，反之就高。

3. 二者相结合的运输定价

这种定价方式包括以下两种执行方法：

（1）在运输组织和客户之间先签署一个协议价格，为了使协议更有效，必须有一个可以比较的市场价格，客户也有选择其他承运人的灵活性。

（2）根据运输组织的目标定价，在这种方法中价格等于实际或标准费用加上部门的目标利润。

知识拓展

查阅以下资料：

1. 我国货物运输的发展历史和现状。

2. 国际上比较先进的几种货物运输方式。

基本训练

1. 运输实现物流的（　　）价值。
   A. 时间　　　　　B. 经济　　　　　C. 空间　　　　　D. 可得性
2. （　　）是将运输线路和运输工具合二为一的一种专门运输方式。
   A. 铁路运输　　　B. 公路运输　　　C. 航空运输　　　D. 管道运输
3. （　　）可以及时地提供"门到门"的联合运输服务。
   A. 公路运输　　　B. 铁路运输　　　C. 水路运输　　　D. 航空运输
4. 固定成本占总成本的比例最高的运输方式是（　　）。
   A. 铁路运输　　　B. 管道运输　　　C. 水路运输　　　D. 航空运输
5. 运输费率一般由（　　）制定。
   A. 承运人　　　　B. 运输管理部门　　C. 托运人　　　　D. 物价部门
6. 运输企业的组织结构类型有哪些？
7. 常见的运输方式有哪些？各种运输方式的主要特征是什么？
8. 选择运输方式时要考虑哪些因素？
9. 实施运输合理化的措施有哪些？
10. 影响运输成本的因素有哪些？

知识应用　　韩国三星公司的合理化运输

一、企业物流进行革新的根本目标

今天的商业环境正在发生显著的变化，市场竞争愈加激烈，客户的期望值日益提高。为了适应这种变化，企业的物流工作必须进行革新，创建出一种适合企业发展、让客户满意的物流运输合理化系统。

三星公司从1989年到1993年实施了物流运输工作合理化革新的第一个五年计划。这期间，为了降低成本和提高配送效率进行了"节约成本200亿""全面提高物流劳动生产率"等活动，最终降低了成本，缩短了前置时间，减少了40%的库存量，并使三星公司获得首届韩国物流大奖。

三星公司从1994年到1998年实施物流运输工作合理化革新的第二个五年计划，重点是将销售、配送、生产和采购有机结合起来，实现公司的目标，即将客户的满意程度提高到100%，同时将库存量再减少50%，为了这一目标，三星公司进一步扩展和强化物流网络，同时建立了一个全球性的物流供应链，使产品的供应路线最优，并设立全球物流网络的集成订货—交货系统，从原材料采购到交货给最终客户的整个路径上实现物流和信息流的一体化，这样客户就能以最低的价格得到高质量的服务，从而对企业更加满意。基于这种思想，三星公司物流工作合理化革新小组在配送选址、实物运输、现场作业和信息系统四个方面进行物流革新。

（一）配送选址新措施

为了提高配送中心的效率和质量，三星公司将其划分为产地配送中心和销地配送中心。前者用于原材料的补充，后者用于存货的调整。对每个职能部门都确定了最优工序，配送中心的数量被减少，规模得以最优化，便于向客户提供最佳的服务。

（二）实物运输革新措施

为了及时交货给零售商，配送中心在考虑货物数量和运输所需时间的基础上确定出合理的运输路线。同时，一个高效的调拨系统也被开发出来，这方面的革新加强了支持销售的能力。

（三）现场作业革新措施

为使进出工厂的货物更方便快捷地流动，公司建立了一个交货点查询管理系统，可以随时查询货物的进出库频率，高效地配置资源。

（四）信息系统新措施

三星公司在局域网环境下建立了一个通信网络，并开发了一个客户服务器系统，公司集成系统的 1/3 将投入物流中使用。由于将生产、配送和销售一体化，整个系统中不同的职能部门能够达到信息共享。客户如有涉及物流的问题，都可以从订单跟踪系统中得到回答。另外，随着客户环境保护意识的增强，物流工作对环境保护负有更多的责任，三星公司不仅对客户许下了保护环境的承诺，还建立了一个全天开放的由回收车组成的回收系统，并由回收中心来重新利用那些废品，以此来提升企业在客户心目中的形象，从而更加有利于企业的经营。

二、企业物流中合理运输的主要形式

合理运输的主要形式有以下五种：分区产销平衡合理运输、直达运输、"四就"直拨运输、整合装车运输、提高技术装载量。

（一）分区产销平衡合理运输

这种方式是指在物流活动中，对某种货物按照一定的生产区固定于一定的消费区。在产销平衡的基础上，按照近产近销的原则，使货车走最少的里程。

（1）分区产销平衡合理运输方式的优点。这种方式加强了产、供、运、销的计划性，消除了过远、迂回、对流等不合理运输，降低了物流费用，节约了运输成本及运输耗费。

（2）适用范围。在实际工作中，这种运输方式适用于品种单一、规格简单、生产集中、消费分散或生产分散、消费集中且调动量大的货物，如煤炭、木材、水泥、粮食、矿建材料等。

（二）直达运输

这种方式是指越过商业仓库环节或铁路交通中转环节，把货物从产地或起运地直接运达销地或客户，减少中间环节的一种运输方式。

（1）直达运输的优缺点。这种方式的优点是减少了中间环节，节省了运输时间和费用，灵活度较大。但相对而言对企业各部门分工协作程度的要求较高，企业内部计划、财会、业务、仓库等各个机构应加强联系，建立相应的联系制度来满足其需求。

（2）适用范围。直达运输方式适用于那些体积大、笨重的生产资料运输，如矿石等。

（三）"四就"直拨运输

这种方式是指物流经理在组织货物调运的过程中，以当地生产或外地到达的货物不运进批发站仓库，运用直拨的办法，把货物直接分拨给基层批发、零售等中间环节。这种方法可以减少一道中间环节，在时间与各方面收到双重的经济效益。在实际的物流工作中，物流经理可以根据不同的情况，采取就厂直拨、就车站直拨、就仓库直拨、就车船直拨等具体运作方式，如下表所示。

"四就"直拨的主要形式	含 义	具体方式
就厂直拨	物流部门从工厂采购产品，经厂验后，不经过中间仓库和不必要的转运环节，直接调拨给销售部门或直接送到车站码头运往目的地的方式	厂际直拨、厂店直拨、厂批直拨、用工厂专用线、码头直接发运
就车站直拨	物流部门对外地到达车站的货物，在交通运输部门允许占用货位的时间内，经交接验收后，直接分拨或运给各销售部门	直接运往市内销售部门 直接运往外埠要货单位
就仓库直拨	在货物发货时越过逐级的层层调拨，省略不必要的中间环节，直接从仓库拨给销售部门	对需要储存保管的货物 对需要更新库存的货物 对常年生产、销售的货物 对季节生产、常年销售的货物
就车船直拨	对外地用车、船运输的货物，经交接验收后，不在车站或码头停放，不入库保管，随即通过其他运输工具或装置直接运至销售部门	就火车直接接汽车 就船直接接火车或汽车 就大船直接驳小船

（四）整合装车运输

这种方式是指在组织铁路货运的过程中，同一发货人的不同品种发往同一到站、同一收货人的零担托运货物，由物流部门组配，放在同一车内，以整车运输的方式托运到目的地；或把同一方向、不同到站的零担货物，集中组配在一个车内，运到一个适当的车站再中转分运。采用整合装车运输的方法，可以减少一部分运输费用，节约劳动力。

这种方式主要适用于商业、供销部门的杂货运输。根据不同的实际情况，可采取四种方法：主要零担货物拼整车直达运输、零担货物拼整车直达或中转分运、整车分卸（二、三站分卸）、整车零担。

（五）提高技术装载量的运输方式

这种方式充分利用车船载重吨位和装载容积，对不同的货物进行搭配运输或组装运输，使同一运输工具能装载尽可能多的货物。这种方式一方面最大限度地利用了车船的载重吨位，另一方面充分使用车船的装载容积，提高了运输工具的使用效率。

这种方式的主要做法有以下几种：将重货物和轻货物组装在一起；对一些体大笨重、容易致损的货物解体运输，使之易于装卸和搬运；根据不同货物的包装形状，采取各种有效的堆码方法。

思考题
1. 三星公司物流工作合理化革新小组进行物流革新的意义何在？
2. "四就"直拨运输的含义和具体形式是什么？
3. 三星公司提高技术装载量的运输方式的主要做法有哪些？

项目二

货物运输操作的应用

任务一 公路货物运输

任务描述

公路货物运输的概念有广义和狭义之分。从广义来说，公路货物运输是指利用一定载运工具（汽车、拖拉机、畜力车、人力车等）沿公路实现货物空间位移的过程。从狭义来说，公路运输就是指汽车运输。公路货物运输是现代运输主要方式之一，同时，也是构成陆上运输的两个基本运输方式之一。公路运输虽比水中运输、铁路运输的发展起步晚，但发展速度却异常迅速。我国自20世纪90年代以来，公路运输已一举将"铁老大"拉下了马，其货运量已远远超过其他四种运输方式的总和，在整个运输领域中占有重要的地位，并发挥着越来越重要的作用。

任务分析

通过学习，了解公路货物运输的设施设备和方式，掌握整车货物运输的组织、零担货物运输的组织、集装箱货物运输的组织、特殊货物运输的组织和公路货物运费的计算，培养组织实施公路货物运输的能力。

概念点击

货运站、整车货物运输、货物装卸、公路零担货物运输、拼箱货、整箱货、危险货物、长大货物、鲜活易腐货物、计费重量、计费里程

任务实施

子任务一　公路运输的设施设备和方式

一、公路运输的设施与设备

公路运输的设施与设备主要由公路、运载工具、货运站和公路运输的货物组成。

（一）公路

公路是指通行各种车辆和行人的工程设施。在我国，根据交通量、公路使用任务和性质，将公路分为以下五个等级。

（1）高速公路，是具有特别重要的政治经济意义的公路，有四个或四个以上车道，设有中央分隔带、全部立体交叉，并具有完善的交通安全设施与管理设施、服务设施，全部控制出入，是专供汽车高速行驶的专用公路，能适应年平均日交通量（ADT）25 000 辆以上。

（2）一级公路，是连接重要政治经济文化中心、部分立交的公路，一般能适应 ADT=10 000~25 000 辆。

（3）二级公路，是连接政治经济中心或大工矿区的干线公路或运输繁忙的城郊公路，能适应 ADT=2 000~10 000 辆。

（4）三级公路，是沟通县或县以上城市的支线公路，能适应 ADT=200~2 000 辆。

（5）四级公路，是沟通县或乡镇的支线公路，能适应 ADT<200 辆。

（二）运载工具

公路货物运输中，运载工具主要就是指汽车，它是由动力装置驱动、拥有四个或四个以上车轮、可单独行驶并完成运载任务的非轨道无架线的车辆。

载货汽车是指专门用于公路货物运输的汽车，又称载重汽车。载货汽车按其载重量的不同分为微型、轻型、中型、重型四种。轻型载货汽车服务于规模不大、批量很小的货物运输，通常用于城市运输。中型载货汽车适用范围比较广泛，既可在城市承担短途运输任务，也可承担中、长途运输。重型载货汽车多用于经常性的大批量货物运输，如大型建筑工地、矿山等地区的货物运输。目前在我国，中型载货汽车是主要车型，数量较多。从车头形式来看有平头式和长头式两种；就车厢结构而言，有厢式、敞车和平板式；就整体结构而言，有单车（整体式）、拖挂车和汽车列车（铰接式）之分。厢式载货汽车是近年来国际货车市场上的一支主力军。其特点是载货容积大，货厢密封性能好，尤其是近年来轻质合金及增强合成材料的使用，为减轻车厢自重、提高有效载重量创造了良好的条件。小型厢式载货汽车一般用于运距较短、货物批量小、对运达时间要求较高的货物运输。封闭式的车厢可使货物免受风吹、日晒、雨淋，提高货物安全性，而且一般兼有滑动式侧门和后开车门，因此货物装卸作业非常方便。小型厢式载货汽车多用于运送贵重货物、邮件及商业领域的配送。敞车，即挂车顶部敞开，是载货汽车车身的主要形式，可装载各种高低不等的货物。平板，即挂车无顶也无侧厢板，主要用于运输钢材和集装箱货物。牵引车也称拖车，一般不设载客或载货车厢，它是专门用于拖挂或牵引挂车的汽车。牵引车分为全挂和半挂式两种。半挂式牵引车与半挂车一起使用，半挂车的部分重量由牵引车的底盘承载。全挂式牵引车则与全挂车一起使用,其车架较短。除专门的牵引车以外,一般的载货汽车也可作为全挂式牵引车使用。挂车本身无动力装置,由牵引车或其他车辆牵引。挂车的车身通常也做成不同的车厢的形式以装运不同的货物。挂车必须与牵引车组合在一起,才能作为一个完整的运输工具。挂车有全挂车、半挂车、厢式挂车以及重载挂车等类型。全挂车由牵引车或作为牵引车使用的汽车牵引。半挂车则与半挂式牵引车一起使用。重载挂车是大载重量的挂车,它可以是全挂车,也可以是半挂车,专门用于运送沉重的货物,其载重量通常可达到200~300吨。由于挂车结构简单,保养方便,而且自重较小,因此在汽车运输中应用很广。

(三) 货运站

货运站是专门办理货物运输业务的汽车站,一般设在公路货物集散点。货运站可分为集运站(或集送站)、分装站和中继站等几类。集运(送)站是集结货物或分送货物的场所;分货站是将货物按某种要求分开,并进行配装的场所;中继站是供长途货运驾驶员及随车人员中途休整的场所。

1. 货运站的职能

汽车货运站的职能,包括下列三个方面:

(1) 调查并组织货源,签订有关运输合同。

(2) 组织日常的货运业务工作。

(3) 做好运行管理工作。运行管理的核心是做好货运车辆的管理,保证各线路车辆正常运行。

2. 汽车货运站的分类

货运站可分为整车货运站、零担货运站和集装箱货运站三类。

(1) 整车货运站。整车货运站主要经办大批货物运输,有的也兼营小批货物运输。它是调查并组织货源,办理货运商务作业的场所。商务作业包括托运、承运、受理业务、结算运费等项工作。

(2) 零担货运站。零担货运站专门办理零担货物运输业务,进行零担货物作业、中转换装、仓储保管的营业场所。货物一般由托运人自行运至货运站,也可以由车站人员上门办理托运手续,站务作业工作量大而复杂,其作业的内容及其程序是:受理托运、检货司磅、验收入库、开票收费、装车与卸车、货物交接、货物中转、到达与交付等。

(3) 集装箱货运站。集装箱货运站主要承担集装箱的中转运输任务,所以又称集装箱中转站。其主要业务是:集装箱"门到门"运输与中转运输;集装箱适箱货物的拆箱、装箱、仓储和接取送达;集装箱的装卸、堆放和检查、清洗、消毒、维修;车辆、设备的检查、清洗、维修和存放;为货主代办报关、报检等货运代理业务。

3. 汽车货运站的分级

(1) 零担站的站级划分。根据零担站年货物吞吐量,将零担站划分为一、二、三级。年货物吞吐量在6万吨及以上者为一级站;2万吨及以上,但不足6万吨者为二级站;2万吨以下者为三级站。

(2) 集装箱货运站的站级划分。根据年运输量、地理位置和交通条件不同,集装箱货运站可分为四级。一级站年运输量为3万标准箱以上;二级站年运输量为1.6万~3万标准箱;三级站年运输量为0.8万~1.6万标准箱;四级站年运输量为0.4万~0.8万标准箱。

(四) 公路运输的货物

公路运输的货物一般可按其物理属性、装卸方法、运输条件、托运量等因素进行分类。

(1) 按货物的物理属性,可以将货物划分为固体、液体、气体三种不同性质的货物。在不同地理、经济区域产业发展的不同阶段,三种不同物理属性的货物量构成是不同的。我国现阶段的货物物理属性构成中以固体货物的运输量为最大,而其中又以块状货物,如煤炭、矿石等和粉末状货物,如水泥、化肥等居多。在同一类货物中比重也是一项重要的物理性质,比重不同的货物对车辆载重量与容积的利用,以及装载与运输过程的安全性和服务质量都会有较大的影响。

(2) 按货物的装卸方法可以将货物分为件装货物和散装货物。件装货物是可以用件计数的货物,每一件货物都有一定的重量、形状和体积。带运输包装的件装货物,按包装物的形状可分为桶装、箱装和袋装货物;按其包装物的性质,又可分硬质包装、软质包装、玻璃瓶装和专门包装等多个种类。集装单元可以视作成件货物的一种特殊形式,托盘、集装笼以及用特种包装物固定在普通货板上的货物等,也可视作成件货物。散装货物是指可以用堆积或灌注等方法进行装卸搬运的货物。散装货物采用大批量运输或专门运输,对车辆性能、装卸设施、承载工具等有一定的要求。

(3) 按货物的运输条件可以将货物分为普通货物和特种货物。普通货物是指货物在运输、配送、保管及装卸作业过程中,没有特殊要求,无须采用特殊措施和方法的货物。特种货物是指货物在运输、配送、保管及装卸作业过程中,需要采用特殊措施和方法的货物。特种货物又可分为危险货物、大件(长大笨重)货物、鲜活货物和贵重货物。

(4) 按一批货物托运量的大小可分为整车货物和零担货物。凡一次托运批量货物的重量在3吨以上(含3吨)或虽不足3吨,但其性质、体积、形状需要一辆3吨位以上汽车运输的,称为整车货物。反之,称为零担货物。特殊单件货物不作为零担货物受理,如各类危险货物,易破损、易污染和鲜活货物一般也不作为零担货物。

货物分类方法并非绝对的,有时为了适应企业管理或其他方面的要求,还可根据其他不同因素对货物进行分类。

二、公路货物运输的方式

(一) 按货物的运营方式划分

(1) 整车运输。整车运输是指托运人一次托运货物的重量必须在3吨以上(含3吨)的货物运输。

(2) 零担运输。零担运输是指托运人一次托运货物的重量不足3吨的货物运输。零担运输一般要求定线路、定班期发运。

(3) 联合运输。联合运输是指货物通过两种或两种以上运输方式,或需要同种运输方式中转两次以上的运输。联合运输实行一次托运、一次收费、一票到底、全程负责。联合运输的方式有公铁联运、公水联运、公航联运以及公公联运等。

(4) 集装箱运输。集装箱运输是指将货物集中装入规格化、标准化的集装箱内进行运输,是一种先进的现代化运输方式。

(二) 按货物类别划分

(1) 普通货物运输。普通货物运输是指对普通货物的运输。普通货物是指在运输、保管及装卸作业中没有特殊要求,不必采用专用汽车运输的货物。普通货物分类如表2-1所示。

表2-1 普通货物分类表

等级	序号	货类	货物名称
一级货物	1	煤	原煤、块煤、可燃性片岩
	2	砂	砂子
	3	石	片石、碴石、寸石、石硝、粒石、卵石
	4	非金属矿石	各种非金属矿石
	5	土	各种土、垃圾
	6	灰	青灰、粉煤灰
	7	渣	炉渣、炉灰、水渣、各种灰烬、碎砖瓦
	8	空包装容器	篓、坛、罐、瓶、箱、筐、袋、包、盒
二级货物	1	粮食及加工品	各种粮食（稻、麦、各种杂粮、薯类）及其加工品
	2	棉、麻	皮棉、籽棉、絮棉、旧棉、棉胎、木棉、各种麻类
	3	油料作物	花生、芝麻、油菜籽、蓖麻子及其他油料作物
	4	烟叶	烤烟、土烟
	5	蔬菜瓜果	鲜蔬菜、鲜菌类、鲜水果、甘蔗、甜菜、瓜类
	6	植物油	各种食用、工业、医药用植物油
	7	植物种、花、叶、茎	树、草、菜、花的种子、干花、各种麻类、牧草、谷草、稻草、芦苇、树苗、树枝、树根、木柴
	8	禽、畜、蚕、茧	各种活家畜、家畜及大牲口、蚕、蚕子、蚕蛹、蚕茧
	9	肥料、农药	化肥、粪肥、土杂肥、农药
	10	糖	各种食用糖（包括饴糖）
	11	肉脂及其制品	鲜、腌、酱肉类,油脂及其制品
	12	水产品	干鲜鱼类、虾、蟹、贝、海带
	13	酱菜、调料	腌菜、酱菜、酱油、醋、酱、花椒、茴香、生姜、芥末、腐乳、味精及其他调味品
	14	土产杂品	土产品、各种杂品

续表

等级	序号	货类	货物名称
二级货物	15	皮毛、塑料	生熟毛皮、鬃毛绒及其加工品、塑料及其制品
	16	日用百货、棉麻制品	各种日用小百货、棉麻纺织品和针织品、服装鞋帽
	17	药材	普通中药材
	18	纸、纸浆	普通纸及纸制品、各种纸浆
	19	文化体育用品	文具、教学用具、体育用品
	20	印刷品	报刊、图书及其他印刷品
	21	木材	圆木、方木、板料、成材、杂木棍
	22	橡胶、可塑材料及其制品	生橡胶、人造橡胶、再生胶及其制品、电木制品、其他可塑原料及其制品
	23	水泥及其制品	袋装水泥、水泥制品、预制水泥构件
	24	钢铁、有色金属及其制品	钢材（管、丝、线、绳、板、皮、条）、生铁、毛坯、铸铁件、有色金属材料、大小五金制品、配件、小型农机具
	25	矿物性建筑材料	普通砖、瓦、缸砖、水泥瓦、乱石、块石、级配石、条石、水磨石、白云石、蜡石、萤石及一般石制品，滑石粉、石灰膏、电石灰、矾石灰、石膏、石棉、白垩粉、陶土管、石灰石、生石灰
	26	金属矿石	各种金属矿石
	27	焦炭	焦炭、焦炭末、石油焦、沥青焦、木炭
	28	原煤加工品	煤球、煤砖、蜂窝煤
	29	盐	原盐及加工精盐
	30	泥	泥土、淤泥、煤泥
	31	废品及散碎品	废钢铁、废纸、破碎布、碎玻璃、废靴鞋、废纸袋
	32	其他	未列入表的其他货物
三级货物	1	蜂、鱼	蜜蜂、蜡虫、活鱼类、鱼苗
	2	观赏用花、木	观赏用长青树木、花草
	3	蛋、乳	蛋、乳及其制品
	4	干菜、干果	干菜、干果、籽仁及各种果脯
	5	橡胶制品	轮胎、橡胶管、橡胶布类及其制品
	6	颜料、染料	颜料、染料及助剂与其制品
	7	煤、木化学副产品	化学香精（如制造食品、化妆品等的香精）、糖精、樟脑油、松节油、芳香油、木溜油、木蜡、橡蜡（橡油、皮油）、树胶、环氧树脂

续表

等级	序号	货类	货物名称
三级货物	8	化妆品	香水、润肤油脂等各种化妆品
	9	木材加工品	毛板、企口板、胶合板、刨花板、装饰板、纤维板、木构件
	10	家具	竹、藤、钢、木家具
	11	交电器材	电影机、电唱机、收音机、家用电器、打字机、扩音机、闪光机、收发报机、无线电广播设备、电线电缆、电灯用品、蓄电池（未装酸液）、各种电子元件、电子或电动儿童玩具
	12	毛、丝、呢绒、化纤、皮革制品	毛、丝、呢绒、化纤、皮革制的服装和鞋帽
	13	烟、酒、饮料	各种卷烟，各种瓶罐装的酒、汽水、果汁、食品、罐头、炼乳、植物油精（薄荷油、桉叶油）、茶叶及其制品
	14	糖果、糕点	糖果、果酱（桶装）、水果粉、蜜饯、面包、饼干、糕点
	15	淀粉	各种淀粉及其制品
	16	冰及冰制品	天然冰、机制冰、冰淇淋、冰棍
	17	中西药品、医疗器具	西药、中药（丸、散、膏、丹成药）及医疗器具
	18	贵重纸张	卷烟纸、玻璃纸、过滤纸、晒图纸、描图纸、绘图纸、图画纸、国画纸、蜡纸、复写纸、复印纸
	19	文娱用品	乐器、唱片、幻灯片、录音带、音像带及其他演出用具及道具
	20	美术工艺品	刺绣、蜡或塑料制品、美术制品、骨角制品、漆器、草编、竹编、藤编等各种美术工艺品
	21	陶瓷、玻璃及其制品	瓷器、陶器、玻璃及其制品
	22	机器及设备	各种机器及设备
	23	车辆	组成的自行车、摩托车、轻骑、小型拖拉机
	24	污染品	炭黑、铅粉、锰粉、乌烟（墨黑、松烟）、涂料及其他污染人体的货物，角、蹄、甲、牲骨、死禽骨
	25	粉类品	散装水泥、石粉、耐火粉
	26	装饰石粉	大理石、花岗石、汉白玉
	27	带釉建筑用品	玻璃瓦、其他带釉建筑用品、耐火砖、耐酸砖、瓷砖瓦
	28	笨重货物	单位重量在0.5~4吨的货物

（2）特种货物运输。特种货物运输是指货物的本身性质、体积、质量和价值等方面具有特别之处，在运输、保管或装卸等环节上必须采取特别措施才能保证完好地输送货物。特种货物一般包括长大笨重货物、危险货物、贵重货物、鲜活货物等，具体货物分类如表2-2所示。

表2-2 特种货物分类表

类别	分类概念	各类档次或序号	各类货物范围或货物名称
长大、笨重货物	货物长度在6米（包括6米）以上	一级	货物长度6~10米或重量4（不含4吨）~8吨的货物
	货物每件重量在4吨（不包括4吨）以上	二级	货物长度10~14米或重量在8（不含8吨）~20吨的货物
	货物高超过2.7米，宽超过2.5米	三级	货物长度14米以上或重量20吨以上（含20吨）的货物
危险货物	交通部《汽车危险货物运输规则》中列名的所有危险货物	一级	《汽车危险货物运输规则》中规定的爆炸物品、一级氧化剂、压缩气体和液化气体、一级自燃物品、一级遇水易燃品、一级易燃固体、一级易燃液体、剧毒物品、一级酸性腐蚀物品、放射性物品
		二级	《汽车危险货物运输规则》中规定的二级易燃液体、有毒物品、碱性腐蚀物品、二级酸性腐蚀物品、其他腐蚀物品
贵重货物类	价格昂贵、运输责任重大的货物	1	货币及主要证券，如货币、国库券、邮票等
		2	贵重金属及稀有金属。贵重金属如金、银等及其制品；稀有金属如钴、钛等及其制品
		3	珍贵艺术品如古玩字画、象牙、珊瑚、珍珠、玛瑙、水晶、宝石、钻石、翡翠、琥珀、猫眼、玉及其制品、景泰蓝制品、各种雕刻工艺品、仿古艺术制品和壁毯刺绣艺术品等
		4	贵重药材和药品，如鹿茸、麝香、犀角、高丽参、西洋参、虫草、羚羊角、田三七、银耳、天麻、蛤蟆油、牛黄、鹿胎、熊胎、豹胎、海马、海龙、藏红花、猴枣、马宝及以其为主要原料的制品和贵重西药
		5	贵重毛皮，如水獭皮、海龙皮、貂皮、灰鼠皮、玄虎皮、虎豹皮、猞猁皮、金丝猴皮及其制品
		6	珍贵食品，如海参、干贝、鱼肚、鱼翅、燕窝、鱼唇、鱼皮、鲍鱼、猴头、熊掌、发菜
		7	高级精密机械及仪表，如显微镜、电子计算机、高级摄影机、摄像机、显像管、复印机及其他精密仪器仪表

续表

类别	分类概念	各类档次或序号	各类货物范围或货物名称
贵重货物类	价格昂贵、运输责任重大的货物	8	高级光学玻璃及其制品，如照相机、放大机、显微镜等的镜头片、各种科学实验用的光学玻璃仪器和镜片
		9	高档日用品，如电视机、录放音机、音响组合机、录像机、手表等
鲜活货物类	货物价值高、运输时间性强、运输效率低、责任大的鲜活货物	1	各种种畜，如种牛、种马等
		2	供观赏的野生动物，如虎、豹、狮、熊、熊猫、狼、象、蛇、蟒、孔雀、天鹅等
		3	供观赏的水生动物，如海马、海豹、金鱼、鳄鱼、热带鱼等
		4	名贵花木，如盆景及各种名贵花木

（三）按货物运送速度划分

（1）一般货物运输。一般货物运输主要是指在运送速度上没有特殊要求，只要满足常规的货物运送速度要求就可以满足托运人要求的一种运输方式。

（2）快件运输。根据《道路零担货物运输管理办法》的规定，快件货运是指从货物受理的当天15时算起，300千米运距内，24小时以内运达；1000千米运距内，48小时以内运达；2000千米运距内，72小时以内运达。一般是由专门从事该项业务的公司和运输公司、航空公司合作，派专人以最快的速度在发件人、货运中转站或机场、收件人之间递送急件。

（3）特快专运。特快专运是指应托运人要求即托即运，在约定时间内运达。

子任务二 整车货物运输的组织

一、整车货物运输

托运人一次托运的货物在3吨（含3吨）以上，或虽不足3吨，但其性质、体积、形状需要一辆3吨以上车辆进行公路运输的，称为整车货物运输。为明确运输责任，整车货物运输通常是一车一张货票、一个发货人。为此，公路货物运输企业应选派额定载重量（以车辆管理机关核发的行车执照上的标记载重量为准）与托运量相适应的车辆装运整车货物。一个托运人托运整车货物的重量（毛重）低于车辆额定重量时，为合理使用车辆的载重能力，可以拼装另一托运人的货物，即一车二票或多票，但货物总重量不得超过车辆额定载重量。整车货物多点装卸，按全程合计最大载重量计重，最大载重量不足车辆额定载重量时，按车辆额定载重量计算。整车货物由托运人自理装车，未装足车辆额定载重量时，按车辆额定载重量核收运费。整车运输一般不需要中间环节或中间环节很少，送达时间短，相应的货运集散成本较低，因此常常涉及城市间或过境贸易的长途运输与集散，如国际贸易中的进出口商通常乐意以整车为基本单位签订贸易合同，以便充分利用整车货物运输的快速、方便、经济、可靠等优点。

（一）整车货物运输生产过程

整车货物运输生产过程是一个多环节、多工种的联合作业系统，它由四个相互关联、相互作用的部分组成，即运输准备过程、基本运输过程、辅助运输过程和运输服务过程。

（1）运输准备过程。运输准备过程又称运输生产技术准备过程，是货物进行运输之前所做的各项技术准备性工作。车型选择、线路选择、装卸设备配置、运输过程的装卸工艺设计等都属于技术准备过程。

（2）基本运输过程。基本运输过程是运输生产过程的主体，是指直接组织货物从起运地至到达地完成其空间位移的生产活动，包括起运站装货、车辆运行、终点站卸货等作业过程。

（3）辅助运输过程。辅助运输过程是指为保证基本运输过程正常进行所必需的各种辅助性生产活动。辅助运输过程本身不直接构成货物位移的运输活动，它主要包括车辆、装卸设备、承载器具、专用设施的维护与修理作业以及各种商务事故、行车事故的预防和处理工作，营业收入结算工作等。

（4）运输服务过程。运输服务过程是指服务于基本运输过程和辅助运输过程中的各种服务工作和活动。例如，各种行车材料、配件的供应，代办货物储存、包装、保险业务，均属于运输服务过程。

构成整车货物运输生产过程的各个组成部分的划分是相对的。它们之间的关系既表现了一定的相互独立性，又表现了相互关联性。同时，通过运输准备过程、辅助运输过程、运输服务过程活动，可以使基本运输过程能够与物流过程的各个功能环节有机地协调起来，使运输生产过程的服务质量得以提高。

（二）整车货物运输的站务工作

整车货物运输过程（简称货运过程）是指货物从受理托运开始，到交付收货人为止的生产活动。货运过程一般包括货物装运前的准备工作、装车、运送、卸车、保管和交付等环节。货物只有在完成了上述各项作业后，才能实现其空间的位移。车站则是开始与结束货物运输的营业场所。整车货物运输站务工作可分为发送、途中和到达三个阶段的站务工作，内容包括：货物的托运与承运，货物装卸、起票、发车，货物运送与到达交付，运杂费结算，商务事故处理等。

1. 整车货物运输的发送站务工作

货物在始发站的各项货运作业统称为发送站务工作。发送站务工作主要由受理托运、组织装车和核算制票三部分组成。

（1）受理托运。受理货物托运必须做好货物包装、确定重量和办理单据等作业。

① 货物包装。为了保证货物在运输过程中的完好和便于装卸，发货人在托运货物之前，应按照国家标准以及有关规定进行包装。车站对发货人托运的货物，应认真检查其包装质量，发现货物包装不合要求时，应建议并督促发货人按有关规定改变其货物的包装，然后再行承运。

② 确定重量。货物有实重货物与轻泡货物之分。凡平均每立方米重量不足333千克的

货物为轻泡货物，否则为实重货物。公路货物经营者承运有标准重量的整车实重货物，一般由发货人提出重量或件数，经车站认可后承运。货物重量应包括包装重量在内。

③ 办理单据。发货人托运货物时，应向起运地车站办理托运手续，并填写货物托运单（或称运单）作为书面申请，如表2-3和表2-4所示。

表2-3 托运单

托运单位：_____   承运单位：_____
电话：_____   电话：_____
地址：_____   地址：_____

货物名称	包装式装	件数	每件体积/米³ 长×宽×高	重量/千克		托运总吨位	
				每件	最重件	实重/吨	车辆/吨

需要车辆数：_____
需要车种：_____
起运地：_____路_____号
到达地：_____路_____号
发货单位：_____
收货单位：_____
运到日期：____年____月____日
委托注意事项：
1. _____
2. _____
3. _____
4. _____
5. _____
6. _____
运输距离：_____千米
运费人民币（大写）：_____

经济责任：不按运输托运单规定的时间和要求配货发车的，由承运单位酌情赔偿损失；运输过程中货物灭失、短少、损坏，按货物的实际损失赔偿。托运方未按托运单规定的时间和要求提供托运的货物，应偿付承运方实际损失的违约金。由于货物包装缺陷产生破损，造成人身伤亡，托运方应承担赔偿责任。
附：结算单据等
托运方：　　　　　　　（盖章）
　　　　　　　年　　月　　日

承运方：
　　　　　　　营业员（盖章）
　　　　　　　年　　月　　日

表 2-4 运单

××汽车运输公司货物运单

托运人（单位）：_____ 经办人：_____

电话：_____ 地址：_____ 运单编号：_____

发货人	地址	电话	装货地点		厂休日	
收货人	地址	电话	卸货地点		厂休日	
付款人	地址	电话	约定起运时间	月日	约定到达时间	月日	需要车种
货物名称及规格	包装形式	件数	体积/米³ 长×宽×高	件重/千克	重量/吨	保险、保价价格	货物等级	计费项目	计费重量	单价
								运费		
								装卸费		
合计							计费里程			
托运人注意事项			付款人银行账号			承运人记载事项		承运人银行账号		
注意事项	1. 货物名称应填写具体品名，如货物品名过多不能在运单内逐一填写须另附物品清单 2. 保险或保价货物，在相应价格栏中填写货物声明价格					托运人： （签章） 年 月 日		承运人： （签章） 年 月 日		

[说明] 1. 填在一张货物运单内的货物必须是属同一托运人。对拼装分卸货物，应将每一拼装或分卸情况在运单记事栏内注明。易腐蚀、易碎货物，易溢漏的液体，危险货物与普通货物以及性质相抵触、运输条件不同的货物，不得用同一张运单托运。托运人、承运人修改运单时，需签字盖章。

2. 本运单一式两份：① 受理存根；② 托运回执。

（2）组织装车。货物装车前必须对车辆进行技术检查和货运检查，以确保运输安全和货物完好。装车时要注意货物的码放，努力改进装载技术，在严格执行货物装载规定的前提下，充分利用车辆的车载重量和容量，驾驶员要负责点件交接，填写物品清单（表 2-5），保证货物完好无损和计量准确。货物装车结束后，应严格检查货物的装载情况是否符合规定的技术条件。

表 2-5　汽车运输物品清单

起运地点：＿＿＿＿＿＿＿＿＿＿＿＿＿＿＿
物品清单：　　　　　　　　　　　　　　　　　　　　　　运单号码：＿＿＿＿＿＿＿＿＿＿＿＿＿

编号	货物名称及规格	包装形式	件数	新旧程度	体积/米³ 长×宽×高	重量/千克	保险、保价价格

（3）核算制票。发货人办理货物托运时，应按规定向车站缴纳运杂费，并领取承运凭证——货票（表2-6）。

表 2-6　运输货票

××省汽车运输货票　　　　　甲 No：000001
　　　　　　　　　　　　　　　　　　　　　自编号：＿＿＿＿＿＿＿＿＿＿
托运人：＿＿＿＿＿＿＿＿　车属单位：＿＿＿＿＿＿＿＿　牌照号：＿＿＿＿＿＿＿＿

装货地点		发货人		地址		电话	
卸货地点		收货人		地址		电话	
运单或货签号码		计费里程		付款人		地址		电话	

货物名称	包装形式	件数	实际重量/吨	计费运输量		吨千米运价			运费金额	其他收费		运费小计
				吨	吨千米	货物等级	道路等级	运价率		计费项目	金额	
										装卸费		

运杂费合计金额（大写）		￥	
备注		收货人签收盖章	
开票单位（盖章）： 　　年　月　日	开票人： 　　年　月　日		承运驾驶员： 　　年　月　日

[说明] 1. 本货票适用于所有从事营业性运输的单位和个人的货物运输费结算。
　　　 2. 本货票共分四联：第一联黑色存根；第二联红色运费收据；第三联浅蓝色报单；第四联绿色收货回单，经收货人盖章后送车队统计。
　　　 3. 票面尺寸为 220 mm×130 mm。
　　　 4. 货票第四联右下端设"收货人签收盖章"栏，在其他联中不设。

货票是一种财务性质的票据,是根据货物托运填记的。它是在发站向发货人核收运费的收费依据,它是在到站与收货人办理货物交付的凭证之一。始发站在货物托运单和货票上加盖承运日期之时起即算承运,承运标志着企业对发货人托运的货物开始承担运送义务和责任。

2. 整车货物运输的途中站务工作

货物在途中发生的各项货运作业,统称为途中站务工作。途中站务工作主要包括途中货物交接、货物整理或换装等内容。

(1) 途中货物交接。为了保证货物运输的安全与完好,便于划清企业内部的运输责任,货物在运输途中如发生装卸、换装、保管等作业,驾驶员之间,驾驶员与站务人员之间,应认真办理交接检查手续。一般情况下交接双方可按货车现状及货物装载状态进行交接,必要时可按货物件数和重量交接,如接收方发现异状,由交出方编制记录备案。

(2) 途中货物整理或换装。货物在运输途中如发现有装载偏重、超重、货物撒漏,车辆技术状况不良而影响运输安全,货物装载状态有异状,加固材料折断或损坏,货车篷布遮盖不严或捆绑不牢等情况出现,且有可能危及行车安全和货物完好时,应采取及时措施,对货物加以及时整理或换装,必要时调整车辆,同时登记备案。为了方便货主,整车货物还可允许中途拼装或分卸作业,考虑到车辆周转的及时性,对整车拼装或分卸应加以严密组织。

3. 整车货物运输的到达站站务工作

货物在到达站发生的各项货运作业统称为到达站站务工作。到达站站务工作主要包括货运票据的交接,货物卸车、保管和交付等内容。车辆装运货物抵达卸车地点后,收货人或车站货运员应组织卸车。卸车时,对卸下货物的品名、件数、包装和货物状态等应做必要的检查。整车货物一般直接卸在收货人仓库或货场内,并由收货人自理。收货人确认卸下货物无误并在货票上签收后,货物交付即完毕。货物在到达地向收货人办完交付手续后,该批货物的全部运输过程完成。

二、货物装卸

装卸作业是指在同一地域范围进行的、以改变物品的存放状态和空间位置为主要内容和目的的活动。作为为各种运输方式服务的装卸作业,是联结各种货物运输方式、进行多式联运的作业环节,也是各种运输方式运输各类货物发生在运输起点、中转和终点的作业活动。

(一) 装卸作业的条件和基本方法

1. 货车装卸一般条件

一般情况下,就公路货物运输车辆的货物装卸而言,货车装卸的固定设施主要有:货物装卸厂、货物仓库、货物通道、货物装卸线等。这些形式还取决于装卸货物的对象:零担货物、整车货物还是集装箱货物。这些货物的装卸场所因其存放货物的货棚、站台(货台)高低不同,装卸设备也不同,装卸方法也有很大差异。

（1）零担货物装卸：较多采用人力和手推车、台车和输送机等作业工具，零担货物装卸也可使用笼式托盘、箱式托盘，以提高货车装卸、分拣及配货等作业的效率。

（2）整车货物装卸：较多采用托盘系列及叉车进行装卸作业。

（3）专用货车装卸：往往需要适合不同货物的固定设施、装卸设备，以满足装卸时需要的特殊技术要求。

2. 装卸作业的基本方法

（1）单件作业法。装卸一般单件货物，通常是逐件由人力作业完成的。对于一些零散货物，诸如搬家货物等也常采用这种作业方法；长大笨重货物、不宜集装的危险货物等仍然采用单件作业法。

单件作业依作业环境和工作条件可以采用人工作业法、机械化或半机械化作业法。在特定场所，有些像包裹那样的货物也可采用半自动化作业法，采用自动或半自动控制的分拣传输设备进行有关作业。

（2）集装作业法。集装作业法是将货物集装化后再进行装卸作业的方法，它包括托盘作业法、集装箱作业法、货捆作业法、网袋作业法、滑板作业法及挂车作业法等。集装作业法的机械化和自动化程度很高，在工业发达国家集装箱堆场作业已经实现了全自动化。

（3）散装作业法。散装货物装卸方法通常有重力法、倾翻法、机械法、气力输送法。重力法装车设备有筒仓、溜槽、隧洞等，卸车时主要采用底门开车或漏斗车在高架线或卸车坑道上自动开启车门，煤或矿石依靠重力自行流出的卸车方法。自卸汽车可以采取倾翻的方法卸车。

3. 装卸作业的组织工作

装卸作业组织工作应尽量通过运用现代装卸技术方法，提高实际作业质量和效率。组织工作水平高低，直接关系到装卸工作质量、装卸工作效率车辆生产率、车辆周转、物流效率等。

（1）车辆装卸作业的时间构成。车辆因完成货物装卸作业所占用的时间，是车辆停歇时间的组成部分，称为车辆装卸作业停歇时间，它主要由以下四部分时间组成。

① 车辆到达作业地点后，等待货物装卸作业的时间。

② 车辆在装卸货物前后，完成调车、摘挂作业的时间。

③ 直接装卸货物的作业时间。

④ 与运输有关商务活动等的作业时间。

（2）装卸组织工作。公路货物运输组织工作要不断谋求提高装卸效率、加速车辆周转的方法，因此，除了强化硬件手段的构成之外，在装卸组织方面也要予以充分重视。

① 制定科学合理的装卸工艺方案。装卸作业是货物、设备设施、劳动力、作业方法和信息系统等因素组合的整体。装卸工艺方案应该从物流系统的角度分析制定与装卸作用有关的装卸作业定额，减少不必要的装卸环节，集中装卸地点，提高装卸作业的连续性。

② 加强装卸作业调度指挥工作。加强装卸作业调度指挥工作，对合理使用装卸机具、劳动力、提高装卸质量和效率有很大的关系。装卸调度员应根据货物信息，装卸设备的性质、数量，车辆到达时间，装卸工人，装卸点的装卸能力、技术专长、体力情况等合理调配组织。在装卸量大，装卸劳动力充沛、货物条件许可的情况下，可采用集中出车、一次接送

装卸工人的方法。对于作业点分散的地区，可以划分装卸作业区、通过加强装卸调度工作，以减少装卸工人的运送调遣。

③ 加强改善装卸劳动管理。制定各种装卸作业时间定额是加强和改善装卸劳动管理、提高装卸效率的重要手段。所谓装卸作业时间定额是指在一定装卸技术组织条件下，装卸不同品种单位质量所需要的作业时间。

④ 加强现代通信系统的应用水平。移动通信应用水平和固定通信系统应用水平对装卸作业组织工作有重要的影响。及时掌握车辆到达时间等有关信息，是减少车辆等待装卸作业时间的有效措施。应当根据有关技术条件的应用情况，建立车辆到达预报系统，根据车辆到达时间、车号、货物名称、收发单位等的报告，事先安排装卸机具和劳力，做好装卸前的准备工作，保证车到就可及时装卸。

⑤ 提高装卸机械化水平。要从物流系统的组织设计做起，使车辆、装卸机具、仓库等移动设备、固定设备的设计合理，从而可以提高装卸质量、装卸效率、减少装卸成本。提高装卸机械化水平的同时，要提高现代通信水平，这是做好装卸工作组织的重要组织基础。

⑥ 应用数学方法改善装卸劳动力的组织工作。在短途运输的循环线路上，可运用数学方法安排装卸工人，采用既定点又随机的方式来调度装卸劳动力。这个方法的原则是：当固定于某循环线路上的运行车辆数大于或等于装卸作业点数时，可根据各作业点所需装卸定员数派出，并进行定点作业，在上下班前后由车辆一次接送，而不采用随车装卸的办法；当固定于某循环线路上运行的车辆数小于装卸作业点时，可将各装卸作业点所需装卸定员数，根据从大到小（或小到大）的顺序编号，再选择与派车数相同（或选择派车数与作业点数差值）的编号数随车装卸。对某装卸作业点的定员人数与随车人数出现差额的情况，可再另向该装卸作业点派出与差额数相当的装卸工人定点予以补充。这种方法在循环线路较短、循环次数较多的情况下效果较为显著。

子任务三　零担货物运输的组织

一、公路零担货物运输

汽车零担货物运输，是指汽车运输企业承办的一次托运的货物不足规定整车重量限额货物的运输。各国对上述重量限额，根据不同时期的具体情况有不同的规定。我国汽车运输管理部门制定的《公路汽车货物运输规则》规定：托运人一次托运的货物，其重量不足3吨者为零担货物。按件托运的零担货物，单件体积一般不得小于0.01立方米（单件重量超过10千克的除外）不得大于1.5立方米；单件重量不得超过200千克；货物长度、宽度、高度分别不得超过3.5米、1.5米和1.3米。不符合这些要求的，不能按零担货物托运、承运。做出这些规定，主要是为了便于拼装多个托运人交运的货物，使零担货车有限的容积得到充分的利用。各类危险货物，易破损、易污染和鲜活等货物，一般不能作为零担货物办理托运。这也是出于拼装要求而作的规定。托运这类货物需按特种货物办理，使用特种车承运。

（一）零担货物运输组织形式

零担货物运输由于集零为整，站点、线路较为复杂，业务烦琐，因而开展零担货运业务，必须采用合理的车辆运行组织形式。

1. 固定式

固定式也称汽车零担货运班车，即所谓的"四定运输"，系指车辆运行采取定线路、定班期、定车辆、定时间的一种组织形式。这种组织形式要求根据营运区内零担货物流量、流向等调查资料，结合历史统计资料和实际需要，在适宜的线路上开行定期零担货运班车。固定式零担运输组织形式为广大零担货主提供了许多方便，有利于他们合理地安排生产和生活，对汽车运输部门来讲，固定式也有利于实行计划运输。

零担货运班车主要有以下三种方式运行：

（1）直达式。直达式指在起运站，将各发货人托运到同一到达站而且性质适合配装的零担货物同一车装运直接送至到达站，途中不发生装卸作业的一种组织形式，如图2-1所示。

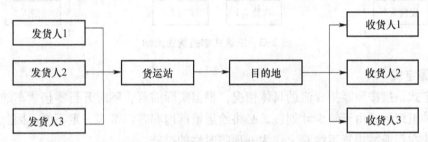

图2-1 直达式零担货物运输

直达式零担货运的货物在中途无须倒装，因此具有较好的经济性。

① 节约了中转装卸作业设备及劳动，节省了中转费用，有利于减少货损、货差。

② 有利于提高运送速度，减少货物的在途时间。

③ 有利于降低运输成本和提高运输服务质量。

（2）中转式。中转式是指在起运站将各托运人发往同一去向、不同到达站且性质适合于配装的零担货物同车装货运到规定的中转站中，卸货后另行配装，重新组成新的零担班车运往各到达站的一种组织形式，如图2-2所示。

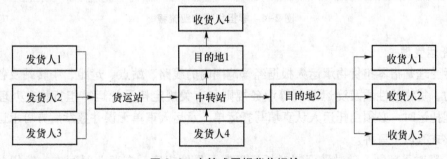

图2-2 中转式零担货物运输

以上只是最简单的中转形式，如运行线路很长，还要发生多次中转。

中转式和直达式是互为补充的两种不同的组织形式。直达式效果较好，但它受到货源数量、货流及行政区域的限制，而中转式可使那些运量较小、流向分散的货物通过中转及时运送，所以它是一种不可缺少的组织形式。但中转式耗费的人力、物力较多，作业环节也比较复杂。

（3）沿途式。沿途式是指在起运站将各个托运人发往同一线路、不同到站且性质适宜配装的各种零担货物同车装运，按计划在沿途站点卸下或装上零担货再继续前进，运往各到达站的一种组织形式，如图2-3所示。这种形式组织工作较为复杂，车辆在途中运行时间也较长，但它能更好地满足沿途各站点的需要，充分利用车辆的载重和容积，是一种不可缺少的组织形式。

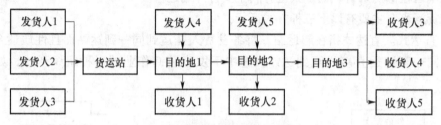

图2-3 沿途式零担货物运输

2. 非固定式

非固定式是指按照零担货流的具体情况，根据实际需要，随时开行零担货车的一种组织形式。这种组织形式由于缺少计划性，必将给运输部门和客户带来一定不便。因此只适宜于在季节性或在新辟零担货运线路上作为一项临时性的措施。

（二）零担货物运输的组织作业程序

零担货物运输业务是根据零担货物运输工作的特点，按流水作业形式构成的一种作业程序，可用图2-4简单表示。

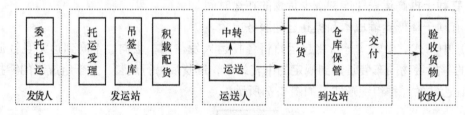

图2-4 零担货物作业流程

1. 托运受理

托运受理是指零担货物承运人根据经营范围内的线路、站点、运距、中转站及各车站的装卸能力、货物的性质及受运限制等业务规则和有关规定接受托运零担货物、办理托运手续。受理托运时，必须由托运人认真填写托运单，承运人审单无误并签章后方可承运。托运受理的形式有以下三种。

（1）随时受理制。随时受理制对托运日期无具体规定，在营业时间内，发货人均可将货物送到托运站办理托运，为货主提供了极大的方便。但随时受理制不能事先组织货源，缺乏计划性，因而货物在库时间长，设备利用率低。在实际工作中，随时受理制主要被作业量较小的货运站、急送货运站以及始发量小、中转量大的中转站使用。

（2）预先审批制。预先审批要求发货人事先向货运站提出申请，货运站根据各个发货方向及各站别的运量、站内设备和作业能力加以平衡，分别指定日期进货集结，组成零担班车。

（3）日历承运制。日历承运制是指货运站根据零担货物流量与流向规律，编写承运日期表，事先公布，发货人则按规定日期来站办理托运手续。采用日历承运制可以有计划、有组织地进行零担货物的运输，便于将去向和到站比较分散的担货物集中、组织直达零担班车，均衡地安排起运站每日承担的货物数量，合理使用货运设备，也便于客户合理安排生产和产品调拨，提前做好货物托运准备工作。

2. 过磅起票

零担货物受理人员在接到托运后，应及时验货过磅，认真点件交接，做好记录。按托运单编号填写货物标签（表2-7）填写零担货物运输货票，收取运杂费。

表2-7 汽车行李、包裹、零担标签

车次	
起点	
到站	
总件数	

3. 仓库保管

零担货物进出仓库要照单入库或出库，做到以票对票、票票不漏、货票相符。

零担货物仓库应严格划分货位，一般可分为待运货位、急运货位、到达待交货位。

零担货物仓库要具有良好的通风能力、防潮能力、防火和灯光设备、安全保卫能力。

4. 配载装车

（1）零担货物的配载原则：

① 中转先运、急件先运、先托先运、合同先运。

② 尽量采用直达方式，必须中转的货物，则应合理安排流向。

③ 充分利用车辆载货量和容积。

④ 严格执行混装限制规定。

⑤ 加强对中途各站待运量的掌控，尽量使同站装卸的货物在重量和体积上相适应。

（2）装车准备工作：

① 按车辆容积、载重和货物的形状、性质进行合理配载，填制配装单和货物交接清单（表2-8）。填单时应按货物先远后近、先重后轻、先大后小、先方后圆的顺序进行，以便按单顺次装车，对不同到达站和中转的货物要分单填制。

② 将整理后的各种随货单证分别附于交接清单后面。

③ 按单核对货物堆放位置，做好装车标记。

表 2-8 公路汽车零担货物交接及运费结算清单

车属单位：_____ 编号：_____ 字第_____号
车　　号：_____
吨　　位：_____　　　　　　　　　　_____年_____月_____日

原票记录			中转记录		票号	收货单位或收货人	品名	包装	承运路段				备注
原票起站	到达站	里程	中转站	到达站					件数	里程	计费重量	运费	
合计													

附件	零担货	发票	证明

上述货物已于　　月　　日经点件验收所属附件收讫无误

中转站：　　　　　　　　　　到达站：（盖章）　　月　　日

填发站：　　　　　　填单人：　　　　　　驾驶员：（盖章）

（3）装车：
① 按交接清单的顺序和要求点件装车。
② 将贵重物品放在防压、防撞的位置，保证运输安全。
③ 驾驶员（或随车理货员）清点随车单证并签章确认。
④ 检查车辆、关锁及遮盖捆扎情况。

5. 车辆运行

零担货运班车必须严格按期发车，按规定线路行驶，在中转站要由值班人员在路单上签证。有车辆跟踪系统的要按规定执行，使基站能随时掌控车辆在途情况。

6. 货物中转

对于需要中转的货物须以中转零担班车或沿途零担班车的形式运到规定的中转站进行中

转。中转作业主要是将来自各个方向的仍需继续运输的零担货物卸车后重新集结待运,继续运至终点站。零担货物的中转作业一般有三种方法。

(1) 全部落地中转(落地法)。将整车零担货物全部卸下交中转站入库,由中转站按货物的不同到站重新集结,另行安排零担货车分别装运,继续运到目的地。这种方法,简便易行,车辆载重量和容积利用较好,但装卸作业量大,仓库和场地的占用面积大,中转时间长。

(2) 部分落地中转(坐车法)。由始发站开出的零担货车,装运有部分要在途中某地卸下,转至另一路线的货物,其余货物则由原车继续运送到目的地。这种方法部分货物不用卸车,减少了作业量,加快了中转作业速度,节约了装卸劳力和货位,但对留在车上的货物的装载情况和数量不易检查清点。

(3) 直接换装中转(过车法)。当几辆零担车同时到站进行中转作业时,将车内部分中转零担货物由一辆车向另一辆车上直接换装,而不到仓库货位上卸货。组织过车时,既可以向空车上过,也可向留有货物的重车上过。这种方法在完成卸车作业时即完成了装车作业,提高了作业效率,加快了中转速度,但对到发车辆的时间等条件要求较高,容易受意外因素干扰而影响运输计划。

零担货物的中转还涉及中转环节的理货、堆码、保管等作业,零担货物中转站必须配备相应的仓库等作业条件,确保货物安全、及时、准确地到达目的地。

子任务四　集装箱货物运输的组织

一、集装箱货物流转的组织

采用集装箱运输货物时,一般先将分散的小批量货物预先在内陆集散点加以集中,组成大批量货物以后,通过内陆运输(铁路或公路运输)将其运到装船港,用船将集装箱运到卸船港后,再通过内陆运输将集装箱运到最终目的地。集装箱货物流转流程如图2-5所示。

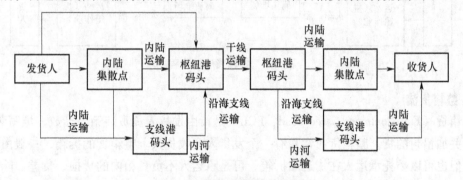

图 2-5　集装箱货物流转流程

(一) 集装箱货流的特点

集装箱货流按货物运量多少分为拼箱货流和整箱货流。

1. 拼箱货流

拼箱货(Less than Cargo Container Load,LCL)是指装不满一整箱的小票货物。这种货物通常是由承运人分别揽货并在集装箱货运站或内陆站集中,而后将两票或两票以上的货物拼装在一个集装箱内,同样要在目的地的集装箱货运站或内陆站拆箱分别交货。对于这种货物,承运人要负担装箱与拆箱作业,装拆箱费用向货方收取。承运人对拼箱货的责任,基本上与传统杂货运输相同。

(1) 把货物先用卡车或其他运载工具从货主处装运到集装箱货运站进行拼箱,拼箱后,将集装箱运送到码头堆场交由集装箱船装船运输。船舶到达目的港后,卸下集装箱,并通过陆运工具或其他运载工具运送到货运站拆箱,再用卡车把货物运送给收货人。

拼箱货流的特点:货物批量小,而且货物来自不同起运地,待货物集中后,把不同票而到达同一目的地的货物拼装在同一个集装箱内,再通过各种运输方式把货物运送给收货人。

(2) 拼箱货流转过程:
① 发货人自己负责将货物运至集装箱货运站。
② 集装箱货运站负责配箱、装箱。
③ 集装箱货运站负责将装载货物的集装箱运至集装箱码头。
④ 根据堆场计划将集装箱暂存堆场,等待装船。
⑤ 根据装船计划将集装箱货物装上船舶。
⑥ 通过水上运输将集装箱货物运抵卸船港。
⑦ 根据卸船计划从船上卸下集装箱货物。
⑧ 根据堆场计划在堆场内暂存集装箱货物。
⑨ 将集装箱货物运至货运站。
⑩ 集装箱货运站掏箱交货。
⑪ 集装箱空箱回运。

拼箱货流转流程如图2-6所示。

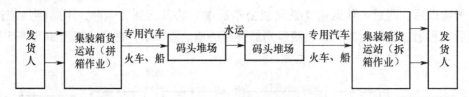

图2-6 拼箱货流转流程

2. 整箱货流

整箱货(Full Container Cargo Load,FCL)是指由发货人负责装箱、计数、填写装箱单,并由海关加铅封的货。整箱货通常只有一个发货人和收货人。整箱货的拆箱,一般由收货人办理,但也可以委托承运人在货运站拆箱,可是承运人不负责箱内的货损、货差。除非货方举证确定属承运人责任事故的损害,承运人才负责赔偿。承运人对整箱货以箱为交接单位。只要集装箱外表与收箱时相似和铅封完整,承运人就完成了承运责任。整箱货提运单上要加上"委托人装箱、计数并加铅封"的条款。

(1) 整箱货物运输是将货物直接从发货人处(如发货人的仓库)装箱、验关(出口),并在集装箱上铅封后,经过各种运输方式,直接送达目的地的收货人处,再行开箱、验关(进口)。

整箱货物运输的特点是货物批量大，全部货物均属于一个货主，到达地一致。货物从发货人处装箱后一直到收货人拆箱为止，一票到底。

(2) 整箱货流转过程：

① 发货人在自己工厂或仓库装箱地点配置集装箱。
② 发货人在自己工厂或仓库装箱地点装箱。
③ 通过内陆或内河运输将集装箱货物运至集装箱码头。
④ 在集装箱码头堆场办理交接，根据堆场计划在堆场内暂存集装箱货物，等待装船。
⑤ 根据装船计划将集装箱货物装上船舶。
⑥ 通过水上运输将集装箱货物运到卸船港。
⑦ 根据卸船计划从船上卸下集装箱货物。
⑧ 根据堆场计划在堆场内暂存集装箱货物。
⑨ 通过内陆或内河运输将集装箱货物运至收货人工厂和仓库。
⑩ 收货人在自己工厂或仓库掏箱地点掏箱。
⑪ 集装箱空箱回运。

整箱货流转流程如图 2-7 所示。

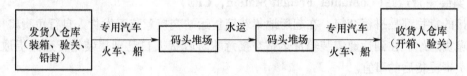

图 2-7　整箱货流转流程

(二) 集装箱货流对物流活动的影响

(1) 货流重新整合，运输方式的分工更加明确。通过集装箱化运输，使原有货流按照集装箱装载与运输的要求重新进行分解与整合。在大规模实行集装箱化运输之前，公路、铁路、水路等多种运输方式相互联系并不密切，分工也不明确。大规模采用集装箱化运输后，各种运输方式之间互有分工且协作密切，发挥了各自优势。

(2) 各种运输方式的运输能力及运输效率有了显著提高。采用集装箱运输前，铁路运输在进行换装作业和调车作业时所需时间较长，费用大，工作效率低。实现集装箱化运输后，在内地仓库与集装箱码头间采用了固定编组的专用列车，免除了在枢纽站间和铁路中间站内调车作业和换装作业时间，明显提高了铁路车辆的周转率。

(3) 公路与铁路运输合理运输距离的分界点有所改变。

(4) 运输装卸效率及货物的安全性有了明显提高。

集装箱货物运输是一种封闭式的运输，所以集装箱货流相对稳定、安全。货物不易损坏，可防止货损货差和中途被盗；集装箱货物装卸机械化效率高，手续简化；可以多种运输工具联运，运送速度快。

(三) 集装箱货流的组织形式

集装箱的货流组织形式有四种。

(1) 拼箱货装，整箱货拆。把几个发货人的货物拼箱装货发给一个收货人整箱拆货，也就是说装货时是拼箱货集装箱，收货时是整箱货集装箱。

（2）拼箱货装，拼箱货拆。不同的发货人发货给不同的收货人收货，即装货时是拼箱货集装箱，交货时也是拼箱货集装箱。

（3）整箱货装，整箱货拆。一个发货人发货给一个收货人收货，即装货时是整箱货集装箱，交货时也是整箱货集装箱。

（4）整箱货装，拼箱货拆。一个发货人发货给几个人收货人收货，即装货时是整箱货集装箱，交货时是拼箱货集装箱。

二、集装箱货物的交接

（一）交接地点

1. 集装箱码头堆场（Container Yard，CY）

交接的货物都是整箱交接。在发货港集装箱码头堆场交接意味着发货人自行负责装箱及集装箱到发货港集装箱码头堆场的运输。在卸货港集装箱码头堆场交接意味着收货人自行负责集装箱货物到最终目的地的运输和拆箱。

2. 集装箱货运站（Container Freight Station，CFS）

交接的货物都是拼箱交接。在起运地集装箱货运站交接意味着发货人自行负责将货物送到集装箱货运站。在到达地集装箱货运站交接意味着收货人自己到集装箱货运站提取货物，并自行负责提货后的事宜。

3. 发货人或收货人的工厂或仓库（Door）

在发货人或收货人的工厂或仓库交接的货物都是整箱交接。一般意味着发货人或收货人自行负责装箱或拆箱。

（二）集装箱货物的交接方式

1. 门到门（Door to Door）交接方式（FCL-FCL）

一般是货物批量较大、能装满一箱的货主，把空箱拉到自己的工厂仓库装箱后，由海关在工厂仓库内加封验收，运输经营人在发货人工厂或仓库整箱接货，然后把重箱运到集装箱码头堆场，等待装船；在目的港，由运输经营人负责把货物运到收货人的工厂或仓库整箱交货。收货人在其工厂或仓库整箱接货。故门到门的集装箱运输一般均为整箱货运输。运输经营人负责全程运输。

2. 门到场（Door to CY）交接方式（FCL-FCL）

发货人负责装箱并在其工厂或仓库整箱交货，运输经营人在发货人工厂或仓库整箱接货，并负责运抵卸货港，在集装箱堆场整箱交货；收货人负责在卸货港集装箱堆场整箱提货。这种交接方式表示承运人不负责目的港的内陆运输。在这种交接方式下，货物也都是整箱交接。

3. 门到站（Door to CFS）交接方式（FCL-LCL）

发货人负责装箱并在其工厂或仓库整箱交货，运输经营人在发货人工厂或仓库整箱接货，并负责运抵卸货港集装箱货运站，经拆箱后按件向各收货人交付。在这种交接方式下，运输经营人一般是以整箱形态接受货物，以拼箱形态交付货物。

4. 场到门(CY to Door)交接方式(FCL-FCL)

发货人负责装箱并运至装货港集装箱堆场整箱交货,运输经营人在装货港集装箱堆场整箱接货,并负责运抵收货人工厂或仓库整箱交货;收货人在其工厂或仓库整箱接货。在这种交接方式下,货物也都是整箱交接。

5. 场到场(CY to CY)交接方式(FCL-FCL)

发货人负责装箱并运至装货港集装箱堆场整箱交货,运输经营人在装货港集装箱堆场整箱接货,并负责运抵卸货港集装箱堆场整箱交货;收货人负责在卸货港集装箱堆场整箱提货。在这种交接方式下,货物的交接形态一般都是整箱交接,运输经营人不负责内陆运输。

6. 场到站(CY to CFS)交接方式(FCL-LCL)

发货人负责装箱并运至装货港集装箱堆场整箱交货,运输经营人在装货港集装箱堆场整箱接货,并负责运抵卸货港集装箱货运站或内陆货运站拆箱按件交货;收货人负责在卸货港集装箱货运站按件提取货物。在这种交接方式下,运输经营人一般是以整箱形态接受货物,以拼箱形态交付货物。

7. 站到站(CFS to CFS)交接方式(LCL-LCL)

发货人负责将货物运至集装箱货运站按件交货,运输经营人在集装箱货运站按件接受货物并装箱,负责运抵卸货港集装箱货运站拆箱后按件交货,收货人负责在卸货港集装箱货运站按件提取货物。在这种交接方式下,货物的交接形态一般都是拼箱交接。

8. 站到场(CFS to CY)交接方式(LCL-FCL)

发货人负责将货物运至集装箱货运站按件交货,运输经营人在集装箱货运站按件接受货物并装箱,负责运抵卸货港集装箱堆场整箱交货。收货人负责在卸货港集装箱堆场整箱提货。在这种交接方式下,运输经营人一般是以拼箱形态接受货物,以整箱形态交付货物。

9. 站到门(CFS to Door)交接方式(LCL-FCL)

发货人负责将货物运至集装箱货运站按件交货,运输经营人在集装箱货运站按件接受货物并装箱,负责运抵收货人工厂或仓库整箱交货,收货人在其工厂或仓库整箱接货。在这种交接方式下,运输经营人一般是以拼箱形态接受货物,以整箱形态交付货物。

三、集装箱运输组织程序

(一)集装箱货物出口货运程序

国际集装箱运输出口货运程序包括订舱、确认、发放空箱、拼箱货装运交接、整箱货装运交接、集装箱交接签证、换取(签发)提单、装船等环节。

1. 订舱

发货人最迟在船舶到港前5天填制订舱单,向船公司或其代理人订舱。订舱单是发货人向船公司或其代理人(代理公司)提出托运的单证,一经船方签证确认,即成为船、货双方订舱的凭证。订舱单应该填制的内容如下:

① 装箱港以及承运人收到集装箱的城市。

② 卸箱港以及货运目的地。

③ 发货人以及发货人的代理人。

④ 货名、数量、吨数、货物外包装、货类以及特种货情况的说明,如冷藏货所需的温

度、危险货物性能、称件、等级等。
⑤ 集装箱的种类、规格和箱数。
⑥ 集装箱的交接点及方式，是装卸区的堆场还是货运站，是货主仓库或工厂还是门。
⑦ 填明内陆承运人是由发货人或其代理人（代理公司）还是船公司安排。
⑧ 在装卸区堆场交接时，应注明装箱地点、日期及重箱运到堆场的承运人和运到日期。
⑨ 拼箱货中如有超长货，应注明规格及尺寸。

2. 确认

发货人填制递交的订舱单经过船公司或其代理人（代理公司）确认后即成为船、货双方的订舱凭证。船方将根据订舱单编制订舱清单。订舱清单是船公司承担货物运输的凭证，也是码头接货的通知，要分送集装箱装卸区和货运站，以便安排空箱及办理货运交接。

3. 发放空箱

整箱货运的空箱由发货人领取，拼箱货运的空箱由货运站内部领取。空箱出门（附底盘车、台车、电动机等设备），集装箱所有者与使用者要办理设备交接单。设备交接单是交接集装箱及其设备的凭证。双方在交接时应在设备交接单上填写下列项目：
① 交箱的日期、时间和地点。
② 集装箱箱号、规格及铅封号、空箱还是满箱。
③ 底盘车及有关设备情况：批注正常还是异常，如有损坏则注明割伤、擦伤、破洞、凹损、坏损、部件灭失等。
④ 集装箱、底盘车及电动机等设备返回装卸区的预定地点、日期及安排。
⑤ 收箱货主以及到达日期及时间。交接单一式 4 份，由船公司的代理人签发，经租借双方签署后，一份交拖挂车驾驶员，一般委托码头堆场大门口职员。与集装箱出门类似，集装箱进门也要办理进门设备交接单。其格式及份数基本上与出门交接单相同。不仅是空箱进门、出门要办理设备交接单，重箱进门、出门也要办理设备交接单，也就是说对各种不同目的的移出、移进的集装箱及其设备都要办理设备交接单。

4. 拼箱货装运交接

货运站根据订舱清单资料核对场站收据接受拼箱货，并在集装箱货运站装箱，填制装箱单。场站收据是证明托运的集装箱货物已经收讫，也是明确表示船公司（货运站为船公司代理人）开始对货物负责的依据。场站收据一式多联。
① 正式联，由集装箱装卸区堆场管理员（整箱货）或货运站（拼箱货）在验收集装箱或拼箱货后签发给发货人，据以向船公司换取提单。
② 通知船长联，相当于装货指示，交船长保管。
③ 装港船公司联，由装港代理公司保存。
④ 集装箱管理处联，由代理公司签发提单的部门保管，以便与提单核对。
⑤ 非出口港联，由内陆城市货运站、非出口港集散点保存。
⑥ 海关联，送发海关备用。
⑦ 场站联，由堆场管理员或交接站保存。

5. 整箱货装运交接

发货人自行装箱，制作装箱单及场站收据，经海关加盖出口许可章，加上出口申请书原件，连同已装货物的重箱送交码头堆场，由港方核对各种单据验收。装箱单是详细记载装进集装箱内的货物名称、数量等资料情况的唯一单据，是作为向海关申报货物运进装货地的代用单据，是作为船只通告箱内所装货物的明细表，是卸货港作为办理集装箱保税运输手续的依据。

6. 集装箱交接签证

货运站验拼箱货，装卸区核收整箱货后，在场站收据上签收，交还发货人。

7. 换取（签发）提单

发货人凭场站收据向代理公司换取提单，再往银行结汇。如果信用证规定需要装船提单，则应在集装箱装船后，经船长或大副签证后，才能换取已装船提单。集装箱运输提单与传统海运的提单有所不同，是一种收货待装提单。但在大多数情况下，根据发货人的要求，船公司在提单上填制"装船备忘录"即为签发已装船提单。这样，它就与传统提单相似了。当发货人在仓库、工厂、装卸区堆场或集装箱货运站交货交箱时，取得场站收据后即可据以向船公司要求签发。

8. 装船

集装箱装卸区根据船舶性能和资料、订舱清单及场地积载计划等编制船舶积载图，候船到港后，经船方确认，即行装船。至此集装箱出口货运程序结束。

图 2-8 为集装箱运输出口货运程序简图。

（二）集装箱货物进口货运程序

（1）出口港在船舶开航后，应将有关箱运单证航空邮寄进口港区船公司的集装箱管理处。

（2）集装箱管理处收到出口港寄来的各种货运单证后，即分别发给进口港代理公司和集装箱装卸区。

（3）进口港代理公司在接到船舶到港时间及有关箱运资料后，即分别向收货人发到货通知。

（4）收货人接到到货通知，即向银行付款购单，并以正本提单向代理公司换取提货单。

（5）代理公司根据收货人提供的正本提单，经与货运或箱运舱单核对无误后，即签发提货单。提货单是收货人向装卸区或货运站提货的凭证，也是船公司对装卸区或货运站交箱交货的通知。船公司的代理公司签发提货单时，除了收回正本提单并查对进口许可证外，还须货方付清运费及一切有关费用，如果 D/R 场站收据对集装箱有批注，原注也应列入提货单备注栏内。

（6）收货人凭进口许可证及提货单到集装箱装卸区办理提箱提货手续。

（7）就整箱货而言，装卸区堆场根据正本提货单交箱，并与货方代表在船公司签发的设备交接单上签字，以示办妥交接手续。

（8）拼箱货在货运站办理提货手续，由货运站向收货人收回正本提货单，将货交由收货人提取。至此进口货运程序结束。

图 2-9 为集装箱进口货运程序简图。

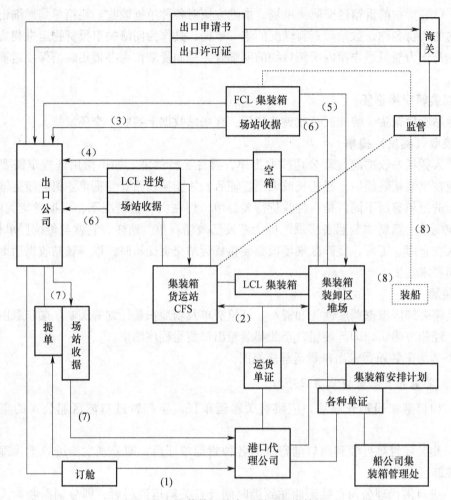

图 2-8 集装箱运输出口货运程序简图

子任务五 特种货物运输的组织

汽车运输的货物中，有一部分货物由于其本身的性质特殊，对于装卸、运送和保管等环节有特殊要求，这类货物统称为特种货物。特种货物一般分为四大类，即危险货物、大件（长大、笨重）货物、鲜活易腐货物和贵重货物。

一、危险货物运输

（一）危险货物

凡具有爆炸、易燃、毒害、腐蚀、放射性等性质，在运输、装卸和贮存保管过程中容易造成人身伤亡和财产损毁而需要特别防护的货物，均属危险货物。危险货物分为八类：爆炸品，压缩和液化气体，易燃液体、易燃固体、自燃物品和遇湿易燃物品，氧化剂和有机过氧化物，毒害品和感染性物品，放射性物品，腐蚀品。我国交通部《汽车危险货物运输规则》按危险货物的危险程度将其分为两个级别。一级危险货物有爆炸品，压缩和液化气体，一级

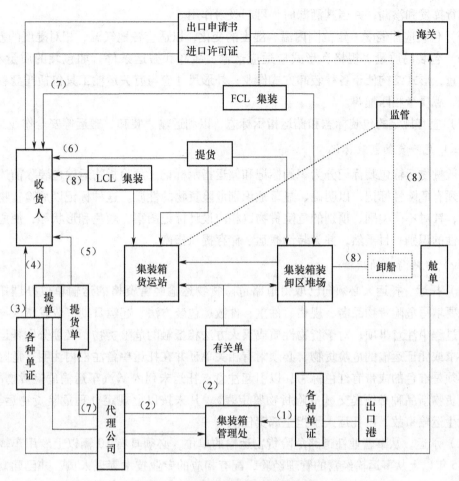

图 2-9 集装箱进口货运程序简图

易燃液体、易燃固体、自燃物品和遇湿易燃物品，氧化剂和有机过氧化物，剧毒物品，一级酸性腐蚀品，放射性物品。二级危险货物有二级易燃液体、有毒物品、碱性腐蚀品、二级酸性腐蚀品、其他腐蚀物品。

（二）危险货物的包装

危险货物运输包装不仅为保证产品质量不发生变化、数量完整，而且是防止运输过程中发生燃烧、爆炸、腐蚀、毒害、放射性污染等事故的重要条件之一，是安全运输的基础。对道路危险货物的包装有下列基本要求。

（1）包装的材质应与所装危险货物的性质适应，即包装及容器与所装危险货物直接接触部分，不应受其化学反应的影响。

（2）包装及容器应具有一定的强度，能经受运输过程中正常的冲击、震动、挤压和摩擦。

（3）包装的封口必须严密、牢靠，并与所装危险货物的性质相适应。

（4）内、外包装之间应加适当的衬垫，以防止运输过程中内、外包装之间、包装和包装之间以及包装与车辆、装卸机具之间发生冲撞、摩擦、震动而使内容器破损。同时又能防止液体货挥发和渗漏,并当其洒漏时,可起吸附作用。

(5) 包装应能经受一定范围内温、湿度的变化,以适应各地气温、相对湿度的差异。

(6) 包装的质量、规格和形式应适应运输、装卸和搬运条件。如包装的质量和体积,不能过重;形式结构便于各种装卸方式作业;外形尺寸应与有关运输工具包括托盘、集装箱的容积、载质量相匹配等。

(7) 应有规定的包装标志和储运指示标志,以利运输、装卸、搬运等安全作业。

(三) 危险货物包装标记

一般货物运输包装标记分为识别标记和储运指示标记。危险货物运输包装除前述两种标记外还须有危险性标记,以明确、显著地识别危险货物的性质。这种标记以危险货物的分类为基础,针对不同类别、项别的危险货物,相应设计标记图案、颜色和形状等,使危险货物及其特性的识别一目了然,并为装卸搬运、储存提供指南。

(四) 危险货物的运输

(1) 托运。托运人必须向已取得道路危险货物运输经营资格的运输单位办理托运。托运单上要填写危险货物品名、规格、件重、件数、包装方法、起运日期、收发货人详细地址及运输过程中注意事项;对于货物性质或灭火方法相抵触的危险货物,必须分别托运;对有特殊要求或凭证运输的危险货物,必须附有相关单证并在托运单备注栏内注明;危险货物托运单必须是红色的或带有红色标志,以引起注意;托运未列入《汽车运输危险货物品名表》的危险货物新品种必须提交《危险货物鉴定表》。凡未按以上规定办理危险货物运输托运,由此发生运输事故,由托运人承担全部责任。

(2) 承运。从事营业性道路危险货物运输的单位,必须具有10辆以上专用车辆的经营规模,5年以上从事运输经营的管理经验,配有相应的专业技术管理人员,并已建立、健全安全操作规程、岗位责任制、车辆设备保养维修和安全质量教育等规章制度。承运人受理托运时应根据托运人填写的托运单和提供的有关资料,予以查对核实,必要时应组织承、托双方到货物现场和运输线路进行实地勘察。承运爆炸品、剧毒品、放射性物品及需控温的有机过氧化物,使用受压容器罐(槽)运输烈性危险品,以及危险货物月运量超过100吨均应于起运前10天,向当地道路运政管理机关报送危险货物运输计划,包括货物品名、数量、运输线路、运输日期等。营业性危险货物运输必须使用交通部统一规定的运输单证和票据,并加盖《危险货物运输专用章》。

(3) 运输和装卸。

① 车辆。车厢、底板必须平坦完好,周围栏板必须牢固。铁质底板装运易燃、易爆货物时应采取衬垫防护措施,如铺垫木板、胶合板、橡胶板等,但不得使用谷草、草片等松软易燃材料;机动车辆排气管必须装有有效的隔热和熄灭火星的装置,电路系统应有切断总电源和隔离电火花的装置;凡装运危险货物的车辆,必须按国家标准《道路运输危险货物车辆标志》悬挂规定的标志和标志灯(车前悬挂有危险字样的三角旗)。根据所装危险货物的性质,配备相应的消防器材和捆扎、防水、防散失等用具。

② 装卸。装运危险货物应根据货物性质,采取相应的遮阳、控温、防爆、防火、防震、防水、防冻、防粉尘飞扬、防洒漏等措施。装运危险货物的车厢必须保持清洁干燥,车上残

留物不得任意排放、抛弃，被危险货物污染过的车辆及工具必须洗刷消毒，未经彻底消毒，严禁装运食用、药用物品，饲料及活动物。危险货物装卸作业，必须严格遵守操作规程，轻装、轻卸，严禁摔碰、撞击、重压、倒置；使用的工具不得损伤货物，不准粘有与所装货物性质相抵触的污染物。货物必须堆放整齐、捆扎牢固、防止失落。操作过程中有关人员不得擅离岗位。危险货物装卸现场的道路、灯光、标志、消防设施等必须符合安全装卸的条件。灌（槽）车装卸地点的储槽口应标有明显的货物名牌，储槽注入、排放口的高度。容量和路面坡度应能适合运输车辆装卸的要求。

③ 运送。运输危险货物时必须严格遵守交通、消防、治安等法规。车辆运行应控制车速，保持与前车的距离，严禁违章超车，确保行车安全。对在夏季高温期间限运的危险货物，应按各地公安部门规定进行运输。装载危险货物的车辆不得在居民聚居点、行人稠密地段、政府机关、名胜古迹、风景游览区停车。如必须在上述地区进行装卸作业或临时停车。应采取安全措施并征得当地公安部门同意。运输爆炸品、放射性物品及有毒压缩气体、液化气体，禁止通过大、中城市的市区和风景游览区。如必须进入上述地区应事先报经当地县、市公安部门批准，按照指定的路线、时间行驶。三轮机动车、全挂汽车列车、人力三轮车、自行车和摩托车不得装运爆炸品、一级氧化剂、有机过氧化物；拖拉机不得装运爆炸品、一级氧化剂、有机过氧化物、一级易燃物品；自卸汽车除二级固体危险货物外，不得装运其他危险货物。运输爆炸品和需要特殊防护的烈性危险货物，托运人须派熟悉货物性质的人员指导操作、交接和随车押运。危险货物如有丢失、被盗应立即报告当地交通运输主管部门并由交通运输主管部门会同公安部门查处。

④ 交接。货物运达后，要做到交付无误。货物交接双方，必须点收点交，签证手续完全。收货人在收货时如发现差错、破损，应协助承运人采取有效的安全措施，及时处理并在运输单证上批注清楚。

二、大件货物运输

（一）大件（长大、笨重）货物

凡整件货物，长度在 6 米以上，宽度超过 2.5 米，高度超过 2.7 米时，称为长大货物，如大型钢梁、起吊设备等。货物每件重量在 4 吨以上（不含 4 吨），称为笨重货物，如锅炉、大型变压器等。笨重货物以可分为均重货物与集重货物，均重货物是指货物的重量能均匀或近乎均匀地分布于装载底板上。而集重货物系指货物的重量集中于装载车辆底板的某一部分，装载集重货物，需要铺垫一些垫木，使重量能够比较均匀地分布于底板。

（二）大件货物运输的基本技术条件

（1）使用适宜的装卸机械，装车时应使货物的全部支承面均匀地、平稳地放置在车辆底板上，以免损坏车辆。

（2）用相应的大型平板车等专用车辆，严格按有关规定装载。

（3）对于集重货物，为使其重量能均匀地分布在车辆底板上，必须将货物安置在纵横垫木上或相当于起垫木作用的设备上。

（4）货物重心应尽量置于车底板纵横中心交叉点的垂直线上，严格控制横移位和纵向移位。

(5) 重车重心高度应控制在规定限制内，若重心偏高，除应认真进行加载加固以外，还应采取配重措施，以降低其重心高度。

(三) 大件货物的运输

(1) 托运。托运人在办理托运时，必须做到向已取得道路大件货物运输经营资格的运输业户或其代理人办理托运；必须在运单上如实填写大件货物的名称、规格、件数、件重、起运日期，收、发货人地址及运输过程中的注意事项。托运人还应向运输单位提交货物说明书，必要时应附有外形尺寸的三面视图（以"+"表示重心位置）和计划装载加固等具体意见及要求。凡未按上述规定办理托运或运单填写不明确，由此发生运输事故的由托运人承担全部责任。

(2) 承运。

① 受理。承运人在受理托运时，必须做到根据托运人填写的运单和提供的有关资料，予以查对核实；承运大件货物的级别必须与批准经营的类别相符，不准受理经营类别范围以外的大件货物。凡未按以上规定受理大件货物托运由此发生运输事故的，由承运人承担全部责任。同时，要按托运人提出的有关资料对货物进行审核，掌握货物的特性及长、宽高度，实际重量，外形特征，重心位置等以便合理选择车型，计算允许装载货物的最大重量，不得超载。并指派专人观察现场道路和交通状况，附近有无电缆、电话线、煤气管道或其他地下建筑物，车辆是否能进入现场，是否适合装卸、调车等情况。了解运行路线上桥、涵渡口、隧道道路的负荷能力及道路的净空高度。并研究装载和运送办法。

② 装卸。大型物件运输的装卸作业应根据托运人的要求、货物的特点和装卸操作规程进行作业。货物的装卸应尽可能使用适宜的装卸机械。装车时应使货物的全部支承面均匀地、平稳地放置在车辆底板上，以免损坏底板或大梁；对于集重货物为使其重量能均匀地分布在车辆底板上，必须将货物安置在纵横垫木上或相当于起垫木作用的设备上；货物重心应尽量置于车底板纵、横中心交叉点的垂线上，如无可能时，则对其横向位移应严格限制；纵向位移在任何情况下不得超过轴荷分配的技术数据；还应视货物重量、形状、大小、重心高度、车辆和线路、运送速度等具体情况采用不同的加固措施以保证运输质量。

③ 运送。按指定的路线和时间行驶，并在货物最长、最宽、最高部位悬挂明显的安全标志，日间挂红旗，夜间挂红灯，以引起往来车辆的注意。特殊的货物，要有专门车辆在前引路，以便排除障碍。

三、鲜活易腐货物运输

(一) 鲜活易腐货物

在运输过程中，需要采取一定措施防止货物死亡和腐坏变质，并须在规定运达期限内抵达目的地的货物，统称为鲜活易腐货物。汽车运输的鲜活易腐货物主要有鲜鱼虾、鲜肉、瓜果蔬菜、牲畜、家禽、观赏野生动物、花木秧苗、蜜蜂等。

(二) 鲜活易腐货物主要特点

(1) 季节性强、货源波动性大，如水果、蔬菜、亚热带瓜果等。

（2）时效性强。鲜活货物极易变质，要求以最短的时间、最快的速度及时运到。

（3）运输过程需要特殊照顾，如牲畜、家禽、蜜蜂、花木秧苗等的运输，需配备专用车辆和设备，并有专人沿途进行饲养、浇水、降温、通风等。

（三）鲜活易腐货物的运输

（1）托运。托运鲜活货物前，应根据货物不同特性，做好相应的包装。托运时须向具备运输资格的承运方提出货物最长的运到期限、某一种货物运输的具体温度及特殊要求，提交卫生检疫等有关证明，并在托运单上注明。

（2）承运。承运鲜活易腐货物时，应对托运货物的质量、包装和温度进行认真的检查。要求质量新鲜、包装达到要求、温度符合规定。对已有腐烂变质象征的货物，应加以适当处理，对不符合规定质量的货物不予承运。

（3）装车。鲜活货物装车前，必须认真检查车辆的状态，车辆及设备完好方能使用，车厢如果不清洁应进行清洗和消毒，适当风干后，才能装车。装车时应根据不同货物的特点，确定其装载方法。如冷冻货物需保持货物内部蓄积的冷量，可紧密堆码；水果、蔬菜等需要通风散热的货物必须在货物之间保留一定的空隙，相压的货物必须在车内加架板，分层装载。

（4）运送。根据货物的种类、运送季节、运送距离和运送方向，按要求及时起运，双班运输，按时运达。炎热天气运送时，应尽量利用早晚行驶。运送牲畜、蜜蜂等货物时，应注意通风散热。

四、贵重货物运输

（一）贵重货物

贵重货物是指价格昂贵，运输责任重大的货物。

贵重货物可分为货币、证券、贵重金属及稀有金属、珍贵艺术品、贵重药材和药品、贵重毛皮、珍贵食品、高级精密机械及仪表、高级光学玻璃及高档日用品等。

（二）贵重货物运输的要点

装车前应进行严格清查，查包装是否完整，货物的品名、质量、件数和货运单是否相等，装卸时怕震的贵重货物要轻拿轻放，不要压挤。运送贵重货物需派责任心强的驾驶员运送，要有托运方委派的专门押运人员跟车。交付贵重货物要做到交接手续齐全、责任明确。

子任务六 公路货物运费的计算

一、公路货物运输计价标准

（一）计费重量

（1）计量单位：

① 整批货物运输以吨为单位。

② 零担货物运输以千克为单位。

③ 集装箱运输以箱为单位。

(2) 重量确定：

① 一般货物：无论整批、零担货物，计费重量均按毛重计算。轻泡货物按体积重量计算。

② 整批货物吨以下计至 100 千克，尾数不足 100 千克的，四舍五入。装运整批轻泡货物的高度、长度、宽度，以不超过有关道路交通安全规定为限度，按车辆标记吨位计算重量。

③ 零担货物起码计费重量为 1 千克。重量在 1 千克以上，尾数不足 1 千克的，四舍五入。零担运输轻泡货物以货物包装最长、最宽、最高部位尺寸计算体积，按每立方米折合 333 千克计算重量。

④ 包车运输按车辆的标记吨位计算。

⑤ 散装货物，如砖、瓦、砂、石、土、矿石、木材等，按体积由各省、自治区、直辖市统一规定重量换算标准计算重量。

(二) 计费里程

(1) 里程单位。货物运输计费里程以千米为单位，尾数不足 1 千米的，进整为 1 千米。

(2) 里程确定：

① 货物运输的营运里程，按交通部和各省、自治区、直辖市交通行政主管部门核定、颁发的《营运里程图》执行。《营运里程图》未核定的里程由承、托双方共同测定或经协商按车辆实际运行里程计算。

② 出入境汽车货物运输的境内计费里程以交通主管部门核定的里程为准；境外里程按毗邻国（地区）交通主管部门或有权认定部门核定的里程为准。未核定里程的，由承、托双方协商或按车辆实际运行里程计算。

③ 货物运输的计费里程：按装货地点至卸货地点的实际载货的营运里程计算。

④ 因自然灾害造成道路中断，车辆需绕道行驶的，按实际行驶里程计算。

⑤ 城市市区里程按当地交通主管部门确定的市区平均营运里程计算；当地交通主管部门未确定的，由承托双方协商确定。

(3) 计时包车货运计费时间。计时包车货运计费时间以小时为单位。起码计费时间为 4 小时；使用时间超过 4 小时，按实际包用时间计算。整日包车，每日按 8 小时计算；使用时间超过 8 小时，按实际使用时间计算。时间尾数不足半小时舍去，达到半小时进整为 1 小时。

(4) 运价单位：

① 整批运输：元/(吨千米)。

② 零担运输：元/(千克千米)。

③ 集装箱运输：元/(箱千米)。

④ 包车运输：元/(吨位小时)。

⑤ 出入境运输，涉及其他货币时，在无法按统一汇率折算的情况下，可使用其他自由货币为运价单位。

二、公路货物运输计价类别

1. 车辆类别

载货汽车按其用途不同,划分为普通货车、特种货车两种。特种货车包括罐车、冷藏车及其他具有特殊构造和专门用途的专用车。

2. 货物类别

货物按其性质分为普通货物和特种货物两种。普通货物分为三等;特种货物分为大件货物、危险货物、贵重货物、鲜活易腐货物四类。

3. 集装箱类别

集装箱按箱型分为国内标准集装箱、国际标准集装箱和非标准集装箱三类,其中国内标准集装箱分为1吨箱、5吨箱、10吨箱三种,国际标准集装箱分为20米箱、40米箱两种。集装箱按货物种类分普通货物集装箱和特种货物集装箱。

4. 公路类别

公路按公路等级分等级公路和非等级公路。

5. 区域类别

汽车运输区域分为国内和出入境两种。

6. 营运类别

根据道路货物运输的营运形式分为道路货物整批运输、零担运输和集装箱运输。

三、公路货物运输的运价价目

(一)基本运价

1. 整批货物基本运价

整批货物基本运价指一吨整批普通货物在等级公路上运输的每吨千米运价。

2. 零担货物基本运价

零担货物基本运价指零担普通货物在等级公路上运输的每千克千米运价。

3. 集装箱基本运价

集装箱基本运价指各类标准集装箱重箱在等级公路上运输的每箱千米运价。

(二)吨(箱)次费

1. 吨次费

对整批货物运输在计算运费的同时,按货物重量加收吨次费。

2. 箱次费

对汽车集装箱运输在计算运费的同时,加收箱次费。箱次费按不同箱型分别确定。

3. 普通货物运价

普通货物实行分等级计价,以一等货物为基础,二等货物加成15%,三等货物加成30%。

4. 特种货物运价

(1)大件货物运价。

① 一级大件货物在整批货物基本运价的基础上加成 40%~60%。

② 二级大件货物在整批货物基本运价的基础上加成 60%~80%。

(2) 危险货物运价。

① 一级危险货物在整批（零担）货物基本运价的基础上加成 60%~80%。

② 二级危险货物在整批（零担）货物基本运价的基础上加成 40%~60%。

(3) 贵重、鲜活易腐货物运价。贵重、鲜活易腐货物在整批（零担）货物基本运价的基础上加成 40%~60%。

5. 特种车辆运价

按车辆的不同用途，在基本运价的基础上加成计算。特种车辆运价和特种货物运价两个价目不准同时加成使用。

6. 非等级公路货运运价

非等级公路货物运价在整批（零担）货物基本运价的基础上加成 10%~20%。

7. 快速货运运价

快速货物运价按计价类别在相应运价的基础上加成计算。

8. 集装箱运价

(1) 标准集装箱运价。标准集装箱重箱运价按照不同规格的箱型的基本运价执行，标准集装箱空箱运价在标准集装箱重箱运价的基础上减成计算。

(2) 非标准箱运价。非标准箱重箱运价按照不同规格的箱型，在标准集装箱基本运价的基础上加成计算，非标准集装箱空箱运价在非标准集装箱重箱运价的基础上减成计算。

(3) 特种箱运价。特种箱运价在箱型基本运价的基础上按装载不同特种货物的加成幅度加成计算。

9. 出入境汽车货物运价

出入境汽车货物运价，按双边或多边出入境汽车运输协定，由两国或多国政府主管机关协商确定。

四、货物运输的其他收费

(一) 调车费

(1) 应托运人要求，车辆调往外省、自治区、直辖市或调离驻地临时外出驻点参加营运，调车往返空驶者，可按全程往返空驶里程、车辆标记吨位和调出省基本运价的 50% 计收调车费。在调车过程中，由托运人组织货物的运输收入，应在调车费内扣除。

(2) 经承、托双方共同协商，可以核减或核免调车费。

(3) 经铁路、水路调车，按汽车在装卸船、装卸火车前后行驶里程计收调车费；在火车、在船期间包括车辆装卸及待装待卸时，每天按 8 小时、车辆标记吨位和调出省计时包车运价的 40% 计收调车延滞费。

(二) 延滞费

(1) 发生下列情况，应按计时运价的 40% 核收延滞费。

① 因托运人或收货人责任引起的超过装卸时间定额、装卸落空、等装待卸、途中停滞、

等待检疫的时间。

② 应托运人要求运输特种或专项货物需要对车辆设备改装、拆卸和清理延误的时间；因托运人或收货人造成不能及时装箱、卸箱、掏箱、拆箱、冷藏箱预冷等业务，使车辆在现场或途中停滞的时间。延误时间从等待或停滞时间开始计算，不足 1 小时者，免收延滞费；超过 1 小时及以上，以半小时为单位递进计收，不足半小时进整为半小时。车辆改装、拆卸和清理延误的时间，从车辆进厂（场）起计算，以半小时为单位递进计算，不足半小时进整为半小时。

（2）由托运人或收、发货人责任造成的车辆在国外停留延滞时间（夜间住宿时间除外），计收延滞费。延滞时间以小时为单位，不足 1 小时进整为 1 小时。延滞费按计时包车运价的 60%~80% 核收。

（3）执行合同运输时，因承运人责任引起货物运输期限延误，应根据合同规定，按延滞费标准，由承运人向托运人支付违约金。

（三）装货（箱）落空损失费

应托运人要求，车辆开至约定地点装货（箱）落空造成的往返空驶里程，按其运价的 50% 计收装货（箱）落空损失费。

（四）道路阻塞停运费

汽车货物运输过程中，如发生自然灾害等不可抗力造成的道路阻滞，无法完成全程运输，需要就近卸存、接运时，卸存、接运费用由托运人负担。已完运程收取运费；未完运程不收运费；托运人要求回运，回程运费减半；应托运人要求绕道行驶或改变到达地点时，运费按实际行驶里程核收。

（五）车辆处置费

应托运人要求，运输特种货物、非标准箱等需要对车辆改装、拆卸和清理所发生的工料费用，均由托运人负担。

（六）车辆通行费

车辆通过收费公路、渡口、桥梁、隧道等发生的收费，均由托运人负担。其费用由承运人按当地有关部门规定的标准代收代付。

（七）运输变更手续费

托运人要求取消或变更货物托运手续，应核收变更手续费。因变更运输，承运人已发生的有关费用，应由托运人负担。

五、货物运费计算

（一）整批货物运费计算

（1）整批货物运价按货物运价价目计算。

（2）整批货物运费计算公式：

整批货物运费=吨次费×计费重量+整批货物运价×计费重量×计费里程+货物运输其他费用

（二）零担货物运费计算

(1) 零担货物运价按货物运价价目计算。

(2) 零担货物运费计算公式：

零担货物运费＝计费重量×计费里程×零担货物运价＋货物运输其他费用

（三）集装箱运费计算

(1) 集装箱运价按计价类别和货物运价费目计算。

(2) 集装箱运费计算公式：

重（空）集装箱运费＝重（空）箱运价×计费箱数×计费里程＋箱次费×计费箱数＋货物运输其他费用

（四）计时包车运费计算

(1) 包车运价按照包用车辆的不同类别分别制定。

(2) 包车运费的计算公式：

包车运费＝包车运价×包用车辆吨位×计费时间＋货物运输其他费用

（五）运费单位

运费以元为单位。运费尾数不足一元时，四舍五入。

知识拓展

参观一个公路货运站，要求：

1. 画出公路零担货物运输作业和整车货物运输作业的流程图。

2. 描述公路货物运输的基本术语（包括承运人、托运人、收货人、货物运输代理人、站场经营人、运输期限、承运责任期间、装卸搬运）。

基本训练

1. 从狭义来说，公路运输就是指（　　）运输。
   A. 拖拉机　　　B. 畜力车　　　C. 人力车　　　D. 汽车

2. 一般连接重要的政治经济中心，汽车分道行驶并且部分控制出入、部分立体交叉，平均日交通量设计能力在 10 000～25 000 辆的公路是（　　）。
   A. 高速公路　　B. 一级公路　　C. 二级公路　　D. 三级公路

3. 快件货物运送速度从货物受理当日 15 时开始，运距在 1 000 千米内（　　）小时到达。
   A. 24　　　　　B. 36　　　　　C. 48　　　　　D. 72

4. 下列物品不能作为零担运输的是（　　）。
   A. 活鱼　　　　B. 计算机　　　C. 书籍　　　　D. 棉被

5. 零担货物中转作业的三种方法是（　　）。
   A. 落地法　　　B. 坐车法　　　C. 过车法　　　D. 换车法

6. 简述公路运输的主要组成部分。
7. 什么是整车货物运输？什么是零担货物运输？
8. 简述整车货物运输的组织过程。
9. 简述零担货物运输的组织形式。
10. 简述鲜活易腐货物运输的基本流程及注意事项。

知识应用

某物流公司接到某汽车配件生产厂家的一项运输业务，有一批汽车配件要在两天之内送到全市所有大众汽车修配厂。公司考虑到这项运输任务时间紧、任务重、手续多，将这项业务交给经验丰富的运输物流员来具体负责组织实施。运输物流员按照零担货物运输的作业程序，顺利完成了任务。

假如你是运输物流员，你将如何组织实施此项零担货物运输？请写出实施的流程。

任务二　铁路货物运输

任务描述

铁路是国家重要的基础设施，是国民经济的大动脉。基于全面、协调和可持续的发展观，人们从资源、环境和生态等角度重新审视各种交通运输方式的发展前景，铁路由于占地少、能耗低、污染小、能源利用的可替代性强、环境效益好等可持续发展特性获得了越来越多的认同。大力发展铁路，是发展国民经济、增强国防力量、繁荣城乡市场、促进国土开发、增强民族团结和扩大对外开放的需要，符合我国的基本国情和经济社会可持续发展的战略要求。在我国这样一个幅员辽阔、人口众多的大国，铁路运输不论在目前还是可预见的未来，都是综合运输网络中的中坚。

任务分析

通过学习，了解铁路货物运输的基础知识，掌握国内铁路货物运输的组织、特殊条件的铁路货物运输的组织，培养组织实施铁路货物运输的能力。

概念点击

车辆标记、铁路整车运输、铁路零担运输、铁路集装箱运输、五定班列、运到期限、货物运单

任务实施

子任务一 铁路货物运输的基础知识

一、铁路运载工具

（一）铁路机车

铁路车辆本身没有动力装置，无论是客车还是货车，都必须把许多车辆连接在一起编成一列，由机车牵引才能运行。所以，机车是铁路车辆的基本动力。铁路上使用的机车按照机车原动力，可分为蒸汽机车、内燃机车和电力机车三种。从今后发展来看，最有发展前途的机车是电力机车。

（二）车辆及其标记

1. 车辆

铁路车辆可分为客车和货车两大类。铁路货车的种类很多，可从以下三个方面对其分类。

（1）按照用途或车型可分为通用货车和专用货车两大类，如表2-9所示。

表2-9 铁路货车的车种、用途与特点

车辆类型		基本型号	用途及特点
通用货车	棚车	P	棚车车体由端墙、侧墙、棚顶、地板、门窗等部分组成，主要装运怕日晒、雨淋、雪浸的货物（粮食、日用品、贵重仪器设备等）。部分棚车还可运送人员和马匹
	敞车	C	敞车仅有端、侧墙和地板，主要装运煤炭、矿石、木材、钢材等，也可装运重量不大的机械设备，苫盖篷布可装运怕雨淋的货物
	平车	N	大部分平车只有一平底板，供装运特殊长大重型货物，因而也被称作长大货物车
	冷藏车	B	冷藏车车体装有隔热材料，车内设有冷却、加温等装置，具有制冷、保温和加温三种性能，用于运送新鲜蔬菜、水果、鱼、肉等易腐的货物
	罐车	G	罐车车体为圆筒形，罐体上设有装卸口，主要用于运送液化石油气、汽油、硫酸、酒精等液态货物或散装水泥等
专用货车	专用敞车	C	供具有翻车机的企业使用，主要用于装运块粒状货物且采用机械化方式装卸
	专用平车	X，SQ	运送小汽车（型号为SQ）与集装箱（型号为X）的平车。运送小汽车的平车车体一般分为2~3层，并设有跳板，以便汽车自行上下
	漏斗车	K	用于装运块粒状散装货物，主要运送煤炭、矿石、粮食等

续表

车辆类型	基本型号	用途及特点
专用货车	水泥车	U	用来运送散装水泥的专用车
	家畜车	J	用于运送活家禽、家畜等的专用车。车内有给水、饲料的储运装置,还有押运人乘坐的设施

(2) 按载重划分,我国的货车可分为 20 吨以下、25～40 吨、50 吨、60 吨、65 吨、75 吨、90 吨等各种不同的车辆。为适应我国货物运量大的客观需要,有利于多装快运和降低货运成本,我国目前以制造 60 吨车为主。

(3) 按轴数分,铁路车辆分为四轴车,六轴车和多轴车等。我国铁路以四轴车为主。

2. 铁路车辆标记

铁路车辆一般常见的标记主要有以下七种。

(1) 路徽。凡中国铁道部所属车辆均有人民铁道的路徽。

(2) 车号。它是识别车辆的最基本的标记。车号包括型号和号码。型号又有基本型号和辅助型号两种。

① 基本型号代表车辆种类,用汉语拼音字母表示。我国部分货车的种类及其基本型号如表 2-10 所示。

表 2-10 部分货车基本型号表

顺序	车种	基本型号	顺序	车种	基本型号
1	棚车	P	7	保温车	B
2	敞车	C	8	集装箱专用车	X
3	平车	N	9	家畜车	J
4	砂石车	A	10	罐车	G
5	煤车	M	11	水泥车	U
6	矿石车	K	12	长大货物车	D

② 辅助型号。表示车辆的构造形式,它以阿拉伯数字和汉语拼音组合而成。例如,P 64A,表示结构为 64A 型的棚车。

③ 号码。一般编在车辆的基本型号和辅助型号之后。车辆号码是按车种和载重分别依次编号。例如,P 62.3319324。

(3) 配属标记。对固定配属的车辆,应标上所属铁路局和车辆段的简称,如"京局京段"表示北京铁路局北京车辆段的配属车。

(4) 载重。即车辆允许的最大装载重量,以吨为单位。

(5) 自重。即车辆本身的重量,以吨为单位。

(6) 容积。即货车(平车除外)可供装载货物的容积,以立方米(m^3)为单位。

(7) 特殊标记。它是根据货车的构造及设备情况，在车辆上还涂打各种特殊的标记。

二、铁路货物运输种类

（一）按运输条件不同划分

（1）普通货物运输。除按特殊运输条件办理的货物外的其他各种货物运输，都可称作普通货物运输。

（2）特殊货物运输，分为以下四种：

① 阔大货物运输：包括超长货物、集重货物和超限货物，是一些长度长、重量重、体积大的货物。

② 危险货物运输：指在铁路运输中，凡具有爆炸、易燃、毒蚀、放射性等特性，在运输、装卸和储存保管过程中，容易造成人身伤亡和财产毁损而需要特殊防护的货物。

③ 鲜活货物运输：指在铁路运输过程中需要采取制冷、加温、保温、通风、上水等特殊措施，以防止腐烂变质或死亡的货物以及其他托运人认为须按鲜活货物运输条件办理的货物。鲜活货物分为易腐货物和活动物两大类。易腐货物主要包括肉、鱼、蛋、奶、鲜水果、鲜蔬菜、鲜活植物等；活动物主要包括禽、畜、蜜蜂、活鱼、鱼苗等。

④ 罐装货物运输：指用铁路罐车运输的货物。

（二）按运输速度不同划分

（1）按普通货物列车办理的货物运输。

（2）按快运列车办理的货物运输。

（3）按客运速度办理的货物运输。

（三）按一批货物的重量、体积、性质、形状划分

"一批"是铁路运输货物的计数单位，铁路承运货物和计算运输费用等均以批为单位。按一批托运的货物，其托运人、收货人、发站、到站和装卸地点必须相同。由于货物性质、运输的方式和要求不同，下列货物不能作为同一批进行运输：

（1）易腐货物和非易腐货物。

（2）危险货物和非危险货物。

（3）根据货物的性质不能混装的货物。

（4）投保运输险的货物和未投保运输险的货物。

（5）按保价运输的货物和不按保价运输的货物。

（6）运输条件不同的货物。

不能按一批运输的货物，在特殊情况下，如不致影响货物安全、运输组织和赔偿责任的确定，经铁路有关部门承认也可按一批运输。

1. 整车运输

整车运输是指一批货物至少需要一列车的运输。具体地说，凡一批货物的重量、体积或形状需要以整列车装运的，均应按整车托运。整车运输的条件包括：

（1）货物的重量与体积。我国现有的货车以棚车、敞车、平车和罐车为主。标记载重量（简称为标重）大多50吨和60吨，棚车容积在100立方米以上，达到这个重量或容积条

件的货物，即应按整车运输。

（2）货物的性质与形状。有些货物，虽然其重量、体积不够一车，但按性质与形状需要单独使用列货车时，应按整车运输。

① 需要冷藏、保温、加温运输的货物。
② 规定限按整车运输的危险货物。
③ 易于污染其他货物的污秽品。
④ 蜜蜂。
⑤ 不易计算件数的货物。
⑥ 未装容器的活动物整车运输装载量大，运输费用较低，运输速度快，能承担的运量也较大，是铁路的主要运输形式。

2. 零担运输

凡不够整车运输条件的货物，即重量、体积和形状都不需要单独使用一列车运输的一批货物，除可使用集装箱运输外，应按零担货物托运。零担货物一件体积最小不得小于 0.02 立方米（一件重量在 10 千克以上的除外）。每批件数不得超过 300 件。

3. 集装箱运输

使用集装箱装运货物或运输空集装箱，称为集装箱运输。集装箱运输适合于运输精密、贵重、易损的货物。凡适合集装箱运输的货物，都应按集装箱运输。

（四）快运货物运输

为加速货物运输，提高货物运输质量，适应市场经济的需要，铁路开办了快运货物运输（简称快运），在全路的主要干线上开行了快运货物列车。托运人按整车、集装箱、零担运输的货物，除不宜按快运办理的煤、焦炭、矿石、矿建等品类的货物外，托运人都可要求铁路按快运办理，经发送铁路局同意并切实做好快运安排，货物即可按快运货物运输。托运人按快运办理的货物应在"铁路货物运输服务订单"内用红色戳记或红笔注明"快运"字样，经批准后，向车站托运货物时，须提出快运货物运单，车站填写快运货票。

（五）班列运输

为了适应市场经济发展的需要，向社会提供优质服务，铁路开展了货运五定班列运输。货运五定班列（简称班列）是指铁路开行的发到站间直通、运行线路和车次全程不变，发到日期和时间固定，实行以列、组、车或箱为单位报价、包干办法，即定点、定线、定车次、定时、定价的货物列车。班列按其运输内容分为集装箱货物班列（简称集装箱班列）、鲜活货物班列（简称鲜活班列）、普通货物班列（简称普通班列）。班列的开行周期，实行周历，按每周 X 列开行。

目前班列运行线中集装箱班列 26 条（其中预留线 17 条）、普通班列 44 条（含季节性鲜活区列 2 条）共 70 条，遍及京哈、京广、京沪、京九、陇海、浙赣等主要干线，每周开行 220 列上下。除不明到站的军事运输、超限货物和限速运行的货物外，其他都可以按班列办理运输。班列运输的特点包括以下四点：

（1）运达迅速：班列运行速度双线区间为 800 千米/天以上，单线区间为 500 千米/天以上，运达速度快。

（2）手续简便：托运人可在车站一个窗口，一次办理好手续。

（3）运输费用由铁道部统一组织测算并公布，除此不得收取或代收任何其他费用，透明度高。

（4）班列在运输组织上实行"五优先、五不准"：即优先配车、优先装车、优先挂运、优先放行、优先卸车；除特殊情况报铁道部批准外，不准停限装、不准分界口拒接、不准保留、不准途中解体、不准变更到站。

三、运到期限

铁路在现有技术设备条件和运输工作组织水平基础上，根据货物运输种类和运输条件将货物由发站运至到站而规定的最长运输限定天数，称为货物运到期限。

（一）货物运到期限的计算

货物运到期限按日计算。起码日数为3天，即计算出的运到期限不足3天时，按3天计算。运到期限由下述三部分组成：

（1）货物发送期间（T发）为1天。货物发送期间是指车站完成货物发送作业的时间，它包括发站从货物承运到挂出的时间。

（2）货物运输期间（T运）。每250运价千米或其未满为1天；按快运办理的整车货物每500运价千米或其未满为1天。货物运输期间是货物在途中的运输天数。

（3）特殊作业时间（T特）。特殊作业时间是为某些货物在运输途中进行作业所规定的时间，具体规定如下：

① 需要中途加冰的货物，每加冰1次，另加1天。

② 运价里程超过250千米的零担货物和1吨、5吨型集装箱另加2天，超过1000千米加3天。

③ 一件货物重量超过2吨、体积超过3立方米或长度超过9米的零担货物另加2天。

④ 整车分卸货物，每增加一个分卸站，另加1天。

⑤ 准、米轨间直通运输的整车货物，因需在接轨站换装另加1天。

对于上述五项特殊作业时间应分别计算，当一批货物同时具备多项时，累计相加计算。

若运到期限用T表示，则T=T发+T运+T特。

【例1】广安门站承运到石家庄站零担货物一件，重2300千克，计算运到期限。已知运价里程为274千米。

解：T发=1天；T运=274/250=1.096=2天；运价里程超过250千米的零担货物另加2天，一件货物重量超过2吨的零担货物另加2天，T特=2+2=4天，所以这批货物的运到期限为T=T发+T运+T特=1+2+4=7天。

（二）班列运到期限

班列运输的运到期限，按列车开行天数（始发日和终到日不足24小时按1天计算）加2天计算，运到期限自班列始发日开始计算。

（三）货物运到逾期

所谓货物的运到逾期，是指货物的实际运到天数（用T实表示）超过规定的运到期限时，即为运到逾期。货物的实际运输天数是指从起算时间到终止时间的这段时间。

起算时间：从承运人承运货物的次日（指定装车日期的，为指定装车日的次日）起算。

终止时间：到站由承运人组织卸车的货物，到卸车结束时止；由收货人组织卸车的货物，货车调到卸车地点或货车交接地点时止。

1. 逾期违约金的支付

若货物运到逾期，不论收货人是否因此受到损害，铁路部门均应向收货人支付违约金。违约金的支付是根据逾期天数和运到期限天数，按承运人所收运费的百分比进行支付违约金。违约金支付比例如表 2-11 所示。

表 2-11 运到逾期违约金支付比例（一）

违约金比例/% 逾期总日数/天 运到期限/天	1	2	3	4	5	6 以上
3	15	20				
4	10	15	20			
5	10	15	20			
6	10	15	15	20		
7	10	10	15	20		
8	10	10	15	15	20	
9	10	10	15	15	20	
10	5	10	10	15	15	20

货物运到期限在 11 天以上，发生运输逾期时，按表 2-12 规定计算违约金。

表 2-12 运到逾期违约金支付比例（二）

逾期总天数占运到期限天数比例	违约金占运费的比例/%
不超过 1/10 时	5
超过 1/10，但不超过 3/10 时	10
超过 3/10，但不超过 5/10 时	15
超过 5/10 时	20

快运货物运到逾期，除按表 2-13 规定退还快运费外，货物运输期间按每 250 千米运价里程或其未满为 1 天，计算运到期限仍超过时，还应按上述规定，向收货人支付违约金。

表 2-13 退还货物快运费比例

发到站间运输里程/千米	超过运到期限天数/天	退还货物快运费比例/%
1 801 以上	1	30
	2	60
	3 以上	100
1 201~1 800	1	50
	2 以上	100
1 200 以下	1 以上	100

2. 不支付违约金的货物

（1）超限货物、限速运行的货物和免费运输的货物以及货物全部灭失时。

（2）从铁路承运人发出催领通知的次日起（不能实行催领通知或会同收货人卸车的货物为卸车的次日起），如收货人于2天内未将货物领出，即失去要求铁路承运人支付违约金的权利。

3. 货物滞留时间

货物在运输过程中，由于下列原因之一造成的滞留时间，应从实际运到天数中扣除。

（1）因不可抗力（如风灾、水灾、雹灾、地震等）的原因引起的。

（2）由于托运人的责任致使货物在途中发生换装、整理所产生的。

（3）因托运人或收货人要求运输变更产生的。

（4）因其他非承运人的责任发生的。

子任务二　国内铁路货物运输的组织

一、国内铁路货物运输

（一）国内铁路货运流程

国内铁路货物运输的流程根据不同的运输稍有差异，但总体上来说还是可以细分为各个流转活动环节，同时在各个环节都有需要注意的货运单证和记录。

1. 零担货运流程

零担货物发送和接收的流程如表2-14和表2-15所示。其中，在活动内容后标有"※"的表示该项业务是需要重要控制的；标有"■"的表示在进行该项活动时有运输方和托运方（货主方）的货物或单证等的交接发生；标有"●"表示需要进行产品的监视和测量。

表 2-14 零担货物发送服务程序流程表

过程	活动	记录
一、受理	1. 评审货物运单※ 2. 进行过程能力认可	运单

续表

过程	活动	记录
二、接收货物	1. 检查现货与运单记载※■ 2. 检查货物包装 3. 检查货物标识	
三、承运	1. 检斤● 2. 入库	
四、核算	1. 核算制票※ 2. 收款 3. 结缴款	货票 缴款单
五、装车	1. 编制配装车计划 2. 检查待装车辆货认可核对货物 3. 装车前对装车能力进行认可 4. 监装※ 5. 装车后检查●	装卸工作单
六、货运票据交接	1. 编制货车装载清单 2. 票据装封套并填记 3. 票据、现车交接※■	货车装载清单 票据封套 票据交接簿

表 2-15 零担货物接收服务程序流程表

过程	活动	记录
一、卸车前准备	1. 按货位情况制订调车计划，并接车，检查设备※ 2. 现车、票据交接※■	
二、卸车作业	1. 卸车前装卸设备认可 2. 监卸※ 3. 卸车后检查● 4. 填记卸货簿和货签 5. 移交货运票据	有问题编制货运记录 卸货簿、货签票据 交接簿
三、到货通知	1. 发出到货通知 2. 填记货票	
四、货物保管	货物储存、保管、防护，交接班交接	
五、收取领货凭证	1. 确认领货凭证及证件 2. 计算核收运杂费 3. 结缴款	运杂费收据缴款单
六、现货交付	1. 清点货物 2. 核对运杂费 3. 交付货物 4. 收货人签收	卸货簿

2. 集装箱货运流程

集装箱货物发送和接收的流程如表 2-16 和表 2-17 所示。

表 2-16　集装箱货物发送服务程序流程表

过　程	活　动	记　录
一、计划与受理	1. 评审货物发送单※ 2. 进行运输过程能力认可 3. 安排进货日期和装箱日期	货物运单
二、承运	1. 拨配适当箱型，进行箱体检查 2. 监装、施封※■ 3. 登记集装箱承运簿	集装箱承运簿
三、核算	1. 核算制票 2. 收款 3. 结缴款	货票 缴款单
四、装车	1. 对待装车辆进行检查※ 2. 监控装车※ 3. 装车后检查● 4. 填记装载清单和票据封套	装载清单、封套
五、货运票据交接	1. 填记票据交接簿 2. 票据、现车交接	票据交接簿

表 2-17　集装箱货物接收服务程序流程表

过　程	活　动	记　录
一、卸车前准备	1. 现车集装箱交接※■ 2. 确定货位，装卸设备认可	到达票据
二、卸车作业	1. 监卸※ 2. 填记集装箱到达登记簿	集装箱到达登记簿
三、到达登记	1. 发出到达通知 2. 填记货票	到达货票
四、集装箱保管	1. 货物保管储存 2. 交接班交接	交接班簿
五、确认领货凭证	1. 内勤核算运杂费 2. 收款 3. 结缴款	运杂费收据 缴款单
六、现场交付	1. 接运单核对箱号、封号 2. 核对运杂费 3. 会同收款人清点货 4. 填记运单 5. 收款人签收	票据封套 运杂费收据 运单 卸车簿

3. 整车货运流程

整车货物发送和接收的流程如表 2-18 和表 2-19 所示。

表 2-18 整车货物发送服务程序流程表

过 程	活 动	记 录
一、合同评审	1. 评审铁路货物运输服务订单※ 2. 过程能力认可 3. 报请批准	货物运输服务订单
二、受理	1. 评审货物运单 2. 安排进货时间、地点 3. 验收货物※●	
三、装车作业	1. 向发站铁路分局请示车辆、去向，经批准后，调入车辆 2. 对待装车辆进行检查和认可※ 3. 对装卸机具进行认可 4. 对装车过程进行监控※ 5. 装车后检查● 6. 填写货物承运簿、货物运单	运货单 货车调送单 装车工作单 货物承运簿
四、核算运费	1. 核算填制货票※ 2. 收款■ 3. 结缴款■	货票
五、货运票据交接	1. 填记货票交接簿 2. 交运转车间■ 3. 现车交接	票据交接簿

表 2-19 整车货物接收服务程序流程表

过 程	活 动	记 录
一、卸车前准备	1. 按货位情况制订调车计划，并接车，检查设备 2. 核对现车，检查货物现状※	索取或编制货运记录
二、卸车作业	1. 卸车前对装卸机具认可 2. 监卸※ 3. 卸车后检查● 4. 填记货票并转交内勤核算	编制货运记录，填写卸车簿和卸车工作单

续表

过程	活动	记录
三、到货通知	1. 发出到货通知■ 2. 填写货票	
四、货物储存保管	1. 货物储存、保管、防护 2. 交接班交接■	交接簿
五、收取领货凭证	1. 内勤交付、核对证件※ 2. 计算核收运杂费装卸费 3. 结缴款	杂费、装卸费收据缴款单
六、现货交接	1. 清点货物● 2. 核对运杂费 3. 交付货物※■ 4. 收货人签收	填记运单、卸货簿

（二）国内铁路货运单证

从货运流程可以看出，国内铁路货运需要一些货运单证来明确运输各方的责任和义务。

1. 货物运单

办理铁路货物运输，托运人与承运人应签订运输合同。零担货物、集装箱货物以货物运单作为运输合同，托运人向承运人提出货物运单是一种签订合同的要约行为，即表示其签订运输合同的意愿。托运人按货物运单填记的内容向承运人交运货物，承运人按货物运单记载接收货物，核收运输费用，并在运单上盖章后，运输合同即告成立，托运人、收货人和承运人三方即形成权利义务关系。运单由承运人印制，在办理货运业务的车站按规定的价格出售。运量较大的托运人经发运站同意，可以按照承运人规定的格式，自行印制运单。

（1）货物运单的正面如表 2-20 所示。

货物运单填写说明：

① "发站"栏和"到站（局）"栏，应分别按《铁路货物运价里程表》规定的站名完整填写，不得填写简称。"到站（局）"填写到达站主管铁路局名的第一个字，例如，(哈)、(上)、(广)等，但到达北京铁路局的，则填写（京）字。

② "到站所属省（市）、自治区"栏，填写到站所在地的省（市）、自治区名称。托运人填写的到站、到达局和到站所属省（市）、自治区名称，三者必须相符。

③ "托运人"栏应详细填写发货人姓名或发货单位的名称、所在地地址以及联系电话。

④ "收货人"栏应详细填写收货人姓名或收货单位的名称、所在地地址以及联系电话。

⑤ "件数"栏，应按货物名称及包装种类，分别记明件数。若是集装箱运输，则以集装箱的个数为准，而不是按货物件数计算。

⑥ "包装"栏按货物的外包装为准，若是集装箱货物应在包装栏填写"集装箱"，并注明是几吨箱。

⑦ 货物价格按货物的实际价格算。

⑧"托运人确定重量（千克）"栏，集装箱货物以集装箱的最大载重量算：1 吨箱是 825 千克；5 吨箱是 4 800 千克；6 吨箱是 5 200 千克；10 吨箱是 8 300 千克；20 英尺[1]箱是 21 000 千克；40 英尺箱是 36 000 千克。

表 2-20　货物运单正面

货物指定于　月　日搬入							
货位		广州铁路局		承运人/托运人装车		领货凭证　　　计	
计划号码或运输号码		货物运单		承运人/托运人装车		车种及车号	
运到期限　日		托运人→发站→到站→收货人		货票第　　号		货票第　　号	
						运到期限　日	

托运人填写				承运人填写			
发站		到站（局）		车种车号		货车标重	
到站所属省（市）、自治区				施封号码			
托运人	名称			经由		铁路货车篷车	
	住址		电话				
收货人	名称			运价里程		集装箱号码	
	住址		电话				
货物名称	件数	包装	货物价格	托运人确定重量/千克	承运确定重量/千克	计费重量	运价号	运价率	运费
合计									
托运人记载事项	保险：			承运人记载事项			
注：本单不作为收款凭证，托运人签约须知见背面。规格：350×185 mm				托运人盖章或签字　年　月　日		到日站期交戳付	发日站期承戳运

发站
到站
托运人
收货人
货物名称 件数 重量
托运人盖章或签字
发站承运日期戳

注：收货人领货须知见背面

运单内各栏有更改时，在更改处，属于托运人填记事项，应由托运人盖章证明；属于承运人记载事项，应由车站加盖站名戳记。承运人对托运人填记事项除按《货物运单和货票填制办法》第 17 条规定内容可以更改外，其他内容不得更改。

（2）货运单背面写有托运人和收货人应该注意的要点，如表 2-21 所示。

1　1 米＝3.280 8 英尺。

表 2-21 货物运单背面

领货凭证（背面）	货物运单（背面）
收货人领货须知 1. 收货人接到托运人寄交的领货凭证后，应及时向到站联系领取货物； 2. 收货人领取货物已超过免费暂存期限时，应按规定支付货物暂存费； 3. 收货人到站领取货物，如遇货物未到时，应要求到站在本证背面加盖车站戳证明货物未到。	托运人须知 1. 托运人持本货物运单向铁路托运货物，证明并确认愿意遵守铁路货物运输的有关规定； 2. 货物运单所记载的货物名称、重量与货物的实际完全相符，托运人对其真实性负责； 3. 货物的内容、品质和价值是托运人提供的，承运人在接收和承运货物时并未全部核对； 4. 托运人应及时将领货凭证寄交收货人，凭此联系到站领取货物。
（注：本须知排印时，应放在凭证背面下端）	（注：本须知排印时，应放在运单背面右下侧）

2. 铁路货票

铁路货票是铁路承运人开具的运费结算单据，其具体形式如表 2-22 所示。

表 2-22 铁路货票（一）

计划号码或运输号码　　　　　　　××铁路局　　　　　　　　　　　　　甲　联
货物运到期限　　日　　　　　　　货　　票　　　　　　　　　　　　　A00001
　　　　　　　　　　　　　　　　发站存查

发站			到站（局）	车种车号	货车标重	承运人/托运人装车		
托运人	名称			施封号码		承运人/托运人装车		
	住址		电话	铁路货车篷布号码				
收货人	名称			集装箱号码				
	住址		电话	经由		运价		
货物名称	件数	包装	货物重量/千克		计费重量	运价号	运价率	现付
			托运人确定	承运人确定				费别	金额
							运费		
							装费		
							取送车费		
							过秤费		
合计								
记事							合计	

规格：270×185 mm

发站承印日期戳
经办人盖章

表 2-22 铁路货票（二）

计划号码或运输号码	××铁路局	乙 联
货物运到期限　　日	货　票	A00001
	发站至发局	

发站到		站（局）		车种车号		货车标重		承运人/托运人 装车	
托运人	名称			施封号码				承运人/托运人 装车	
	住址		电话	铁路货车篷布号码					
收货人	名称			集装箱号码					
	住址		电话	经由				运价	
货物名称	件数	包装	货物重量/千克		计费重量	运价号	运价率	现付	
			托运人确定	承运人确定				费别	金额
								运费	
								装费	
								取送车费	
								过秤费	
合计									
记事								合计	

规格：270×185mm　　　　　　发站承印日期戳
　　　　　　　　　　　　　　经办人盖章

表 2-22 铁路货票（三）

计划号码或运输号码　　　　　　　××铁路局　　　　　　　　　　　　丁　联
货物运到期限　　日　　　　　　　货　票　　　　　　　　　　　　　A00001
　　　　　　　　　　　　承运凭证：发站至到站查存

发站		到站（局）		车种车号		货车标重		承运人/托运人装车	
托运人	名称			施封号码				承运人/托运人装车	
	住址		电话	铁路货车篷布号码					
收货人	名称			集装箱号码					
	住址		电话	经由				运价	
货物名称	件数	包装	货物重量/千克		计费重量	运价号	运价率	现付	
			托运人确定	承运人确定				费别	金额
								运费	
								装费	
								取送车费	
								过秤费	
合计									
记事								合计	

发站承运日期戳

卸货时间　月　日　时　　　　　　　　　　　　经办人盖章
到货通知方法：　　　　　　收货人盖章或签字　到站交付日期戳　发站承运日期戳

表 2-22 铁路货票（四）

到货通知时间　月　日　时
到站收费的收据号码
规格：270×185mm
※　　　　　　　　　　　　　　　　　　　　　　　　　　　经办人盖章

货票丁联背面

1. 货物运输变更事项

受理站	电报号	变更事项	运杂费收据号码

处理站日期戳	经办人盖章	

2. 关于记录事项

编制站	记录号	记录内容

3. 交接站日期戳

1.	2.	3.	4.	5.	6.

4. 货车在中途站摘车事项

车种、车号车次、时间	摘车原因	货物发出时间、车次车种、车号

摘车站日期戳　　经办人盖章

车种、车号车次、时间	摘车原因	货物发出时间、车次车种、车号

摘车站日期戳　　经办人盖章

3. 铁路货物运输服务订单

铁路货物运输服务订单是运输服务合同或运输合同的组成部分，它一经签订，承运人和托运人均应承担责任。其格式如表 2-23 所示。

表 2-23 铁路货运运输服务订单

托运人：				收货人：			
地址：				地址：			
电话：	邮码：			电话：		邮码：	
发站：		到站：		车种：		车数：	
装货地点				箱型：		箱数：	
要求班列车次：				付款方式：			
货物品名：		品名代码：		件数：	单件尺寸：		货物重量：

续表

要求服务项目：		
□1. 发送综合服务	□5. 海关监管货物服务	
□2. 到达综合服务	□6. 速递到货通知上门	
□3. 货物仓储保管	□7. 货物包装、集装	
□4. 篷布服务	□8. 接取送达、门到门运输	
其他要求事项		
申请人盖章或签字： 年　月　日	违约金额： 车站指定装车日期：	铁路签注： 年　月　日

（三）国内铁路货运运费的计收

铁路货运运费是对铁路运输企业所提供的各项生产服务消耗的补偿，包括车站费用、运行费用、服务费用和额外占用铁路设备费用等。铁路货运运费由铁路运输企业使用"货票"和"运费杂费收据"核收，它由铁道部运价主管部门集中管理。

铁路货物运费的计收依据有《常运铁路货物运价表号》《铁路货物运价率表》《电气化附加费费率表》《新路新价均摊运费费率表》和《建设基金费率表》。

1. 计收标准及程序

（1）按《货物运价里程表》算出发站至到站的运价里程。

（2）根据货物运单上填写的货物名称查找《铁路货物运输品名分类与代码表》和《铁路货物运输品名检查表》，确定适用的运价号。

（3）整车、零担货物按货物适用的运价号，集装箱货物根据箱型，冷藏车货物根据车种分别在《货物运价率表》中查出适用的发到基价和运行基价。

（4）货物适用的发到基价与按《铁路货物运输规则》确定的计费重量（集装箱为箱数）相乘，计算出发到运费；运行基价与货物的运价里程相乘之积再与按《铁路货物运输规则》确定的计费重量（集装箱为箱数）相乘计算出运行运费。

整车以吨为单位，吨以下四舍五入；零担以10千克为单位，不足10千克的按10千克计算；集装箱以箱为单位。每项运费的尾数不足1角时，按四舍五入处理。零担货物的起码运费每批为2元。

整车货物每吨运价＝发到基价＋运行基价×运价千米

零担货物每10千克运价＝发到基价＋运行基价×运价千米

集装箱货物每箱运价＝发到基价＋运行基价×运价千米

运输超限货物时，发站应将超限货物的等级在货物运单中"货物名称"栏内注明，并按下列规定计费：

① 一级超限货物按运价率加50%。

② 二级超限货物按运价率加100%。

③ 超级超限货物按运价率加150%。

④ 需要限速运行（不包括通过桥梁、隧道、出入站时的限速运行）的货物，按运价率加150%计费。

（5）杂费按《铁路货物运价规则》中的规定计算。每项杂费不满1个计算单位，均按1个计算单位计算。

（6）货物快运费按《货物运价率表》规定的该批货物运价率的30%计算核收。

（7）计算专用线取送车费的里程，应自车站中心线算起，到交接地点或专用线最长线路终端止，里程往返合计，取车不另收费。

2. 集装箱"一口价"运输

为适应市场需要，原铁道部于1999年9月在全国各集装箱办理站间实行了"一口价"运价。托运人发站的付费就包含了火车站卸车、装车、铁路运输、到站卸车、装车全过程的所有费用，收货人不必再支付费用。

子任务三　特殊条件的铁路货物运输的组织

一、超限货物的运输组织

（一）超限货物等级的划分

（1）超限货物以装车站列车运行方向为准，由线路中心线起分为左侧、右侧和两侧超限。

（2）按超限程度划分为一级超限、二级超限和超级超限。

（3）按超限部位进行如下划分：

① 上部超限。由轨面起高度（以下简称高度）超过3 600毫米，有任何部位超限者，按其超限程度划分为一、二级和超级超限。

② 中部超限。在高度1 250～3 600毫米范围内有任何部位超限者，按其超限程度划分为一、二级和超级超限。

③ 下部超限。在高度150～1 250毫米范围内，有任何部位超限者，按其超限程度划分为二级和超级超限。

（4）对装载通过或到达特定装载限界区段内各站的货物，虽然没有超出机车车辆界限，但超出特定装载界限区段的装载界限时，亦应视为超限货物，其超限等级应按照下列规定办理：

① 对超出特定区段的装载界限，还没有超出一级超限限界的，按照一级超限办理。

② 对超出一级超限限界的，应根据超出限界程度确定超限等级。

（二）超限货物的测量

超限货物的测量是指在货物装车前测量各部位的尺寸和装车后复测各部位的尺寸。测量的尺寸是计算超限等级、运行条件的重要依据。因此测量的尺寸要准确，能如实反映外形的实际情况。若测量的尺寸大于实际尺寸，就会把一般货物误认为超限货物或提高超限等级，从严了运输条件，造成不必要的限速、禁止会车、误收运费等；若测得的尺寸小于实际尺寸，就可能将超限货物误认为一般货物或降低超限等级，从而降低了运输条件，可能酿成事故，造成损失。

(三) 超限货物的托运

托运超限货物时，托运人除应根据批准的要车计划向车站提供货物运单外，还应提供如下资料。

(1) 托运超限货物说明书，如表2-24所示。

表2-24 托运超限货物说明书

发局		装车站				预计装后尺寸		
到局		到站				由轨面起高度	由车辆纵中心线起	
品名		件数					左宽	右宽
每件重量		总重量		重心位置		中心高		
货物长度		支重面长度				侧高		
高度	中心高		由线路中心线起的宽度	左	右	侧高		
	侧高			左	右	侧高		
	侧高			左	右	侧高		
要求使用车种			标记载重			侧高		
装卸时的要求								
其他要求						车底板高度		
						垫木或转向架高度		
						预计装在车上货物中心位置距轨面的高度		
						重车重心高度		

(2) 货物外形尺寸三视图，并以"+"号标明货物重心的位置。

(3) 有计划装载、加固计算根据的图纸和说明。

(4) 自轮运转超限货物，应有自重、轴数、轴距、固定轴距、长度、转向架中心销间距离、制动机类型及限制条件。

二、易腐货物的运输组织

(一) 按一批托运的规定

(1) 不同热状态的易腐货物不得按一批托运。

(2) 按一批托运的整车易腐货物，一般限运同一品名。但不同品名的易腐货物，如在冷藏车内保持或要求的温度上限（或下限）差别不超过3℃时，允许拼装在同一冷藏车内按一批托运。

例如，热状态均为未冷却的甜椒和番茄（已开始上色），用机械冷藏车装运，车内保持的温度分别为6℃~9℃和2℃~6℃，两者车内保持温度的下限相差4℃，上限相差3℃，上限差别不超过3℃，允许拼装在同一车内按一批托运。若用加冰冷藏车装运，车内要求的温度分别为6℃~10℃和2℃~8℃，下限相差4℃，上限相差2℃，上限差别不超过3℃，也可以拼装在同一车内按一批托运。但此时，托运人应在货物运单"托运人记载事项"栏内记名："车内保持温度（或途中加冰掺盐）按品名规定的条件办理。"

（二）运单填写

（1）货物品名。托运人托运易腐货物，应在货物运单"货物名称"栏内填写具体的货物品名，并注明其品类序号及热状态。

（2）容许运输期限。托运易腐货物时，托运人应注明易腐货物的容许运输期限（天）。易腐货物的容许运输期限至少须大于铁路规定的运输期限3天时，方可承运。

（3）冷藏车的运输方式。使用冷藏车运输易腐货物时，托运人应按《易腐货物运输条件表》或按运输协议的条件确定运输方式，并在"托运人记载事项"栏内具体注明"途中加冰""途中制冷""途中加温""途中通风""途中不加冰""途中不制冷""途中不加温""不加冰运输"等字样，以便铁路按要求组织运输。

（4）加冰冷藏车途中加冰的运输经由。对需要在途中加冰的冷藏车，发站应在货物运单的"经由"栏内按加冰所需分工一次填记应加冰的站名；如最短途径陆上未设加冰所，不能确保易腐货物质量时，托运人可要求铁路绕路运输，此时发站应在货物运单的"经由"栏内依次填记绕路运输经由的各加冰站名。

（5）快速挂运标记（ ⚠ ）。发站承运易腐货物后应在货物运单以及货票、票据封套上分别填记红色" ⚠ "标记。

（三）易腐货物的检疫证明

托运人托运需检疫运输的易腐货物时，应按国家有关规定提出检疫证明，在货物运单"托运人记载事项"栏内注明检疫证明的名称和号码，并将随货同行联牢固地粘贴在运单背面，车站凭此办理运输。例如，需检疫运输的牲畜毛皮、血液等畜禽产品和苗木等鲜活植物。

（四）运输季节和运输方式

（1）运输季节的划分。运输易腐货物必须考虑外界气温的影响。铁路运输易腐货物，按运输时外界平均气温的高低将运输季节划分为热季（平均气温在20℃以上）、温季（平均气温在1℃~19℃）、寒季（平均气温0℃以下）。在温季的温度范围内又细分成1℃~6℃、7℃~12℃、13℃~19℃三个温度段。划分运输季节的目的是为了便于根据不同的外温情况，掌握易腐货物的运输条件和选择相应的运输方式。

（2）运输季节的确定。运输季节要按发站至到站的全程平均气温来确定。当全程沿途各地的温差较大，运输距离较长，跨及两个以上平均气温不同的区段时，则应根据沿途各地气温的变化情况分段考虑，按各段平均气温来确定。

（3）运输方式。易腐货物在不同的外界气温条件下，需要采用不同的运输方式。运输易腐货物有冷藏、保温、防寒、加温和通风五种运输方式。

三、活动物的托运与承运

（一）活动物检疫证明

托运人托运活动物时，应按国家有关规定提出检疫证明，在货物运单"托运人记载事项"栏内注明检疫证明的名称和号码，并将随货同行联牢固地粘贴在运单背面，车站凭此办理运输。

（二）猛禽、猛兽商定条件运输

托运人托运猛禽、猛兽（包括演艺用）时，应与发送铁路局商定运输条件和运输防护方法。跨局运输时，发送局应将商定的事项通知有关的铁路局。

（三）对押运人的规定

活动物运输的最大特点是运输过程中要同时进行饲养工作，养运难以分离。因此，装运活动物时，托运人必须委派熟悉活动物习性的押运人随车押运。托运人应在货物运单"托运人记载事项"栏内注明押运人的姓名、证明文件名称及号码。押运人的人数，每车以1~2人为限，托运人要求增派时，须经车站承认，但增派人数一般不得超过5人。鱼苗每车押运人不得超过8人，密封车每车押运人不得超过9人。租用的家畜、家禽车回空时，每次准许派2人押运。押运人携带物品必须符合安全要求，只限途中生活用品和途中需要的饲料和饲养工具，数量在规定限量内。

（四）注明"活动物"字样

对承运的活动物，发站应在货物运单、货票、封套、装载清单内注明"活动物"字样，以便沿途做好服务工作。

四、危险货物的运输组织

（一）危险货物运输的办理条件

1. 铁路危险货物托运人资质

铁路危险货物托运人，是指经过国家有关部门认定，取得危险货物生产、储存、使用、经营资格，从事铁路危险货物运输托运业务的单位。

铁路危险货物运输实行资质认证制度，办理铁路危险货物运输的托运人，在办理危险货物托运前，应向有管辖权的铁路管理机构取得《铁路危险货物托运人资质证书》。

（1）申请铁路危险货物托运人资质应具备的条件：

① 具有国家规定的危险物品生产、储存、使用、经营的资格。

② 危险货物自备货（罐）车、集装箱等运输工具的设计、制造、使用、充装、检修等符合原铁道部的安全管理规定。

③ 危险货物容器及包装物的生产符合国家规定的定点生产条件并取得产品合格证书。

④ 办理危险货物作业场所的消防、防雷、防静电、安全检测、防护、装卸、充装等安全设备应符合国家有关规定。储存仓库的耐火等级、防火间距应符合《建筑设计防火规范》等有关国家标准。

⑤ 相关专业技术人员、运输经办人员和押运人员应经过铁路危险货物运输业务知识培训，熟悉本岗位的相关危险货物知识，掌握铁路危险货物运输规定。

⑥ 有铁路危险货物运输事故处理应急预案，配备应急救援人员和必要的救援器材及设备。

（2）申请铁路危险货物托运人资质需提交的材料：

① 行政许可申请书。

② 申请办理危险化学品、爆炸品、放射性物质托运人资质的，应提供相应生产许可证或经营许可证。

③ 营业执照（副本）。

④ 原铁道部或铁路管理机构认可的培训机构对专业技术人员、运输经办人员、押运人员进行培训的合格证明。申请办理气体类危险货物托运人资质的，还需提交轨道衡年检合格证。

⑤ 危险货物运输时事故处理应急预案。

2. 铁路进出口危险货物代理人

铁路进出口危险货物代理人是指从事铁路危险货物进出口运输代理的国际货代企业，需具备铁路进出口危险货物代理资格。

取得进出口危险货物代理人资格，需具备以下条件：

（1）具备中华人民共和国商务部批准颁发的国际货代资格证书。

（2）必须有3年以上从事铁路危险货物运输的工作经验和完善的管理制度，应有相应数量的熟悉铁路危险货物基本知识的专业技术人员。

（3）危险货物进出口运输经办人员必须通过技术培训考试合格，并取得铁路局合法的《铁路危险货物运输业务培训合格证》。

出口代理人代理的危险货物生产企业必须具备危险货物的生产、经营的资质条件，具有铁路部门发放的《铁路危险货物托运人资质证书》。

3. 铁路危险货物办理站（专用线、专用铁路）办理规定

铁路危险货物运输办理站是指站内、专用线、专用铁路办理危险货物发送、到站及中转作业的车站。

为严格和细化铁路危险货物运输办理条件，提高铁路危险货物运输管理水平，原铁道部制定了《铁路危险货物运输办理站（专用线、专用铁路）办理规定》（以下简称《办理规定》），包括如下四个方面：

（1）危险货物办理站名表，规定站内办理危险货物的发到品类。

（2）危险货物集装箱办理站名表，规定站内办理危险货物集装箱发到站站名及允许的箱型。

（3）剧毒品办理站名表，规定站内、专用线剧毒品发到品名。

（4）专用线、专用铁路办理规定一览表，规定与车站衔接的专用线、专用铁路产权单位名称、公用单位名称，铁路罐车、集装箱、整车装运危险货物的发到品名，轨道衡计量以及集装箱作业条件（起重能力、其中设备类型）等。

办理危险货物运输应符合以下要求。

（1）凡在《办理规定》中未列载的办理站、专用线、专用铁路一律不得办理危险货物运输。批准办理危险货物运输的办理站、专用线、专用铁路只准办理《办理规定》中列载的危险货物品名。

（2）《办理规定》中增加或修改内容，需按铁道部规定的要求进行申报，审核批准并公布后方可办理。

（3）《办理规定》仅适用于非军运危险货物，军运危险货物办理要求另按有关规定执行。

（二）铁路危险货物托运

危险货物仅办理整车和10吨以上集装箱运输。托运人托运危险货物时，应在货物运单"货物名称"栏内填写"危险货物品名索引表"内列载的品名和相应编号，在运单的右上角用红色戳记表明类项名称，并在货物运单"托运人记载事项"栏内填写《托运人资质证书》、经办人身份证和《铁路危险货物运输业务培训合格证》号码，对派有押运员的还需填写押运员姓名和《液化气体铁路罐车押运员证》或《铁路危险货物运输业务培训合格证》号码。托运爆炸品（如烟花爆竹）时，托运人还须出具到达地县级人民政府公安部门批准的《爆炸物品运输许可证》（《烟花爆竹运输许可证》），并注明许可证名称和号码，并在运单右上角用红色戳记表明"爆炸品（烟花爆竹）"字样。

知识拓展

参观铁路货运站，要求：
1. 描述我国铁路运输的相关术语及各种安全标志。
2. 铁路货物运输车辆类型的相关资料。

基本训练

1. 我国常用的铁路货车的载重量是（　　）。
   A. 60吨　　　　B. 20吨　　　　C. 50吨　　　　D. 90吨
2. 棚车、敞车、平车、保温车、罐车的基本型号分别是（　　）。
   A. G-P-C-N-B　　B. P-U-N-C-G　　C. P-C-N-B-G　　D. P-C-K-B-G
3. 铁路零担货物运输中，一批货物的件数不得超过（　　），一件体积最小不得小于（　　）立方米（一件重量在10千克以上的除外）。
   A. 200件，0.02　　B. 300件，0.02　　C. 400件，0.03　　D. 500件，0.03
4. 铁路货运五定班列是指（　　）。
   A. 定点、定线、定车次、定货物、定价
   B. 定车组成员、定线、定车次、定时、定价
   C. 定车组成员、定线、定车次、定货物、定价
   D. 定点、定线、定车次、定时、定价
5. 铁路货物运到期限的起码日数为（　　）天。

A. 1　　　　　　B. 2　　　　　　C. 3　　　　　　D. 5

6. 铁路货物运输中哪些货物可以按零担托运，哪些货物不能按零担托运？
7. 在铁路货场领取货物时，应提供哪些手续？

| 知识应用 | 无过错举证 |

2004年5月20日，托运人黑龙江省北大荒米业有限公司将1 200件，共60 000千克大米交铁路佳木斯站运至杭州南星桥站，承运方式为整车直达，装车方式为托运人自装，并办理了保价运输，保价金额为14万元（货物实际价值16.2万元），货物运到期限为15天，收货人为大米购买人宁军。6月2日，货到南星桥站。6月4日，南星桥站卸车，卸前检查车辆篷布苫盖良好，无异状，卸时发现车厢底部有200多件大米不同程度受潮，6月8日原告提货时发现受潮霉大米为253件，南星桥站编制了货运记录。经南星桥站与宁军确认，253件受潮大米的实际损失为30 992.5元。因铁路承运人对上述损失不予赔偿，宁军遂将到站南星桥站所属的艮山门站和上海铁路局杭州铁路分局诉至法院。

宁军认为，铁路承运人接收货物后，应在约定期限内将货物安全运送到目的地。根据合同法规定，承运人应对运输货物的毁损、灭失承担损害赔偿责任，除非承运人能够证明自己存在免责事由，否则即应赔偿原告上述253件货物的损失30 992.5元。两被告作为铁路统一承运人的到站和分局，应对上述损失予以赔付。

两被告对大米受损事实无异议。但称，该批货物系托运人自装，承、托运双方凭篷布现状交接。到站卸货时篷布苫盖良好，无异状。承运人无任何造成大米可能受潮的情形，故完全为托运人责任，承运人不承担赔偿责任，请求法院驳回原告的诉讼请求。

思考题

如果你是法官，你会如何裁决？

任务三　水路货物运输业务

| 任务描述 |

水路运输是一种最古老、最经济的运输方式。利用水路运输货物，在大批量和远距离的运输中不仅价格便宜，还可以运送超大型货物和超重货物。运输线路主要利用自然的海洋和河流，不受道路的限制。水运系统综合运输能力主要由船队的运输能力和港口的通过能力来决定。

| 任务分析 |

此任务要求归纳总结出远洋运输的相关知识，掌握班轮运输业务流程及主要单证的流转，尤其应熟悉提单及提单业务，并查阅资料判断我国远洋运输业的发展方向。

概念点击

租船运输、班轮运输、提单、临时性附加费、起码运费

任务实施

子任务一 租船运输业务

租船运输一般在航运交易市场或租船代理公司自愿平等进行。航运交易市场是船东和承租人进行船舶租赁活动的交易场所,当前国际上主要的航运交易市场有伦敦、纽约、东京、奥斯陆、汉堡、鹿特丹、香港、上海等。国际上的租船业务几乎都是通过船舶经纪人来进行的,它们熟悉租船市场行情,精通租船实务,既能向船东提供咨询信息,又能向租船人提供船源情况,促使双方选择适当的洽谈对象,对顺利开展租船业务很重要。

一、租船运输

(一)租船运输的概念

租船运输又称为不定期船运输,它是相对于班轮运输的另一种海运方式。与班轮运输相比,租船运输没有固定航线、港口、船期和运价,是根据国际租船市场的行情和租船人的实际需求,船舶所有人出租整船或部分舱位给租船人使用,以完成特定的货物运输任务,租船人按约定的运价或租金支付运费的商业行为。

(二)租船运输的特点

(1)适合运输低值的大宗货物,如粮食、煤炭、矿砂、化肥、石油、木材和水泥等,而且一般是租用整船装运。据统计,在国际海洋货物运输中,租船运输量约占80%。因此,租船运输在海洋运输中发挥着重要作用。

(2)租船运输不同于定期船运输,它无固定航线、固定装卸港和航期,而是根据货主的货运需要和船舶所有人供船的可能性,由双方洽商租船运输条件,并以租船合同的形式加以肯定,作为双方权利义务关系的依据。

(3)租船运价受租船市场供求关系的影响,船多货少时运价就低,反之就高,它与商品市场的价格一样经常发生变动。因此,在进行租船时必须对租船市场的行情进行调查研究。

(三)租船运输的作用

纵观世界航运发展史,无论是航运发达国家还是不发达国家,只要有海洋货物运输的需求,就离不开租船运输,即使有庞大船队的国家也不能完全避免租船运输。实践也证明租船运输在整个国家贸易运输中发挥了巨大的作用,其作用主要表现在以下五个方面:

(1)租船一般都是通过租船市场,即双方进行交易场所,根据双方的需要选择,以取得最佳经济效果,满足各自的需要,为开展国际贸易提供便利条件。

(2)租船一般都是租用整船,国际大宗货物主要使用租船运输。由于运量大,可以充分发挥规模经济效益,降低单位运输成本。

(3) 租船运价受供求关系影响极大，属于竞争性价格，一般比班轮运价低，因此有利于低价大宗货物的运输。

(4) 由于租船运输的限制较少，只要船舶能够安全往返的航线和港口，租船都可以进行直达运输，极大地方便了货主的需求。

(5) 当贸易量增加、舱位不足，而造船、买船又赶不上需要时，租船运输便可弥补需要。另外，如舱位有余，也可进行租船揽货，避免停船造成的损失。

二、租船运输的经营方式

国际上广为使用的租船方式主要有定程租船、定期租船、包运租船和光船租船四种。

（一）定程租船

定程租船，简称程租，又称航次租船，是指以航次为基础的租船方式。在这种租船方式下，船舶所有人必须按时把船舶驶到装货港口装货，再驶到卸货港口卸货，完成合同规定的运输任务并负责船舶的经营管理以及航行中的一切开支费用，租船人则按约定支付运费。对租船人来说，这种租船方式简单易行，不必操心船舶的调度和管理，也容易根据运费估算每吨货物的运输费用。同时在租船市场上，大宗货物又占主要地位，因此，程租被广泛采用，成为租船的基本形式。不仅如此，租船市场行情的涨落也主要是以程租运价的波动来表现的。其主要特点如下：

(1) 以航次为基础，规定一定的航线或装卸港口以及装运货物的种类、名称、数量等。

(2) 船舶的调度、经营管理由船舶所有人负责，并负担船舶的燃料、物料、修理、港口使用费、淡水以及船员工资等营运费用。

(3) 在多数情况下，运价按货物转运数量计算或采用包干运费。

(4) 规定一定的装卸期限或装卸率，并计算滞期、速遣费。

(5) 船舶所有人除对航行、驾驶、管理负责外，还应对货物运输负责。

(6) 船、租双方的权利义务的豁免，以程租合同为依据。

（二）定期租船

定期租船，简称期租，是指以租赁期为基础的租船方式。在租期内，租船人按约定支付租金以取得船舶的使用权，同时负责船舶的调度和经营管理。期租租金一般规定以船舶的每载重吨每月若干金额计算。租期可长可短，短则几个月，长达几年以上，甚至到船舶报废为止。

租船市场上货源、货流比较稳定的货物，一般通过期租方式进行运输。除一部分缺乏运力的船公司需以期租方式租进船舶外，租船人往往是一些大的综合性企业或实力较强的贸易公司。由于这些企业或贸易公司通常掌握或控制着市场上一定比例的资源，因此对租金进行议价的实力很强。

与程租相比，期租具有下列七个特点：

(1) 期租是租用整船，而程租既可租用整船，也可租用船舶的部分舱位。

(2) 期租不规定船舶航线和装卸港口，只规定航行区域范围。因此，租船人可以根据货运需要选择航线、挂靠港口，便于船舶的使用和营运；而程租均规定航线和装卸港口。

(3) 期租对船舶转运的货物不作具体规定，可以选装任何合法货物，而程租则对装运货物加以具体规定。

(4) 期租的租船人有船舶调度权并负责船舶的营运，支付船燃料、各项港口费用、捐税、货物装卸等费用。而在程租中船舶的调度、营运权归船方，租船人只付运费及其他少数费用，其余费用都由船方负担。

(5) 期租船是以一定时间为租船条件，租赁期间的船期损失，除特殊原因外，均归租船人负担，故不规定滞期、速遣条款。而程租是以航程为条件，均规定货物的装卸率或装卸期限，因而规定有滞期、速遣条款。

(6) 期租租金是按每载重吨每月（或每日）计算，不能直接表现为货物的运输成本，必须通过对各种费用、开支的计算才能得到；租金一般是预付。而程租运费一般规定按装货的实际吨数计算，它直接表现为货物的运输成本；可以预付，也可以到付，还可以预付、到付各一部分。

(7) 有关双方的权利和义务，期租以期租合同，程租以程租合同为依据。

（三）包运租船

包运租船是指船舶所有人提供给租船人一定的运力，在确定的港口之间，以事先约定的期限、航次周期和每航次较均等的货运量，完成运输合同规定的总运量的方式。其主要特点如下：

(1) 包运租船方式下，船舶出租期限的长短，完全取决于货物的总运量及船舶航次周期的所需时间。如总运量为10万吨化肥，每航次周期1个月左右，船舶每航次货运量约1万吨，要完成这批化肥的运输需要1年左右的时间。

(2) 包运租船合同中不确认船名和船籍，一般仅规定船级、船龄和技术规范。因此，船舶所有人只需提供能够完成合同规定的每航次货运量的运力即可，船舶所有人调度和安排船舶极为便利。

(3) 包运租船方式下，船舶所运输的货物主要是货运量大的干散货或液体散装货，租船人往往是业务量大和实力强的综合性工矿企业、贸易公司、生产加工集团或大石油公司等。

(4) 包运租船方式以每吨货物的运费率作为基础，运费按船舶实际装运的货物数量计收。与程租方式相同，由船舶所有人承担船舶航次期间所产生的延误损失风险。对于船舶在港内装卸货物期间所产生的时间延误，则通过在合同中订明滞期条款的办法来处理，通常由租船人承担船舶在港的时间损失。

（四）光船租船

光船租船实际上是期租的一种派生租船方式，所不同的是，船东只提供一艘光船，船上没有船员，租船人接船后尚需自行配备船员，负责船舶的经营管理和航行的各项事宜。其主要特点如下：

(1) 船长和全部船员由租船人指派并听从租船人的指挥。

(2) 船舶所有人不负责船舶的运输，租船人以承运人的身份经营船舶。

(3) 以整船出租并按船舶的载重吨和期租计算租金。

（4）船舶的一切时间损失风险完全由租船人承担，即使在船舶修理期间，租金仍连续计算。

（5）从船舶实际交给租船人使用时起，船舶的占有权从船舶所有人转给租船人。

三、租船运输的业务流程

一项租船交易的成交，大致要经过询价，报价，还价，报实盘，接受订租，签认订租确认书，编制、审核、签订正式租船合同七个环节。

（一）询价

询价又称询盘，通常是由承租人以其期望的条件通过租船经纪人在租船市场上要求租用船舶的行为。询价主要以电报或电传等书面形式提出。承租人询价所期望条件的内容一般应包括需要承运的货物种类、数量，装卸港，装运期限，租船方式或期限，期望的运价（租金）水平以及所需用船舶的明细说明等内容。

询价也可以由船舶所有人为承揽货载而通过租船经纪人向租船市场发出。由船舶所有人发出的询价内容应包括出租船舶的船名、国籍、船舶的散装和包装容积，可供租用的时间，希望承揽的货物种类等。

（二）报价

报价又称发盘，是指当船舶所有人从船舶经纪人那里得到承租人的询价后，经过成本估算，或者比较其他询价条件，选定对自己有利的条件后，通过租船经纪人向承租人提出自己所能提供的船舶情况和条件。

如果询价是由船舶所有人先提出的，则报价由承租人提出。

报价的主要内容，除了对询价的内容作出答复和提出要求外，最主要的是关于租金（运价）的水平和选定的租船合同范本及对范本条款的修订、补充条款。

报价有"硬性报价"和"条件报价"之分。

"硬性报价"是报价条件不可改变的报价。在"硬性报价"的情况下，常附有有效期的规定，询价人必须在有效期内对报价人的报价作出接受订租的答复，超过有效期，这一报价即告失效。

"硬性报价"对报价人也有约束力，在"硬性报价"的有效期内，他不得再向其他询价人报价，也不得撤销或更改已报出的报价条件。

与此相反，"条件报价"是可以改变报价条件的报价。在"条件报价"的情况下，报价人可以与询价人反复磋商、修改报价条件，报价人也有权同时向几个询价人发出报价。当然，作为商业习惯和从商业信用考虑，当报价人先后接到几个询价人的询价时，应按"先到先复"的原则，先向第一个询价人报价。

（三）还价

还价又称还盘，是指在"条件报价"的情况下，承租人与船舶所有人对报价条件中不能接受的条件提出修改或增删，或提出自己的条件。

还价意味着询价人对报价人报价的拒绝和新的询价的开始。因此，报价人收到还价后还需要对是否同意还价条件作出答复，或再次作出新的报价，返还价或返还盘。

还价和返还价常需多次反复,直至双方达成租船交易或终止谈判。

(四)报实盘

在一笔租船交易中经过多次还价和返还价后,如果双方对租船合同条款的意见已渐趋一致,一方可通过报价实盘的方式要求对方作出是否成交的决定。

报实盘时,要列举租船合同中的必要条款,既要把双方已经同意的条款在实盘中加以明确,也要对尚未最后确定的条件加以明确。同时,还要在实盘中规定有效期限,要求对方答复是否接受实盘,并在规定的有效期限内作出答复。若在有效期限内未作出答复,所报实盘即告失效。同样,在有效期内,报实盘的一方对报出的实盘是不能撤销或修改的,也不能同时向第三方报实盘。

(五)接受订租

接受订租又称为受盘,即一方当事人对实盘所列条件在有效期内明确表示承诺的意见。至此,租船合同即告成立。原则上,接受订租是租船程序的最后阶段。接受订租以后,一项租船洽商即告结束。

(六)签认订租确认书

如上所述,接受订租是租船程序的最后阶段,到此一项租船业务即告成交,但通常的做法是,当事人之间还要签署一份订租确认书,作为简式租船合同供双方履行。

(七)编制、审核、签订正式租船合同

正式的租船合同实际上是合同已经成立后才开始编制的。双方签订的订租确认书实质就是一份供双方履行的简式租船合同。签订租船确定书后,船舶所有人还应按照已达成的协议的内容编制正式的租船合同,通过租船经纪人送交承租人。

承租人接到船舶所有人编制的租船合同后应详细审核,如果发现与原协议内容有不符之处,应及时提出异议并制定补充条款,要求船舶所有人修改、更正。如果承租人对船舶所有人编制的租船合同没有异议,即可签署。

以上是租船和签订租船合同的一般程序。有时货主急于成交,而将询价看做是还价,要求船舶所有人当场决定是否成交,这就是所谓的"当场成交"。在这种情况下,作为承租人的货主当然要以较高的代价才能取得船舶所有人的承诺。这对作为承租人的货主当然不利,但是在实际业务中,这种情况并不少见。还有的时候,一些有实力的租船经纪人事先就掌握了不少货主和船舶所有人的询价或实盘,他们将其中双方条件相近的询价和实盘安排成交,这样就能加速租船成交的进程。

子任务二 班轮运输业务

为了适应不同货物和不同贸易合同对运输的不同需要,除了租船运输、远洋运输外,还有另外一种营运方式,即班轮运输。

一、班轮运输

(一)班轮运输的概念

班轮运输又称定期船运输,是指船舶在特定航线上和固定港口之间,按事先公布的船期

表进行有规律的、反复的航行,以从事货物运输业务并按事先公布的费率收取运费的一种运输方式。它的服务对象是非特定的、分散的众多货主。因此,班轮公司具有公共承运人的性质。

(二) 班轮运输的特点

班轮运输是在不定期船运输的基础上发展起来的,迄今为止已有150多年的历史。目前班轮运输是重要的海上经营方式之一,班轮航线已经遍及世界各海域,有力地促进了国际贸易的发展。这种运输经营方式具有以下特点:

(1) 具有"四固定"的特点,即固定航线、固定港口、固定船期和相对固定的费率,这是班轮运输最基本的特征。

(2) 班轮运价内包括装卸费用,即货物由承运人负责配载、装卸,承托双方不计滞期费和速遣费。

(3) 承运人对货物负责的时段是从货物装上船起,到货物卸下船止,即"船舷对船舷"或"钩对钩"。

(4) 承托双方的权利义务和责任豁免以签发的提单为依据,并受统一的国际公约制约。

(三) 班轮运输的作用

由于班轮运输具有上述特点,采用这种运输经营方式极大地方便了货主,有力地促进了国际贸易的发展,对国际贸易的开展产生了巨大的推动作用。

(1) 有利于一般杂货和不足整船货的小额贸易货物的运输。班轮只要有舱位,不论数量大小、挂港多少、直运或转运都可以接受承运。

(2) 由于"四固定"的特点,时间有保证,运价固定,为贸易双方洽谈价格和装运条件提供了方便,有利于开展国际贸易。

(3) 班轮运输长期在固定航线上航行,有固定设备和人员,能够提供专门的、优秀的服务。

(4) 由于事先公布船期、运价费率,有利于贸易双方达成交易,减少磋商内容。

(5) 手续简便,货主方便。由于承运人负责装卸和理舱,托运人只要把货物交给承运人即可,省心省力。

二、班轮运输的业务流程

(一) 货运安排

货运安排包括揽货和确定航次货运任务。

班轮公司为使自己所经营的船舶在载重量和载货舱容两方面均能得到充分利用,以期获得最好的经营效益,会通过各种途径从货主那里争取货源,揽集货载(揽货)。通常的做法是在所经营的班轮航线的各挂靠港口及货源腹地通过自己的营业机构或船舶代理人与货主建立业务关系;通过报刊刊登船期表,如我国的《中国远洋航务公报》《航运交易公报》《中国航务周刊》等都定期刊登班轮船期表,以邀请货主前来托运货物,办理订舱手续;通过与货主、无船承运人或货运代理人等签订货物运输服务合同或揽货协议来争取货源。

订舱是托运人(包括代理人)向班轮公司(即承运人,包括其代理人)申请货物运输,承运人对这种申请给予承诺的行为。托运人申请货物运输可视为"要约",即托运人希望和承运人订立运输合同意思的表达,根据法律规定,合同订立采取要约——承诺方式,因此,承运人一旦对托运人货物运输申请给予承诺,则货物运输合同订立。

国际贸易实践中,出口商如果以 CIF 条件成交,此时,由出口商安排货物运输工作,即出口商承担出口货物的托运工作,将货物交班轮公司运往国外,所以订舱工作多数在装货港或货物输出地由出口商办理。但是,如果出口货物是以 FOB 条件成交,则货物运输由进口商安排,此时订舱工作就可能在货物的卸货地或输入地由进口商办理,这就是所称的卸货地订舱。

确定航次运货任务就是确定某一船舶在某一航次所装货物的种类和数量。而对于货物的数量,班轮公司参考过去的情况,预先对船舶舱位在各装货港间进行适当的分配,定出限额。并根据各个港口情况的变化,及时进行调整,使船舶舱位得到充分和合理的利用。

(二) 接货装船

为了提高装船效率,加速船舶周转,减少货损、货差现象,在杂货班轮运输中,对于普通货物的交接装船,通常采用由班轮公司在各装货港指定装船代理人,由装船代理人在各装货港的指定地点(通常为港口码头仓库)接收托运人送来的货物,办理交接手续后,将货物集中整理,并按次序进行装船的形式,即所谓的"仓库收货,集中装船"的形式。

对于特殊货物,通常采取由托运人将货物直接送至船边交接装船的形式,即现装或直接装船的方式。

在杂货班轮运输的情况下,不论接货装船的形式是直接装船还是集中装船,托运人都应承担将货物送至船边的义务,而作为承运人的班轮公司的责任则是从装船时开始,除非承运人与托运人之间另有约定。因此,集中装船与直接装船的不同之处只不过是前者由班轮公司指定的装船代理人代托运人将货物从仓库送至船边,后者则是由托运人将货物直接送至船边。

(三) 卸船交货

在杂货班轮运输中,卸船交货是指船舶所承接的货物在提单上载明的卸货港从船上卸下,在船边交给收货人并办理货物交接手续的过程。但是,如果由于战争、冰冻、港口罢工等特殊原因,船舶已不可能前往原定的卸货港时,则班轮公司有权决定将船舶驶往能够安全到达的附近港口卸货。

班轮公司或其代理人一旦发现误卸时,应立即向各挂靠港口发出货物查询单,并在查清后及时将货物运至原定卸货港。提单条款中一般都有关于因误卸而引起的货物延迟损失或货物损坏责任问题的规定:因误卸而发生的补送、退运的费用由班轮公司负担,但对因此而造成的延迟交付或货物的损坏,班轮公司不负责任;如果误卸是因标识不清、不全或错误以及因货主的过失造成的,则所有补偿、退运、卸货或保管的费用都由货主承担,班轮公司不负担任何责任。

对于危险货物、重大件等特殊货物,通常由收货人办妥进口手续后来船边接收货物,并办理交接手续现提。对于普通货物,通常先将货物卸至码头仓库,进行分类整理后,再向收货人交付。

与接货装船的情况相同，在杂货班轮运输中，不论采取怎样的卸船交货形式，班轮公司的责任都是以船边为责任界限，而且卸货费用也是按这样的分界线为依据来计算的。

在使用提单的情况下收货人必须把提单交回承运人，并且该提单必须经适当正确的背书，否则班轮公司没有交付货物的义务。另外，收货人还须付清所有应该支付的费用，如到付的运费、共同货损分担费等，否则班轮公司有权根据提单上的留置权条款的规定，暂时不交付货物，直至收货人付清各项应付的费用；如果收货人拒绝支付应付的各项费用而使货物无法交付时，船公司还可以经卸货港所在地法院批准，对卸下的货物进行拍卖，以拍卖所得价款冲抵应收取的费用。

在已经签发了提单的情况下，收货人要取得提货的权利，必须以交出提单为前提条件。然而，有时由于提单邮寄延误，或者作为押汇的跟单票据的提单未到达进口地银行，或者虽然提单已经到达进口地银行，因为汇票的兑现期限的关系，在货物已运抵卸货港时，收货人还无法取得提单，也就无法凭提单来换取提货单提货。此时，按照一般的航运习惯，收货人就会开具由世界著名银行签署的保证书，用保证书交换提货单后提货。班轮公司同意凭保证书交付货物是为了能尽快交货，而且除有意欺诈外，班轮公司可以根据保证书将因凭保证书交付货物而发生的损失转嫁给收货人或保证银行。但是，由于违反运输合同的义务，班轮公司对正当的提单持有人仍负有赔偿一切损失责任的风险。因此，船公司应及时要求收货人履行解除担保的责任，即要求收货人在取得提单后及时交给班轮公司，以恢复正常的交付货物的条件。实践中，班轮公司要求收货人和银行出具的保证书的形式和措辞虽然各不相同，但主要内容都包括因不凭提单提货，收货人和保证银行应同意的条件：

（1）因不凭提单提取货物，收货人和银行保证赔偿并承担班轮公司及其雇员和代理人因此承担的一切责任和遭受的一切损失。

（2）对班轮公司或其雇员或其代理人因此被起诉提供足够的法律费用。

（3）对班轮公司的船舶或财产因此被扣押或羁留或遭到此种威胁而提供所需的保释金或其他担保以解除或阻止上述扣押或羁留，并赔偿班轮公司由此所遭受的一切损失和损害。

（4）收到提单后换回保证书。

（5）对于上述保证内容由收货人和银行一起承担连带责任。

在使用海运单的情况下，收货人无须出具海运单，承运人只要将货物交给海运单上所列的收货人，便被视为已经做到了谨慎处理。通常收货人在取得提货单提货之前，应出具海运单副本及本人确实是海运单注明的收货人的证明材料。

三、班轮运输的货运单证

在班轮运输中需要办理各种单证，这些单证不仅是联系工作的凭证、划分风险的责任依据，也起着买卖双方以及货承双方办理货物交接的证明作用。国际贸易运输工作离不开单证。这些单证，有的是国家行政机关规定的，有的是国际公约或各国海商法规定的，也有的是根据国际航运管理共同使用的。尽管这些单证种类繁多，而且因各国港口的规定会有所不同，但主要单证大同小异，并在国际航运中通用。目前国际航运及我国航行于国际航线上的船舶所使用的班轮运输货运单证主要有装船单证、卸货单证、海运提单。

（一）装船单证

1. 托运单

托运单（Booking Note，我国有时用"委托申请书"代替）是托运人根据贸易合同或信用证条款内容填写的向船公司或其代理公司办理货物托运的单证（一式两份）。船公司根据托运单内容，结合航线、航期和舱位等条件，如认为可以接受，就在托运单上签章，留存一份，退回托运人一份。

2. 装货联单

托运人将托运单交船公司办理托运手续，船公司接受承运后在托运单上签章确认，然后发给托运人装货联单。实务中，通常由托运代理人向船舶代理人申请托运，然后由货运代理人根据托运人委托，填写装货联单后提交给船公司代理人。而货运代理人填写装货联单的依据是托运人提供的买卖合同或信用证的内容以及货运委托书或货物明细表等。

目前我国各个港口使用的装货联单的组成不尽相同，但是，主要都是由以下各联组成：托运单及其留底、装货单、收货单等。

3. 装货单

装货单（Shipping Order）也称下货纸，是托运人（通常是货运代理人）填制交船公司（通常是船舶代理人）审核并签章后，据以要求船长将货物装船承运的凭证。

按照国际航运惯例，装货单一般是一式三联，第一联留底作为船方凭以缮制装货清单和画积载图，打制出口载货清单、运费清单，结算运费，最后存档备查和做运费资料。第二联是装货单正本，即用做船舶装船的依据，又作为货主向海关办理货物出口申报手续的凭证之一，因而又称关单。该联上面列有装货细节记录、收货件数和所装货物质量情况，并需理货员签字。船代公司在签单时，在此联"经办员"处盖章，表示已代表船公司收下上列货物，因而此单又称"放货单"。第三联是收货单，又称"大副收据"，是承运人收妥货物并已装船的凭证，也是托运人换取已装船提单正本的依据。

装货单是运输的主要货运单据之一，它有以下主要作用：

（1）它是承运人确认承运货物的证明。签发装货单，表示承运人已办妥托运手续，通知托运人货物已配妥船舶、航次、装货日期以及货物应于该期限内集中码头，准备装船。同时，表示运输合同已成立，船货双方都应受到一定的约束，如发生退关而造成损失，责任方应承担责任。

（2）它是海关对出口货物进行监管的单据。托运人凭装货单以及有关单证，向海关办理货物出口手续，经海关检验放行并盖章后，货物才能装船。

（3）作为通知码头仓库放货、船长接受该批货物装船的通知，也是船上接受货物装船的依据。

4. 收货单

收货单（Mate's Receipt）是指船方签发给托运人的、用以证明货物已经收到并已装船的单据。在实际货物装船数量与理货单核对无误后，由船方签发给托运人的单据，一般均由船上大副签发，故又称大副收据。收货单又是托运人向船公司换取已装船提单的重要凭证。

大副在签署收货单时，会认真检查装船货物的外表状况、货物标志、货物数量等情况。如果货物外表状况不良、标志不清，货物有水渍、油渍或污渍，数量短缺，货物损坏时，大副就会将这些情况记载在收货单上,称为"批注",习惯上称为"大副批注"。有大副批注的收货单称为"不清洁收货单",无大副批注的收货单则为"清洁收货单"。

大副可以拒绝将有缺陷或外表状况不良的货物装船,并要求发货人予以调换。如果发货人不愿意调换或调换实际上已不可能,而又要将货物装船时,大副就在收货单上如实地加批注。

5. 提单

提单(Bill of lading)是船公司凭收货单签发给托运人的正式单据。它是承运人收到货物并已装船的凭证,是运输合同的证明和物权凭证,也是在目的港承运人凭以交付货物的证据。

6. 装货清单

装货清单(Loading List)是根据装货联单中的托运单留底联,将全船待运货按目的港和货物性质归类,依航次靠港顺序排列编制的装货单的汇总单。装货清单的内容包括船名、装货单编号、件数、包装、货名、毛重、估计立方米及特种货物对运输的要求或注意事项的说明等。

装货清单是大副编制积载计划的主要依据,又是供现场理货人员进行理货、港口安排驳运、进出库场以及掌握托运人备货及货物集中情况等的业务单据。当有增加或取消货载的情况发生时,船方应及时编制"加载清单"或"取消货载清单",并及时分送各有关方。

7. 载货清单

载货清单(Manifest),也称"舱单",是在货物装船完毕后,根据大副收据或提单编制的一份按卸货港顺序逐票列明全船实际载运货物的汇总清单。其内容包括船名及国籍、开航日期、装货港及卸货港,同时逐票列明所载货物的详细情况。

载货清单是国际航运实践中一份非常重要的通用单证。船舶办理报关手续时,必须提交载货清单。载货清单是海关对进出口船舶所载货物进出国境进行监督管理的单证。如果船载货物在载货清单上没有列明,海关有权依据海关法的规定进行处理。载货清单又是港方及理货机构安排卸货的单证之一。在我国,载货清单还是出口企业在办理货物出口后申请退税,海关据以办理出口退税手续的单证之一。因此,在船舶装货完毕离港前,船方应由船长签认若干份载货清单。进口货物的收货人在办理货物进口报关手续时,载货清单也是海关办理验收手续的单证之一。

根据船舶办理出口(进口)报关手续的不同,向海关递交的载货清单可分为在装货港装货出口时使用的"出口载货清单",在卸货港进口卸货时使用的"进口载货清单"和"过境货物载货清单"。如果船舶在港口没有装货出口,在办理出口报关手续时,船舶也要向海关递交一份经船长签名并注明"无货出口"字样的载货清单。船舶没有载货进口,则向海关递交一份由船长签名并注明"无货进口"字样的载货清单。

如果在载货清单上增加运费项目,则可制成载货运费清单。

8. 货物积载图

出口货物在货物装船前,必须就货物装船顺序、货物在船上的装载位置等情况作出一个详细的计划,以指导有关方面安排泊位、货物出舱、下驳、搬运等工作。这个计划以一个图表的形式来表达,即用图表的形式表示货物在船舱内的装载情况,使每一票货物都能形象具体地显示其船舱内的位置，该图表就是通常所称的货物积载图。实践中，有人把货物装船前的积载计划和货物装船后根据实际装舱情况绘制的图表分别称为：货物配载图或计划积载图、货物积载图或实际积载图，也有人不加区别地将货物配载图和货物积载图混在一起使用，并称为"船图"。

在货物装船以前，大副根据装货清单上记载的货物资料制订货物积载计划。但是在实际装船过程中，往往会因为各种客观原因，使装货工作无法完全按计划进行。例如，原计划的载货变动，货物未能按时集港而使装船计划改变，造成积载顺序与原计划不同等情况。这样，就造成货物实际在舱内的积载位置与原来的计划不一致。当然，在装船过程中，对原计划的改动，原则上都应征得船长或大副的同意。当每一票货物装船后，应重新标出货物在舱内的实际装载位置，最后绘制成一份"货物积载图"。

9. 危险货物清单

危险货物清单是专门列出船舶所载运全部危险货物的明细表。其记载的内容除装货清单、载货清单所应记载的内容外，特别增加了危险货物的性能和装船位置两项。

为了确保船舶、货物、港口及装卸、运输的安全，包括我国港口在内的世界上很多国家的港口都专门作出规定，凡船舶载运危险货物都必须另行单独编制危险货物清单。

按照一般港口的规定，凡船舶装运危险货物时，船方应向有关部门（我国海事局）申请派员监督装卸。在装货港装船完毕后由监装部门签发给船方一份"危险货物安全装载书"，这也是船舶载运危险货物时必备的单证之一。

另外，有些港口对装卸危险货物的地点、泊位，甚至每一航次载运的数量以及对危险货物的包装、标志等都有规定。

除上述主要单证外，还会使用其他一些单证，如重大件清单、剩余舱位报告、积载检验报告等。

（二）卸船单证

1. 提货单

提货单（Delivery Order），又称小提单，是收货人凭正本提单或副本提单随同有效的担保向承运人或其代理人换取的，可向港口装卸部门提取货物的凭证。收货人可凭此单到仓库或船边提取货物，提货单的内容基本与提单所列项目相同。

2. 货物过驳清单

货物过驳清单（Boat Note）是驳船卸货时证明货物交接的单据，它是根据卸货时的理货单编制的，其内容包括驳船名、货名、标志号码、包装、件数、舱口号、卸货日期等。由收货人、装卸公司、驳船经营人等收取货物的一方与船方共同签字确认。

3. 货物溢短单

货物溢短单（Overlanded or Shortlanded Cargo List）是指一批货物在卸货时，所卸货物与提单记载数字不符，发生溢或缺的证明单据，该单由理货员编制，经船方和有关方（收货人、仓库）共同签字确认。

4. 货物残损单

货物残损单（Broken and Damaged Cargo List）是指卸货时，理货人员根据卸货过程中发现的货物破损、水浸、渗透、霉烂、生锈、弯曲等情况记录编制的、表明货物残损情况的单据。货物残损单须经船方签认。它与货物溢短单都是日后收货人向船方提出索赔的原始资料和依据。

5. 货物品质检验证书

货物品质检验证书（Quality Inspection Certificate）是指卸货时，收货人申请商品检验机构对货物进行检验后，由商品检验机构出具的证明。如果货物品质与贸易合同规定不符，此单是向卖方提出索赔的重要依据之一。

（三）海运提单

海运提单（Bill of Lading）是在海上运输（主要是班轮运输）的方式下，由承运人或其代理人签发的，确认已经收到（或已装船）某种货物，并且承诺将其运到指定地点交与提单持有人的一种具有法律效力的证明文件。

1. 海运提单的作用

（1）提单是证明货物的收受或装船的单证，提单的签发意味着承运人已收到提单所列之货物并已装船或等待装船。

（2）提单是承运人保证在目的港据以交付货物的单证，提单持有人在目的港出示提单后，即有权要求提取提单所记载的货物，而承运人则负有向正当的提单持有者交付海上运输货物的义务。

（3）提单是货物的物权凭证，可以自由转让买卖。

（4）提单是有价证券，有价证券是指任何一种与权利密切相连的证书，没有这种证书，权利就不能实现，也不能转让给他人，而提单正好实现了这种权利和证券的一体化，即权利证券化。

2. 海运提单的种类

（1）按货物是否装船划分，可分为以下两种：

① 已装船提单。已装船提单是指货物已由承运人装船的提单。这种提单表明提单上所列货物已经装上船，在提单上写明船名和装船日期。在对外贸易中，商业单位和银行都要求提供这种提单，它是在货物确已装船以后，由承运人、船长或其代理人予以签发的。

② 备运提单。备运提单又称收讫待运提单，是指货物（集装箱运输除外）在装船前已由承运人接管，承运人应托运人的要求而签发的提单。由于这种提单的货物没有装船，没有载明船名、装船日期，到货时间没有保证，对货方很不利，因此买方一般不愿接受备运提单。备运提单在货物装船后，可凭此向船公司换取已装船提单。一般做法是，由承运人在备运提单上加注已装××船和装船日期并签字盖章后，备运提单即变为已装船提单。

（2）按提单上所列收货人划分，可分为以下三种：

① 记名提单。记名提单又称收货人抬头提单，是指提单上收货人一栏内已具体填写特定的人或公司名称的一种提单。根据这种提单，承运人在卸货港只能将货物交给提单上所指定的收货人。如果承运人将货物交给提单指定以外的人，即使该人占有提单，承运人也应负责。记名提单原则上不能转让，因此一般只有在运输贵重物品或展览品时采用。一些国家的习惯做法是如果采用记名提单，收货人只要在"到货通知"上背书即可提货，而可以不凭记名提单提货。

② 不记名提单。不记名提单是指提单上收货人一栏内没有指明任何收货人，而只注明

提单持有人字样，承运人应将货物交给提单持有人。谁持有提单，谁就可以提货，承运人交付货物只凭单，不凭人。不记名提单无须背书即可转让，流通性极强。但一旦丢失或被盗，风险极大，故国际上较少使用这种提单。另外，根据有些班轮公会的规定，凡使用不记名提单，在给大副的副本提单上必须注明卸货港通知人的名称和地址。

③ 指示提单。指示提单是指在提单上收货人一栏内只填写"凭指示"或"凭××指示"字样的提单。这种提单可以通过背书的方式进行转让，因而在国际上使用较为广泛。"凭指示"称为空白指示，或不记名指示；"凭××指示"称为记名指示，指示人有银行、发货人或收货人等。

指示提单转让时有两种背书形式：空白背书和记名背书。空白背书仅由背书人（提单转让人）在提单的背面签字盖章，而不注明被背书人（提单受让人）的名称；记名背书是指在提单背面既有背书人（提单转让人）签字盖章，又有被背书人（提单受让人）的名称。

指示提单在托运人（卖方）未指定收货人之前，卖方仍保有货物所有权，如经空白背书，则成为不记名提单，而作为凭提单提货的凭证；如经记名背书后即成为记名提单。

(3) 按提单是否有批注划分，可分为以下两种：

① 清洁提单。清洁提单是指在装船时，货物外边状况良好，承运人在签发提单时，未在提单上加注任何有关货物残损、包装不良的批注，或其他妨碍结汇的批注。银行办理结汇时，都规定交清洁提单。

② 不清洁清单。由于承运人须对承运货物的外表状况负责，因此在装船时，若发现货物包装不牢、破残、渗漏、玷污、标志不清等现象，大副将在收货单上对此加以批注，并将其转移到提单上，这种提单称为不清洁提单。不清洁提单是不能结汇的。为此，托运人应把外边状况有问题的货物进行修补或更换。但有时托运人向承运人出具保函，让承运人签发清洁提单。这种做法是不可取的，承运人应慎重从事，不能随便接手保函。

3. 提单记载事项和条款

(1) 法定记载事项：一般包括托运人资料，包括货物的种类、品质、数量、包装等资料；承运人资料，包括船舶名、船籍、装载港、提单份数、运费等。

(2) 任意记载事项：不属于法定的记载事项，由承运人因业务需要而记入的任意记载事项，包括签发地点、时间、航次、装船日期、提单号码、运费支付地点等。

(3) 印刷条款：一般为记载"免除或限制"运送人负责的事项。法律为保护托运人与收货人的权益，多规定承运人的免责事项，除非能证明托运人明示同意外，不发生效力。提单的免责条款已经国际化，并有统一解释，主要内容有：

① 危险除外条款：由于自然灾害、战争、行为危险（扣押、管制、拘留等）等原因造成的损毁，承运人不负责任。

② 责任除外条款：由船员引起、隐性瑕疵、变更、内容不详、危险货物、包装等方面造成的损毁，不属于承运人责任，承运人不负责任。

③ 其他条款：包括未付清运费前的留置权条款、共同海损条款等。

四、班轮运输的货运单证流程

货运单证（仅指与运输有关的单证，不包括其他商务单证）是托运人、承运人和港方等有关方面进行业务活动的凭证，它起着货物交接时的证明作用，证明货物的数量和品质等情况。各种货运单证之间互相联系，不可分割。在货物从发货人到收货人的整个过程中，每一份主要货运单证都具有独特的作用。在装运港作为出口货运单证，是货物出运和结汇的重要证明文件和依据。在目的港，就变成了进口货运单证，或是作为编制进口货运单证的主要依据，同时也成为收货人提货的重要依据。为熟悉货运过程，现将班轮货物运输主要单证的流转程序描述如下：

（1）托运人向船公司在装货港的代理人（也可直接向船公司或其营业所）提出货物装运申请，递交托运单，填写装货联单。

（2）船公司同意承运后，其代理人指定船名，核对装货单与托运单，内容无误后，签发装货单，将留底联留下后退还给托运人，要求托运人将货物及时送至指定的码头仓库。

（3）托运人持装货单及有关单证向海关办理货物出口报关、验货放行手续，海关在装货单上加盖放行图章后，货物准予装船出口。

（4）船公司在装货港的代理人根据留底联编制装货清单，并送船舶及理货公司、装卸公司。

（5）大副根据装货清单编制货物积载计划交代理人分送货物，装卸公司等按计划装船。

（6）托运人将通过检验及检疫的货物送至指定的码头仓库准备装船。

（7）货物装船后，理货员将装货单交大副，大副核实无误后留下装货单并签发收货单。

（8）理货员将大副签发的收货单转交给转运人。

（9）托运人持收货单到船公司在装货港的代理人处付清运费（预付运费的情况下），换取正本已装船提单。

（10）船公司在装货港的代理审核无误后，留下收货单，签发已装船提单给托运人。

（11）托运人持已装船提单及有关单证到议付银行结汇（在信用证支付方式下），取得货款，议付银行将已装船提单及有关单证邮寄开证银行。

（12）货物装船完毕后，船公司在装运港的代理人编妥出口载货清单，送船长签字后向海关办理船舶出口手续，并将载货清单交船随带，船舶起航。

（13）船公司在装货港的代理人根据已装船提单副本（或收货单）编制出口载运费清单，连同已装船提单副本、收货单送交船公司结算代收运费，并将卸货港需要的单证寄给船公司在卸货港的代理人。

（14）船公司在卸货港的代理人接到船舶抵港电报后通知收货人船舶到港日期，做好提货准备。

（15）收货人到开证银行付清货款取回已装船提单（在信用证支付方式下）。

（16）卸货港船公司的代理人根据装货港船公司的代理人寄来的货运单证，编制进口载货清单及有关船舶进口报关和卸货所需的单证，约定装卸公司、理货公司，联系安排泊位，做好接船及卸货的准备工作。

（17）船舶抵港后，船公司在卸货港的代理人随即办理船舶进口手续，船舶靠泊后即开始卸货。

（18）收货人持正本已装船提单向船公司在卸货港的代理人处办理提货手续，付清应付的费用后，换取代理人签发的提货单。

(19) 收货人办理货物进口手续,支付进口关税。

(20) 收货人持提货单到码头仓库或船边提取货物。

子任务三　水路货物运输费用计算

要掌握水路货物运输费用的计算,首先要了解水路货物运输费用的构成。下面以班轮运输为例,对班轮运费的构成作一说明。

一、基本运费

基本运费指对运输每批货物所应收取的最基本的运费,是整个运费的主要构成部分。它根据基本运价和计费吨计算得出。

二、附加费

基本运费是构成班轮运输应收运费的主要部分,但由于基本运费是根据一个平均水平制定的,且保持相对稳定性,而实际上在运输中由于船舶、货物、港口及其他种种原因,会使承运人在运输中增加一定的营运支出或损失。因此为了补偿这部分损失,只能采取另外收取追加费用的方法,这部分不同类型的费用就是附加费。

（一）由货物衍生的附加费

（1）超重附加费:指单件货物的毛重达到或超过规定的重量时,所征收的附加运费(规定重量的标准通常在单件货物3吨或5吨以上)。超重附加费通常按重量来计收,重量越大,超重附加费率越高。货物一旦超重,征收的超重附加费是按整个货物的全部重量来征收的,而非只征收超过规定重量的部分。如果超重货物需要转船,每转船一次加收超重附加费一次。

（2）超长附加费:指单件货物的长度达到或超过规定长度时（通常为9米）所加收的附加运费。超长附加费是按长度的标准确定的并按长度分为不同等级,按累进方法确定费率,长度越长其附加费率越高,但计算附加费时是以货物的运费吨而不只长度来计收的。超长货物转船时同样是每转船一次征收一次超长附加费。

（3）超大件附加费:是指单件货物的体积超过规定的数量时（如6立方米）所加收的附加运费。如果一件货物超长、超重、超大件三种情形同时存在时,则应在分别计算了上述三种附加费后采取按择大计收或按全部加总计收这两种形式计费。

（二）由运输及港口原因衍生的附加费

（1）直航附加费,是指托运人要求承运人将一批货物不经过转船而直接从装货港运抵航线上某非基本港时,船公司为此而增加的附加费。

通常船公司都有规定,托运人交运一批货物至非基本港必须每港、每船次达到或超过某一数量（如1 000运费吨）时,才同意托运人提出直航要求,并按各航线规定加收直航附加费。

（2）转船附加费,是指运往非基本港口的货物,必须在中途某一基本港换装另一船舶才能运至目的港而加收的附加运费。

货物在中途港转船时发生的换装费、仓储费和二程船的运费均包含在转船附加费中，通常这些费用由船公司按基本运费的一定百分比来确定，其盈亏由船公司自理。

(3) 港口附加费，是指船方由于港口设备条件差，装卸效率低，速度慢（如船舶进出需要通过闸门）或费用高而向货方收取的附加费。港口附加费随着港口装卸效率及其他条件的变化而随时变化。

(三) 临时性附加费

承运人常因偶发事件的出现而临时增收附加费，通过这种方法来补偿由于意外情况的出现而增加的开支。临时性附加费的特点是一旦意外情况消除后，此项附加费也取消征收，等待再次出现时才会重新征收。

(1) 燃油附加费，指船公司为补偿因燃油价格上涨而增收的附加运费。

(2) 货币贬值附加费，简称币值附加费，是指船方按运价表中的运价征收的运费，因货币贬值的原因造成面额相同而实际价值减少，为弥补贬值后的损失而增收的附加费。货币贬值附加费是在1967年世界金融危机后出现的一种附加费，此项附加费因危机的消除船公司曾一度取消此项附加费，但也有船公司在随后又征收此项附加费，该附加费与燃油附加费一样均会因国际金融市场的变化而临时增加或取消。

货币贬值附加费一般用百分比表示，基本运费和附加费均要加收。因从价运费是按货币的百分比计算，一般货币已考虑了贬值因素，不再加收该项附加费。船公司可在同一航线的其中某一单航向单独征收此项附加费。

(3) 港口拥挤附加费，由于港口拥挤，船舶抵港后不能很快靠卸而需要很长时间等泊，有时长达几个月之久，造成船期延长、空耗成本。为此船方要向货方征收附加费以弥补这种损失。

(4) 绕航附加费，是指某一段正常航线因战争影响、运河关闭或航道阻塞等意外情况的发生，迫使船舶绕道航行，延长运输距离而增收的附加运费。绕航附加费是一种临时性的附加费，一旦意外情况消除船舶恢复正常航线航行，该项附加费即行取消。如1967年6月5日苏伊士运河因中东战争而关闭，往来欧洲、亚洲间的船舶只好绕道非洲南端的好望角航行，均增收绕航附加费。到1975年6月5日运河重新开放时随即取消征收该项附加费。

(5) 选择卸货港附加费，是指由于贸易原因，货物在托运时，托运人尚不能确定具体的卸货港，要求在预先制定的两个或两个以上的卸货港中进行选择，待船舶开航后再作选定。这样就会使这些商品在舱内的积载增加困难，甚至会造成舱容的浪费，因此而增收的附加费。

(6) 变更卸货港附加费，是指由于贸易原因，货物无法在提单上记录的卸货港卸货而临时改在航线上其他基本港卸货而增收的附加费。变更卸货港会形成船方翻舱等额外损失费用，因此加收此费用。

三、班轮运费的计算标准

班轮运费的计费标准通常有货物的重量吨、尺码吨或价值等。

(一) 重量吨

重量吨指该货物按货物的毛重计算运费的标准，适用于货物积载因数小于船舶载货容积系数的重货。按国际惯例，凡 1 吨货物的积载因数小于 1.113 立方米或 40 立方英尺均为重货，如重金属、建筑材料、矿产品等。

重量吨的计量单位统一为公制单位即吨。1 吨 = 1 000 千克，在英国 1 吨等于 1 016 千克，因此英国的吨又成为长吨；在美国 1 吨等于 907 千克，因此美国的吨又成为短吨。

有关计量单位的换算为

$$1 \text{吨} = 0.984\ 2 \text{长吨} = 1.102\ 5 \text{短吨}$$
$$1 \text{长吨} = 1.016 \text{吨}$$
$$1 \text{短吨} = 0.907 \text{吨}$$

（二）尺码吨或容积吨

尺码吨或容积吨指货物按其尺码或体积计算运费的标准。适用于货物积载因数大于船舶载货容积系数的轻泡货。如前所述，凡 1 吨货物的积载因数大于 1.133 立方米或 40 立方英尺均为轻泡货，如纺织品，日用百货等。

由于轻泡货物的重量不大，但占用舱容过多，若按重量吨计算运费不尽合理，因此尺码吨与重量吨是并重的两种基本计算标准。

同样尺码吨的计量单位统一为公制单位即立方米。某些国家运输木材时按"板尺"（Board Foot）和"霍普斯尺"（Hoppus Foot）计算运费（12 板尺 = 0.785 霍普斯尺 = 1 立方英尺）。

有关尺码吨的计量换算为

$$1 \text{立方米} = 35.314\ 8 \text{立方英尺}$$
$$1 \text{立方英尺} = 0.028\ 3 \text{立方米}$$

（三）特种单位

1. 从价运费

从价运费指对货主托运的高价货物，其体积不大而重量又有限，船方按货物的 FOB 价格以一定百分比（如 2%~5%）收取运费。所谓高价货物，在运价本中明确为金、银、有价证券、货币、宝石、艺术品、贵金属、书画、手工艺品等，此类货物船方对其尽特别保护照料之责，并在灭失损坏时给予高出一般责任限制的赔偿。又因其价值昂贵，不宜使用重量吨或体积吨为计量单位。

2. 按件运费

按件运费指按货物的实体个数或件数为单位计算，适用于某些既非贵重物品又不便测量体积和重量的货物，如车辆以每"辆"计算，活牲畜按每"头"计收，集装箱运输中以每"标准箱"为单位计收。

3. 起码运费

起码运费是指一票货物的收取定额。对于所运小于 1 立方米或 1 吨的货物，与某些运输劳务与运量大的货物是相同的，故船公司规定了最低运费标准，计算单位为 1 吨或 1 立方米。若货物小于此标准均按 1 立方米或 1 吨征收运费。有些船公司还规定最低运费等级、每提单的起码运费额。货物若按起码运费征收时，仍要加收转船附加费、港口附加费、燃油附加费等。

以上三种基本计费通过一定的组合转化为以下六种计算方法：

（1）重量法，以"W"表示，按货物毛重作为运费吨计算运费。

（2）体积法，以"M"表示，按货物尺码作为运费吨计算运费。

（3）从价法，以"AD. VAL"表示，按货物 FOB 价格计算运费。

（4）选择法，分别以"W/M""W or AD. VAL""M or AD. VAL""W/M or AD. VAL"表示，具体如下：

①"W/M"：以货物的重量或尺码择大后作为计费吨计算运费。

②"W or AD. VAL"：以货物毛重计算的运费与从价运费择大计收。

③"M or AD. VAL"：以货物尺码计算的运费与从价运费择大计收。

④"W/M or AD. VAL"：以货物毛重计算的运费、以货物尺码计算的运费、从价运费三者择大。

（5）综合法，指货物除按运费吨计收外还要加收从价运费。通常此类货物既有一定的重量、体积，价值又较昂贵，有以下三种形式：

①"W plus AD. VAL"：按重量计费再加上从价运费。

②"M plus AD. VAL"：按体积计费再加上从价运费。

③"W/M plus AD. VAL"：按体积重量择大计收后再加上从价运费。

（6）议定法，是指某些特殊货物的运价是由船、货双方通过协商后确定运价的方法，此法适用于承运特大型机械和散货，如粮谷、矿石等。

四、水路货物运输杂费计算

（一）班轮运价表

虽然各船公司的运价表形式由于航线数量及其他特殊情况而不尽相同，但内容上大同小异，一般由以下三个部分构成：

1. 说明和有关规定

这一部分通常由说明与规则（分别规定杂货与集装箱运输）及港口规定组成。规定了运价表的使用范围，运费计算方法，支付方法，计价货币、单位，船货双方责任、权利、义务，各种货物运输的特殊规定和各种运输形式，如直航、转航、选择和变更卸货港口等办法和规定。

说明和有关规定是提单条款的组成部分，也是船货双方共同遵守的规则。在运价及运输过程中发生异议、分歧和纠纷时，说明和有关规定同样被视为处理问题的依据。

港口规定和条款，引用了国外有关港口的规定和习惯做法。这些港口的规定和习惯做法并不是船公司规定的，而是由有关港口当局或政府规定的，船舶不论行驶到哪个港口卸货，船、货双方都必须遵守那里的规定和习惯做法。为避免引起争议和麻烦，班轮公司将这些常去港口的有关规定和习惯做法印在运价表内用来约束有关当事人。

2. 商品分级表附录

商品分级表部分标列了各种货物的名称及其运费的计算等级和计费标准，每一商品的名称是按英文字母顺序排列的，商品运价中无此项分级表，商品运价表的各种货物列名后直接标识其计费标准和费率。等级运价表则在此部分先对成千上万种商品进行归类分级，如表2-25所示。

表 2-25 商品分级表（节选）

货名	物品（commodity）	等级 W/M
手推车	Barrow	8
啤酒	Beer	7
未列名货物	Cargo N.O.E	12
陶管及配件	Earthen Pipe and Fittings	6
羽绒及制品	Feather Down and Products	15
各种麻纱、线	Hemp, Yarn and Twine All Kind	7
光学仪器	Instruments, Optical	13
保险柜	Iron Cash Cases	10
海蜇皮	Jelly Fish	10
锡箔	Tin Foil	11

由于商品种类繁多，加之新产品的不断出现，任何一个运价表都不能将所有商品开列无遗。为此运价表内都有一项"未列名货物"。

一般"未列名货物"的运价偏高，至少近于平均运价水平，大多数船公司定位于 20 级中的 12 级左右。"未列名货物"有一个总成，另外对某大类货物往往也有一个未列名货物品种，如"未列名粮谷""未列名合金"等。由于商品分级表中未列出全部商品名称，一般情况下，可按商品分级表中性质相近的商品确定等级。

商品附录是商品列名的补充。有些商品的列名和运价是以货类集合名称标列的。为明确每种集合名称的大类具体包括哪些商品，便制订了"商品附录"作为商品列名的附录部分，如化工类、文具、小五金、工具、饲料等都另有附录。

3. 航线费率表

航线费率表规定了各航线的等级费率及各类附加费。

（二）班轮运费的计算步骤

班轮运费由基本运费和各类附加费构成，在计算基本费用和各种附加费用时应结合所使用运价的特点，按运价表的有关规定，查找相应的资料进行结算。在计算一笔运费时，应按下列步骤进行：

（1）了解货物品名、译名、特性、包装、重量、尺码（是否超重、超长）、装卸港（是否需转船、选卸港）等。

（2）根据货物的品名，从货物分级表中找出该货物的等级和计算标准。如属未列名货物，则参照性质相近货物的等级和计算标准计算。

（3）查找货物所属航线等级费率表，找出货物等级相应的基本费率。

（4）查找有无附加费及其各种附加费的计算办法及费率。

（5）查到各种数据后，列式进行计算。计算公式为

$$运费总额 = 货运数量(重量或体积) \times 基本费率 + 各项附加费$$

（三）水运货物运费实例

某轮从上海装运 10 吨共 33.440 立方米茶叶到伦敦，要求直航，计算全程应收多少运费。计算过程如下：

（1）从题目中知该票商品的运输航线属中国/欧洲、地中海航线，并由航线费率得知，伦敦是该航线的非基本港口。

（2）查商品分级表得知，茶叶属 8 级，计算标准 W/M。

（3）查中国/欧洲、地中海航线附加费率表得知，伦敦直航附加费率为基本运费的 35%，伦敦的港口附加费为 $ 7.00。

因为茶叶的容积吨大于重量吨，所以应按容积吨 33.440 立方米计收运费，全程应收运费为

$$F = 90.00 \times 33.440 + 90.00 \times 33.440 \times 35\% + 7.00 \times 33.440 = 4\,297.04(\$)$$

知识拓展

1. 通过查阅资料，了解我国水路运输的历史和发展现状。
2. 通过查阅资料，了解在水路货物运输过程中人们常用的一些环保做法。

基本训练

1. 我国到日本、朝鲜的运输属于（　　）。
   A. 远洋运输　　　　　B. 沿海运输　　　　　C. 内河运输
2. 本身一般无自航能力的船舶是（　　）。
   A. 拖船　　　　　　　B. 推船　　　　　　　C. 驳船
3. 托运人向船公司换取已装船提单的重要凭证是（　　）。
   A. 托运单　　　　　　B. 收货单　　　　　　C. 装货单
4. 目前国际上使用比较广泛的提单种类是（　　）。
   A. 记名提单　　　　　B. 不记名提单　　　　C. 指示提单

知识应用　　运输方式的选择

某物流公司接受了一项长期的、数量大的运输任务：为大陆某水果批发公司从台湾地区运输各种水果。经双方协议，物流公司可以及时从批发公司获得水果销售的数量情况。为完成运输任务，部门经理召集运输部门人员，进行运输任务、运输方式、运输线路等情况的分析、比较，认为该任务运输量大，水果保鲜技术允许相对宽裕的运输时间，时限要求不高；各类水果销售趋势基本情况可以预测，所以水果运输任务量可以随时与批发公司协商、交流、确认。

思考题

请分析采用哪种运输方式最好？为什么？

任务四　航空货物运输

任务描述

青岛某货主将一批价值 $10 000,计 10 箱的丝织品通过 A 航空公司办理空运经北京出口至法国巴黎。货物交付后,由 B 航空公司的代理人 A 航空公司于 2016 年 1 月 1 日出具了航空货运单一份。该货运单注明:第一承运人为 B 航空公司,第二承运人是 C 航空公司,货物共 10 箱,重 250 千克。货物未声明价值。B 航空公司将货物由青岛运抵北京,1 月 3 日准备按约将货物转交 C 航空公司时,发现货物灭失。为此,B 航空公司于当日即通过 A 航空公司向货主通知了货物已灭失。为此,货主向 A 航空公司提出书面索偿要求,要求 A 航空公司全额赔偿。

任务分析

本次任务是认识国际航空货物运输的基本运输方式,按照国际航空货物运输的业务流程顺利实现航空运输。通过本次任务使学生能够熟知航空货物运输的基本方式,学会国际货物航空运费的计算方法,熟练操作航空货物运输业务流程。

概念点击

航空货物运输、机场、空中交通管制、航空运单、整包机、部分包机、集中托运

任务实施

子任务一　航空货物运输的基础知识

一、航空货物运输

航空货物运输,也叫航空运输,是现代物流中的重要组成部分,其提供的是安全、快捷、方便和优质的服务。拥有高效率和能提供综合性物流服务的机场在降低商品生产和经营成本、提高产品质量、保护生态环境、加速商品周转等方面发挥着重要作用。

（一）航路

民航运输服务是航空器跨越天空在两个或多个机场之间的飞行。为了保障飞行安全,必须在机场之间的空中为这种飞行提供相对固定的飞行线路,使之具有一定的方位、高度和宽度,并且在沿线的地面设有无线电导航设施。这种经政府有关当局批准的,飞机能够在地面通信导航设施指挥下沿具有一定高度、宽度和方向在空中作航载飞行的空域,就称为航路。

在欧美国家,航路空域高度层分为三种:一是低空航路空域,宽 16 千米,平均海拔高

度在 4 423 米以下；二是中空航路空域，宽 26 千米，平均海拔高度为 4 423 米～7 320 米；三是高空航路空域，宽度没有规定，平均海拔高度在 7 320 米以上，专供喷气飞机使用。我国民用航路的宽度规定为 20 千米。

（二）航段

航段通常分为旅客航段和飞行航段。旅客航段指能够构成旅客航程的航段，例如，北京—上海—旧金山航线，旅客航段有三种可能：北京—上海、上海—旧金山和北京—旧金山。飞行航段是指航班飞机实际飞行的航段，例如北京—上海—旧金山航线，飞行航段为北京—上海和上海—旧金山。

（三）航班

按照民航管理当局批准的民航运输飞行班期时刻表、使用指定的航空器、沿规定的航线在指定的起讫经停点停靠的客、货、邮运输飞行服务，称为航班。航班用航班号标识其具体的飞行班次。航空公司代码由民航总局规定公布。

我国的民航飞行航班号一般采用两个字母的航空公司代码加 4 位数字组成。后面的 4 位数字第一位代表航空公司的基地所在地区，第二位表示航班的基地外终点所在地区（1 为华北，2 为西北，3 为华南，4 为西南，5 为华东，6 为东北，7 为厦门，8 为新疆），第三、第四位表示这次航班的序号，单数为由基地出发向外飞的去程航班，双数表示飞回基地的回程航班。例如，MU5305，上海—广州航班，MU 为东方航空公司代码，5 代表上海所在华东地区，3 代表广州所在的华南地区，05 为序号，单数是去程航班。

随着航空货运业务的发展，航空货运代理业应运而生。航空公司主要业务为飞行保障，它们受人力、物力等诸因素影响，难以直接面对众多的客户，处理航运前和航运后繁杂的服务项目，这就需要航空货运代理公司为航空公司出口揽货、组织货源、出具运单、收取运费、进口疏港、报关报验、送货、中转，使航空公司可集中精力，做好其自身业务，进一步开拓航空运输。

采用航空货运形式进出口货物，需要办理一定的手续，如出口货物在始发地交航空公司承运前的订舱、储存、制单、报关、交运等；进口货物在目的地机场的航空公司或机场接货、监管储存、制单、报关、送货及转运等。航空公司一般不负责上述业务，由此，收、发货人必须通过航空货运代理公司办理航空货运业务，或自行向航空公司办理航空货运业务。

航空货运代理公司作为货主和航空公司之间的桥梁和纽带，一般具有两种职能：

（1）为货主提供服务的职能：代替货主向航空公司办理托运或提取货物。

（2）航空公司的代理职能：部分货运代理公司还代替航空公司接受货物，出具航空公司的总运单和自己的分运单。

航空货运代理公司大多对航空运输环节和有关规章制度十分熟悉，并与各航空公司、机场、海关、商检、卫检、动植检及其他运输部门有着广泛而密切的联系，具有代办航空货运的各种设施和必备条件。同时，各航空货运代理公司在世界各地设有分支机构，有代理网络，能够及时联络，掌握货物运输的全过程，因此，委托航空货运代理公司办理进出口货物运输比较便利。

二、航空运输设备体系

航空运输体系包括飞机、机场、空中交通管制系统和飞行航线四个部分。这四个部分有机结合，分工协作，共同完成航空运输的各项业务活动。

（一）飞机

飞机是航空运输的主要运载工具。

按机翼的数目来分，飞机可分为双翼机和单翼机。

按发动机类型来分，飞机可分为活塞式发动机、螺旋桨组飞机、喷气式飞机。

按发动机数目来分，飞机可分为单发动机飞机、双发动机飞机、三发动机飞机和四发动机飞机。

（二）机场

机场是由供飞机使用的部分和供旅客接用货物使用的部分组成，是提供飞机起飞、着陆、停驻、维护、补充给养及组织飞行保障活动的场所。机场是民航运输网络中的节点，是航空运输的起点、终点和经停点，是空中运输和地面运输的转接点，因此把机场称为航空站。

机场可以按以下五种方式分类。

（1）按航线性质分，可分为国际航线机场（国际机场）和国内航线机场。国际航线机场有国际航班进出，并设有海关、边防检查、卫生检疫和动植物检疫等政府联检机构。国内航线机场是专供国内航班使用的机场。

（2）按机场在民航运输网络中所起作用划分，可分为枢纽机场、干线机场和支线机场。国内、国际航线密集的机场称为枢纽机场，在我国内地，枢纽机场仅北京、上海、广州三大机场。干线机场是指各直辖市、省会、自治区首府以及一些重要城市或旅游城市的机场，共有30多个。干线机场连接枢纽机场，客运量较为集中。而支线机场则空运量较少，航线多为本省区内航线或邻近省区支线。

（3）按机场所在城市的性质、地位划分，可分为Ⅰ类机场、Ⅱ类机场、Ⅲ类机场和Ⅳ类机场。

（4）按旅客乘机目的分，可分为始发/终程机场、经停（过境）机场和中转（转机）机场。目前国内机场大多属于始发/终程机场。始发和终程旅客占旅客的大多数，始发和终程的飞机或掉头回程架次比例很高。

（5）按服务对象机场可分为军用机场、民用机场和军民合用机场。

（三）空中交通管制系统

空中交通管制指对航空器的空中活动进行管理和控制的业务，包括空中交通管制业务、飞行情报和告警业务。它的任务是：① 防止飞机在空中相撞；② 防止飞机在跑道滑行时与障碍物或其他行驶中的飞机、车辆相撞；③ 保证飞机按计划有秩序地飞行；④ 提高飞行空间的利用率。现代空中交通管制涉及飞行的全过程，即从驶出停机坪开始，经起飞爬升，进入航路，通过报告点到目的地机场降落为止，飞机始终处于监视和管制之下。在这个过程中，管制分为三级：塔台管制、进近管制和区域管制。

塔台管制：塔台设在机场，主要是维持机场的飞行秩序、指挥滑行和起降、防止碰撞。各国的管制范围不一，视空域、飞行量和管制能力而定，在中国通常为 100 千米左右。

进近管制：对处于塔台管制范围和区域管制范围之间的进场或离场飞机实施管制。其范围有时较大，可达 180 千米以上，可以包括多个机场。

区域管制：也称航路管制，由区域管制中心执行，主要是使航路上的飞机之间保持安全间隔。它能对飞机实施竖向、纵向或横向调配，以避免碰撞，确保安全。

（四）航线

飞机飞行的路线称为空中交通线，简称航线。航线确定了飞机飞行的具体方向、起讫和经停地点，并根据空中交通管制的需要，规定了航线的宽度和飞行高度，以维护空中交通秩序，保证飞行安全。

航线的种类：可分为国际航线、地区航线和国内航线三大类。

（1）国际航线：指飞行的路线连接两个国家或两个以上国家的航线。在国际航线上进行的运输是国际运输，一个航班如果它的始发站、经停站、终点站有一点在外国领土上都叫做国际运输。

（2）地区航线：指在一国之内，各地区与有特殊地位地区之间的航线，如我国内地与港、澳、台地区的航线。

（3）国内航线：是在一个国家内部的航线，又可以分为干线、支线和地方航线三大类。

开辟新航线，必须考虑航路的地理条件和气象条件，有利于飞机运输飞行安全，也应考虑航线站点地区的经济水平，因其决定着客货运量和航空运输市场的发展潜力。同时，新航线的建立，还必须充分考虑与其他航线的衔接，地面交通的综合运输能力，以便航空运输的客货集散。

航空运输体系除了上述四个基本组成部分外，还有商务运行、机务维护、航空供应、油料供应、地面辅助及保障系统等。

三、航空货物运输的优势

航空货运自从飞机诞生后，以其自身特有的优势飞速发展。

（一）运送速度快

从航空业诞生之日起，航空运输就以快速而著称。到目前为止，飞机仍然是最快捷的交通工具，常见的喷气式飞机的经济巡航速度大都在每小时 850~900 千米。快捷的交通工具大大缩短了货物在途时间，对于那些易腐烂、变质的鲜活商品，时效性、季节性强的报刊，节令性商品，抢险、救急品的运输，这一特点显得尤为突出。可以这样说，快速加上全球密集的航空运输网络才有可能开辟远距离市场，使消费者享有更多的利益。运送速度快，在途时间短，也使货物在途风险降低，因此许多贵重物品、精密仪器也往往采用航空运输的形式。当今国际市场竞争激烈，航空运输所提供的快速服务也使得供货商可以对国外市场瞬息万变的行情即刻做出反应，迅速推出适销产品占领市场，获得较好的经济效益。

（二）破损率低、安全性好

在地面，由于航空货物本身的价格比较高，操作流程的环节比其他运输方式严格得多，破损的情况大大减少,货物装上飞机之后,在空中货物很难被损坏,因此在整个货物运输环节之中,货物的破损率低、安全性好。这种特点使得有些货物虽然从物理特性来说,不适合用空运,例如体积比较大、重量比较重的机械设备仪器等货物,但这类货物中有些货物特别怕碰撞损坏,因此这个制约因素导致只能使用航空运输,以减少损坏的几率。

(三) 不受地面条件影响

航空运输利用天空这一自然通道,不受地理条件的限制。对于地面条件恶劣、交通不便的内陆地区非常合适,可方便当地资源的出口,促进当地经济的发展。航空运输对外的辐射面广,而且航空运输相比公路运输与铁路运输占用土地少,对寸土寸金、地域狭小的地区发展对外交通无疑是十分适合的。

(四) 节约包装、保险、利息等费用

由于采用航空运输方式,货物在途时间短,周转速度快,企业存货可以相应地减少。一方面有利于资金的回收,减少利息支出;另一方面企业仓储费用也可以降低。又由于航空货物运输安全、准确,货损、货差少,保险费用较低。与其他运输方式相比,航空运输的包装简单,包装成本减少。这些都构成企业隐性成本的下降,收益的增加。

航空运输是国际多式联运的重要组成部分。利用航空运输,其速度快、商品周转快、存货降低、资金迅速回收、节省储存和利息费用、安全、准确等优点弥补了运费高的缺陷。尤其适用于计算机、精密仪器、电子产品、成套设备中的精密部分、贵金属、手表、照相器材、纺织品、服装、丝绸、皮革制品、中西药材、工艺品等高价值商品的运输。

为了充分发挥航空运输的特长,在不能以航空运输直达的地方,也可以采用联合运输的方式,如常用的陆空联运、海空联运、陆空陆联运,甚至陆海空联运等,与其他运输方式配合,使多种运输方式各显其长,相得益彰。

当然,航空运输也有自己的局限性,主要表现在航空货运的运输费用较其他运输方式更高,不适合低价值货物;航空运载工具——飞机的舱容有限,对大件货物或大批量货物的运输有一定的限制;飞机飞行安全容易受恶劣气候影响等等。但总的来讲,随着新兴技术的广泛应用,产品更趋向薄、轻、短、小、高价值,管理者更重视运输的及时性、可靠性,相信航空货运将会有更好的发展前景。

子任务二 国际航空货物运输方式

一、国际航空运单

航空运单是由承运人出具的证明承运人与托运人已订立了国际航空货物运输合同的运输单证,是承运人和托运人之间签订的运输合同。航空运单须由托运人或其代理和承运人或其代理签署后方能生效。航空运单与海运提单不同,它不是货物的物权凭证。在实际业务中,航空运单一般都印有"不可转让"的字样。

(一) 航空货运单的属性

(1) 航空货运单是航空货物运输合同的证据,具有证明航空运输合同已经订立的作用。

(2) 航空货运单是承运人所签发的货物收据,表明承运人已经收到了航空货运单项下的货物。

（3）航空货运单是运费账单，表明承运人为运输航空货运单项下的货物所应收的运费数额。

（4）航空货运单是运费发票，表明承运人已经收到托运人所付的运费。

（5）航空货运单是报送单证，是收货人办理海关手续所必备的文件。

（6）航空货运单是保险证书。在承运人负责办理货物保险或其接受了托运人的请求代后者办理此种保险的情况下，可将航空货运单作为其项下货物的运输保险证书。这种航空货运单在实务中通常被称为"红色航空货运单"。

（7）航空货运单是承运人内部业务的依据，承运人内部各业务部门须据航空货运单办理其各自业务范围内的业务。

应当注意的是，航空货运单不同于海运提单，它不是物权凭证，其本身并不代表其项下货物。此外，因为航空货运单并非物权凭证，所以，它没有价值，当然也就不能作为有价证券转让。

（二）航空货运单的种类

航空货运单依签发人的不同分为以下两类：

（1）航空主运单（Master Air Waybill，MAWB），指由航空公司签发的航空运单。它是航空公司据以办理货物运输和交付的依据，是航空公司和托运人之间签订的运输合同。每一批航空运输货物都应有相应的航空主运单。

（2）航空分运单（House Air Waybill，HAWB），是由航空货运公司在办理集中托运时签发给每一发货人的运单。在集中托运的情况下，除了航空公司要签发给集中托运人主运单之外，集中托运人还必须签发航空分运单给每一托运人。从货物的托运到提取，货主均直接与航空货运公司联系，而与航空公司不直接发生关系。

（三）航空货运单的填制

航空公司的货运单由两部分组成：第一部分，发行该运单的航空公司数字代号，由3个数字组成；第二部分，序号由8个数字组成，序号的最后一个数字为检查号，序号的前四个数字与后四个数字间相隔一个字。

根据《1929年华沙公约》第8条的规定，航空货运单上应包括以下各项内容：

（1）航空货运单的填写地点和日期。

（2）起运地和目的地。

（3）约定的经停地点，但承运人保留在必要时变更经停地点的权利；承运人行使这种权利时，不应使运输由于这种变更而丧失其国际性质。

（4）托运人的名称和地址。

（5）第一承运人的名称和地址。

（6）必要时应写明收货人的名称和地址。

（7）货物的性质。

（8）包装件数、包装方式、特殊标志或号数。

（9）货物的重量、数量、体积或尺寸。

（10）货物和包装的外表情况。
（11）如果运费已经议定，应写明运资金额、付费日期和地点以及付费人。
（12）如果是货到付款，应写明货物的价格，必要时还应写明应付的费用。
（13）根据本公约第22条第2款声明的价值。
（14）航空货运单的份数。
（15）随同航空货运单交给承运人的凭证。
（16）如果经过约定，应写明运输期限，并概要说明经过的路线。
（17）声明运输应受本公约所规定的责任制度的约束。

二、国际航空运输方式

（一）班机运输

班机是指定期开航的、定航线、定始发站、定目的港、定途经站的飞机。一般航空公司都使用客货混合型飞机。一方面搭载旅客，一方面又运送少量货物。但一些较大的航空公司在一些航线上开辟定期的货运航班，使用全货机运输。

班机运输的主要特点包括：

（1）由于班机固定航线、固定停靠港和定期开航，因此国际货物流通多使用班机运输方式，能安全迅速地到达世界上各通航地点。

（2）便于收、发货人掌握确切的货物起运和到达的时间。这对市场上急需的商品，鲜活、易腐货物以及贵重商品的运送是非常有利的。

（3）班机运输一般是客货混载，因此，舱位有限，不能使大批量的货物及时出运，往往需要分期分批运输。这是班机运输不足之处。

（二）包机运输

包机运输方式可分为整包机和部分包机两类。

（1）整包机，指航空公司按照与租机人事先约定的条件及费用，将整架飞机租给包机人，从一个或几个航空港装运货物至目的地。

包机人一般要在货物装运前一个月与航空公司联系，以便航空公司安排运载和向起降机场及有关政府部门申请、办理过境或入境的有关手续。

包机的费用采用一次一议，原则上包机运费，是按每一飞行千米固定费率核收费用，并按每一飞行千米费用的80%收取空放费。因此，大批量货物使用包机时，均要争取来回程都有货载，这样费用比较低。

（2）部分包机，指由几家航空货运公司或发货人联合包租一架飞机或者由航空公司把一架飞机的舱位分别卖给几家航空货运公司装载货物。常用于托运不足一架整飞机舱位，但货量又较重的货物运输。

包机的优势主要体现在以下六个方面：

① 解决班机舱位不足的矛盾。
② 货物全部由包机运出，节省时间和多次发货的手续。
③ 弥补没有直达航班的不足，而且不用中转。

④ 减少货损、货差或丢失的现象。
⑤ 在空运旺季缓解航班紧张状况。
⑥ 解决海鲜及活动物的运输问题。

（三）集中托运

集中托运是将若干票单独发运的、发往同一方向的货物集中起来作为一票货，填写一份总运单发运到同一到站的做法。集中托运人将若干批单独发运的货物组成一整批，向航空公司办理托运，采用一份航空总运单集中发运到同一目的站，由集中托运人在目的地指定的代理人收货，再根据集中托运人签发的航空分运单分拨给各实际收货人。集中托运也是航空货物运输中采用的最为普遍的一种运输方式，是航空货运代理的主要业务之一。

1. 集中托运的操作流程

（1）将每一票货物分别制定航空运输分运单，即出具货运代理的运单 HAWB。

（2）将所有货物区分方向，按照其目的地，把发往同一国家、同一城市的货物集中，制定出航空公司的总运单 MAWB。总运单的发货人和收货人均为航空货运代理公司。

（3）制定该总运单项下的货运清单，即此总运单有几个分运单，号码各是什么，其中件数、重量各多少等。

（4）把该总运单和货运清单作为一整票货物交给航空公司。一个总运单可视货物具体情况随附分运单。如一个 MAWB 内有 10 个 HAWB，说明此总运单内有 10 票货，发给 10 个不同的收货人。

（5）货物到达目的地机场后，当地的货运代理公司作为总运单的收货人负责接货、分拨，按不同的分运单制定各自的报关单据并代为报关，为实际收货人办理有关接货事宜。

（6）实际收货人在分运单上签收以后，目的站货运代理公司以此向发货的货运代理公司反馈到货信息。

2. 集中托运的限制

（1）集中托运只适用于普通货物，对于等级运价的货物，如贵重物品、危险品、活动物以及文物等都不能办理集中托运。

（2）目的地相同或临近的可以办理，如某一国家或地区，其他则不宜办理。如不能把去日本的货发到欧洲。

3. 集中托运的优势

（1）节省运费。航空货运公司的集中托运运价一般都低于航空协会的运价。

（2）提供方便。将货物集中托运，可使货物到达航空公司到达地点以外的地方，延伸了航空公司的服务，方便了货主。

（3）提早结汇。发货人将货物交与航空货运代理后，即可取得货物分运单，可持分运单到银行尽早办理结汇。

集中托运方式已在世界范围内普遍开展，形成了较完善、有效的服务系统，为促进国际贸易发展和国际科技文化交流起到了良好的作用。集中托运已成为我国进出口货物的主要运输方式之一。

（四）航空快递

航空快递"是指具有独立法人资格的企业将进出境的货物或物品从发件人所在地通过

自身或代理的网络运达收件人的一种快速运输方式"。具体地说，就是由专业经营该项业务的航空货运公司和航空公司合作，派专人以最快的速度，在货主、机场和用户之间传送急件的运输服务业务。这种运输方式特别适用于急需的药品和医疗器械、贵重物品、图样资料、货样、单证和书报杂志等小件物品。这是目前国际航空货物运输中最快捷的运输方式。

1. 航空快递的主要业务形式

（1）门/桌到门/桌。门/桌到门/桌的服务形式是航空快递公司最常用的一种服务形式。首先由发件人在需要时电话通知快递公司，快递公司接到通知后派人上门取件。然后将所有收到的快件集中到一起，根据其目的地分拣、整理、制单、报关，并发往世界各地。到达目的地后，再由当地的分公司办理清关、提货手续，并送至收件人手中。在这期间，客户还可通过快递公司的网站随时对快件（主要指包裹）的位置进行查询，快件送达之后，也可以及时通过网络将消息反馈给发件人。

（2）门/桌到机场。与前一种服务方式相比，门/桌到机场的服务指快件到达目的地机场后不是由快递公司去办理清关、提货手续并送达收件人的手中，而是由快递公司通知收件人自己去办理相关手续。采用这种方式的多是海关当局有特殊规定的货物或物品。

（3）专人派送。所谓专人派送是指由快递公司指派专人携带快件在最短时间内将快件直接送到收件人手中。这是一种特殊服务，一般很少采用。

相比较而言，门/桌到机场形式对客户来讲比较麻烦，专人派送最可靠、最安全，同时费用也最高。而门/桌到门/桌的服务介于上述两者之间，适合绝大多数快件的运送。

2. 航空快递的特点

航空快递在很多方面与传统的航空货运业务、邮政运送业务有相似之处，但作为一项专门的业务它又有独到之处，主要表现在：

（1）收件的范围不同。航空快递的收件范围主要有文件和包裹两大类。其中文件主要是指商业文件和各种印刷品，对于包裹一般要求毛重不超过32千克（含32千克）或外包装单边不超过102厘米，三边相加不超过175厘米。近年来，随着航空运输行业竞争更加激烈，快递公司为吸引更多的客户，对包裹大小的要求趋于放松。

（2）经营者不同。经营国际航空快递的大多为跨国公司，这些公司以独资或合资的形式将业务深入世界各地，建立起全球网络。航空快件的传送基本都是在跨国公司内部完成。而国际邮政业务则通过万国邮政联盟的形式在世界上大多数国家的邮政机构之间取得合作，邮件通过两个以上国家邮政当局的合作完成传送。国际航空货物运输则主要采用集中托运的形式，或直接由发货人委托航空货运代理人进行，货物到达目的地后再通过发货地航空货运代理的关系人代为转交货物到收货人的手中。业务中除涉及航空公司外，还要依赖航空货运代理人的协助。

（3）经营者内部的组织形式不同。邮政运输的传统操作理论是接力式传送。航空快递公司则大多都采用中心分拨理论或称转盘分拨理论组织起全球的网络。简单来讲，就是快递公司根据自己业务的实际情况在中心地区设立分拨中心。各地收集起来的快件，按所到地区分拨完毕，装上飞机。当晚各地飞机飞到分拨中心，各自交换快件后飞回。第二天清晨，快件再由各地分公司用汽车送到收件人办公桌上。

这种方式看上去似乎不太合理，但由于中心分拨理论减少了中间环节，快件的流向简单、清楚，减少了错误，提高了操作效率，缩短了运送时间，被事实证明是经济、有效的。

（4）使用的单据不同。航空货运使用的是航空运单，邮政使用的是包裹单，航空快递业使用的是交付凭证。交付凭证一式四份。第一联留在始发地并用于出口报关；第二联贴附在货物表面，随货同行，收件人可以在此联签字表示收到货物（交付凭证由此得名），但通常快件的收件人在快递公司提供的送货记录上签字，而将此联保留；第三联作为快递公司内部结算的依据；第四联作为发件凭证留存发件人处。同时该联印有背面条款，一旦产生争议时可作为判定当事各方权益，解决争议的依据。

（5）航空快递的服务质量更高。航空快递的服务质量主要体现在：

① 速度更快。航空快递自诞生之日起就强调快速的服务，速度又被称为整个行业生存之本。一般洲际快件运送在1～5天内完成；地区内部只要1～3天。这样的传送速度无论是传统的航空货运业还是邮政运输都是很难达到的。

② 更加安全、可靠。因为在航空快递形式下，快件运送自始至终是在同一公司内部完成，各分公司操作规程相同，服务标准也基本相同，而且同一公司内部信息交流更加方便，对客户的高价值、易破损货物的保护也会更加妥帖，所以运输的安全性、可靠性也更好。与此相反，邮政运输和航空货运因为都涉及不止一位经营者，各方服务水平参差不齐，所以较容易出现货损、货差的现象。

③ 更方便。确切地说，航空快递不止涉及航空运输一种运输形式，它更像是陆空联运，通过将服务由机场延伸至客户的仓库、办公桌，真正实现了门到门服务，方便了客户。此外，航空快递公司对一般包裹代为清关，针对不断发展的电子网络技术又率先采用了EDI报关系统，为客户提供了更为便捷的网上服务。快递公司特有的全球性信息跟踪查询系统也为有特殊需求的客户带来了极大的便利。

当然，航空快递同样有自己的局限性。如快递服务所覆盖的范围就不如邮政运输广泛。国际邮政运输综合了各国的力量，可以这样说有人烟的地方就有邮政运输的足迹，但航空快递毕竟是靠某个跨国公司的一己之力，所以各快递公司的运送网络只能包括那些商业发达、对外交流多的地区。

（五）航空联运

航空联运方式主要是指陆空联运，包括火车、飞机和卡车的联合运输方式（TAT），还有火车、飞机的联合运输方式（TA）。

我国空运出口货物通常采用陆空联运方式。我国幅员辽阔，但国际航空港口岸主要设在北京、上海、广州等地。虽然省会城市和一些主要城市每天都有班机飞往上海、北京、广州，但班机所带货量有限，费用比较高。如果采用国内包机，费用更贵。因此在货量较大的情况下，往往采用陆运至航空口岸，再与国际航班衔接。由于汽车具有机动灵活的特点，在运送时间上更可掌握主动，因此一般都采用"TAT"方式组织出运。

我国长江以南的外运分公司目前办理陆空联运的具体做法是用火车、卡车或船将货物运至香港，然后利用香港航班多、到欧洲美国运价较低的条件，把货物从香港运到目的地，或运到中转地，再通过当地代理用卡车送到目的地。长江以北的公司多采用火车或卡车将货物送至北京、上海航空口岸出运的方式。

子任务三 国际航空货物运输的业务流程

一、国际航空货物运输的出口业务流程

国际货物运输的出口业务流程是指从托运人委托运输货物到航空承运人将货物装上飞机的货物流、信息流的运输组织与控制管理的全过程。

托运人采用委托航空运输代理人运输或直接委托航空公司运输两种方式。因此，国际货物运输的出口业务流程包括航空货物出口运输代理业务程序和航空公司出港货物的业务操作程序两个环节。

（一）航空货物出口运输代理业务程序

航空货物出口运输代理业务程序由以下若干环节构成：接受托运人委托运输；审核单证；接收货物；填制货运单；拴挂标签；预配、预订舱位；出口报关；出舱单提箱、装板；签单、交接发运；航班跟踪信息服务；费用结算。

（二）航空公司出港货物的操作程序

航空公司出港货物的操作程序是指自代理人将货物交给航空公司，直到货物装上飞机的整个业务操作流程。航空公司出港货物的操作程序分为以下主要环节：

（1）预审国际货物订舱单（CBA）。

（2）整理货物单据，主要包括已入库的大宗货物、现场收运的货物、中转的散货等三个方面的单据。

（3）货物过磅、入库。

（4）货物出港。对于货物出港环节，重点处理好制作货运舱单及转运舱单的业务。

① 货运舱单是每一架飞机所装载货物、邮件的运输凭证清单，是每一航班总申报单的附件，是向出境国、入境国海关申报飞机所载货邮情况的证明文件，也是承运人之间结算航空运费的重要凭证之一。

② 货物转港舱单由交运承运人填写，是货物交运承运人和货物接运承运人之间交接货物的重要运输凭证，也是承运人之间结算航空运费的重要凭证之一。

二、国际航空货物运输的进口业务流程

国际货物运输的进口业务流程就其流程的环节主要包含两大部分：航空公司进港货物的操作程序和航空货物进口运输代理业务程序。

（一）航空公司进港货物的操作程序

航空公司进港货物的操作程序是指从飞机到达目的地机场、承运人把货物卸下飞机直到交给代理人的整个操作流程，具体包括：

（1）进港航班预报。

（2）办理货物海关监管。

（3）分单业务，其中联程货运单交货物中转部门。

（4）核对货运单和运输舱单。

(5) 制作国际进口货物航班交接单。

(6) 货物交接。

(二) 航空货物进口运输代理业务程序

航空货物进口运输代理业务程序包括：代理预报；承接运单与货物；货物仓储；整理运单；发出到货通知；进口报关；收费与发货；送货上门及货物转运等业务内容，其中，对于交接运单与货物、收费与发货等业务，航空公司有关部门业务人员应重点做好下列工作：

(1) 交接运单与货物。航空公司的地面代理公司向货物代理公司交接的有国际货物交接清单、主货运单及随机文件、货物。

(2) 发放货物。

① 对于分批到达货物，待货物全部到齐后，方可通知货主提货。如果部分货物到达，货主要求提货，有关货运部门则收回原提货单，出具分批到达提货单，待后续货物到达后，再通知货主再次提取。

② 属于航空公司责任的破损、短缺，应由航空公司签发商务记录。

③ 属于货物运输代理公司责任的破损、短缺，应由该代理公司签发商务记录。

④ 对于属于货物运输代理公司责任的货物破损事项，应尽可能协同货主、商检单位立即在仓库做商品检验，确定货损程度，避免后续运输中加剧货物损坏程度。

(3) 收取费用。货物运输代理公司在发放货物前，应先将有关费用收齐。收费内容包括：

① 到付运费及垫付款。

② 单证、报关费。

③ 海关，动、植物检验、卫生检验报验等代收、代付费用。

④ 仓储费等。

子任务四　航空货物运输费用的计算

一、航空货物运输费用的构成

航空货物运输费用是在货物运输过程中产生的，承运人应当向托运人或者收货人收取的费用，一般包括航空运费、货物声明价值附加费以及货物地面运费、退运手续费、航空货运单费、到付运费手续费、特种货物处理费、保管费等。

(一) 航空运费

航空运费是指根据货物的计费重量和适用的货物运价计算得出的货物始发站机场至目的站机场之间的货物运输费用，不包括机场与市区之间、同一城市两个机场之间的地面运输费以及其他费用。

(二) 货物声明价值附加费

托运人办理货物声明价值时，应当在航空货运单上注明货物声明价值。如果国际货物每千克价值超过20美元或者国内货物每千克价值超过人民币20元，托运人应当按照规定向承运人支付货物声明价值附加费。

（三）其他费用

其他费用是指承运人可以收取的除航空运费、货物声明价值附加费以外的费用，包括货物地面运费、退运手续费、航空货运单费、到付运费手续费、特种货物处理费、保管费等。

（1）货物地面运费。货物地面运费是指承运人在机场与市区之间、同一城市两个机场之间运输货物的费用。航空运费仅限于货物始发站机场与目的站机场之间的货物运费，在某些情况下，托运人在市区托运货物或者收货人要求在市区提取货物，这就需要承运人将货物从市区运输到机场或者从机场运输到市区，托运人或者收货人应当支付由此产生的地面运费。

（2）到付运费手续费。到付运费手续费是指因提供货物运费到付服务而向收货人收取的手续费。

二、航空运费的计费重量

计费重量一般按实际重量和体积重量两者之中较高的一个计算。

（一）实际重量

实际重量是指一批货物包括包装在内的实际总重量。凡重量大而体积相对小的货物用实际重量作为计费重量。具体计算时，重量不足 0.5 千克按 0.5 千克计；0.5 千克以上不足 1 千克的按 1 千克计；不足 1 磅的按 0.453 6 千克计算。

（二）体积重量

对于体积大而重量相对小的货物轻泡货物一般取体积重量。

（1）不考虑货物的几何形状，分别量出货物的最长、最宽和最高部分的尺寸，单位厘米或英寸，把测量数值四舍五入。

（2）三者相乘计算出货物的体积尾数四舍五入。

（3）将货物体积折合成千克或磅。根据所使用的度量单位分别用体积值除以 6 000 立方厘米或 366 立方英寸，结果即为该货物的体积重量，即体积重量=货物最长×货物最宽×货物最高/6 000（或 366）。

（三）计费重量

在确定计费重量时，其原则是将实际重量和体积重量进行比较，把两者之中较高的一个作为计费重量。一般情况下，靠实际经验是可以判断出一批货物是属于轻货还是重货，但有疑义时，最好是实际重量和体积重量两者计算出后进行比较。例如，一批货物的实际重量是 43.8 千克，体积是 253 200 立方厘米，则其体积重量为 42.2 千克，货物的计费重量是 44 千克，而不是 42.2 千克。

三、航空货物运价分类及运价使用原则

（一）航空货物运价分类

按运价的制定方法，航空货物运价可分为协议运价和公布运价。

按运价的组成，航空货物运价可分为公布直达运价和非公布直达运价，其中，公布直达运价可按货物的性质进一步分为普通货物运价、指定商品运价、等级货物运价和集装货物运

价；非公布直达运价包括比例运价和分段相加运价。

（二）航空货物运价使用原则

航空货物运价的优先使用顺序为协议运价、公布直达运价、非公布直达运价。使用协议运价时，优先顺序为双边协议运价、多边协议运价。使用公布直达运价时，优先顺序为指定商品运价、等级运价、普通货物运价。使用非公布直达运价时，优先顺序为比例运价、分段相加运价。

航空货物运价应当采用填写航空货运单当日承运人公布的货物运价。货物运价的使用，必须按照货物运输的正方向，而不能反方向使用。使用货物运价时，还必须符合货物运价规则中提出的要求和规定的条件。

在使用航空货物运价时，应当按照"从低原则"计算航空运费，即当货物重量（货物毛重或者货物体积重量）接近某一个重量分界点的重量时，需要将根据该货物重量和对应的货物运价计算得出的航空运费与根据该重量分界点的重量和对应的货物运价计算得出的航空运费相比较，然后取其低者。

1. 普通货物运价率

普通货物运价又称一般普通货物运价率，它是为一般货物制定的，仅适用于计收一般普通货物的运价，是航空货物运输中使用最为广泛的一种运价。普通货物运价的数额随运输量的增加而降低，这也是航空运价的显著特点之一。

对于普通货物运价，通常针对所承运货物数量的不同，规定几个计费重量分界点。一般以45千克作为重量划分点，将货物分为45千克以下的货物和45千克以上的货物。45千克以下的货物运价被称为标准普通货物运价。

普通货物运费的计算方法：货物的计费重量乘以相应重量等级的运价所得的运费，与较高重量等级的起始重量乘以相应的运价所得的运费进行比较，取其低者。

例如，北京运往新加坡一箱水龙头接管，毛重35.6千克，计算其航空运费。公布运价如表2-26所示。

表2-26 所公布的运价

BEIJING		CN		BJS
Y. RENMINBI		CNY		KGS
SINGAPORE	SG		M	230.00
N	36.66			
45	27.50			
300	23.46			

解：（1）按实际重量计算。

Cross Weight：35.6kg

Chargeable Weight：36.0kg

Applicable Rate：GCR N36.66CHY/KG

Weight Charge：36.0×36.66=CNY1 319.76

（2）采用较高重量分界点的较低运价计算

Chargeable Weight：45.0kg

Applicable Rate：GCR Q 27.50CNY/KG

Weight Charge：27.5×45.0=CNY1 237.50

（1）与（2）比较，取运费较低者，即航空运费为 CNY1 237.50。

2. 货物等级运价率

（1）货物的等级运价是指适用于规定地区或地区间指定等级的货物所适用的运价。货物等级运价没有航空运输协会制定的运价表，而是由在一般货物 N 级运价基础上增减一定百分比的形式构成。货物的等级运价仅适用于国际航空运输协会一定的业务区内或业务区间运输的少数货物。

① 等级运价加价，运价代号"S"。运价是按 45 千克以下的普通货物的运价的 150%～200% 计收。

② 等级运价减价，运价代号"R"，运价是按 45 千克以下的普通货物运价的 50% 计收。

（2）等级货物运价计算注意事项：

① 运单填写。运价类别代号栏填写 R 或 S；重量栏填写 K 或 L；轻泡货物填体积尺寸；货品品名多于两个，填写总重量。

② 当运量较大时，若此重量分界点的普通货物运价低于 45 千克以下的普通货物运价的 50%，采用普通货物运价，运价类别代号栏应填写 N。无人押运行李的最低计费重量不得小于 10 千克。

再如从北京运往温哥华一只大熊猫，重量 400.0 千克，体积尺寸长×宽×高为 150×130×120（厘米），计算航空运费。公布运价如表 2-27 所示。

表 2-27 所公布的运价

BEIJING		CN		BJS
Y. RENMINBI		CNY		KGS
VANCOUVER	BC	CA	M	420.00
N	59.61			
45	45.68			
100	41.81			
300	38.79			
500	35.77			

解：查找活动物运价表，从北京运往温哥华，属于自三区运往一区加拿大，运价的构成形式是"150% of appl. GCR"。

运费计算如下。

（1）按查找的运价构成形式来计算：

Volume：$150×130×120=2\ 340\ 000\ cm^3$

Volume Weight：$2\ 340\ 000÷6\ 000=390.0\ kg$

Chargeable Weight：400.0 kg

Applicable Rate: S 150% of Applicable GCR

150%×38.79=58.185（CNY/kg） ≈58.19（CNY/kg）

Weight Charge: 400×58.19=CNY23 276.00

（2）由于计费重量已经接近下一个较高重量点 500 kg，用较高重量点的较低运价计算：

Chargeable Weight: 500.0 kg

Applicable Rate: S 150% of Applicable GCR

150%×35.77=53.655（CNY/kg） ≈53.66（CNY/kg）

Weight Charge: 500.0×53.66=CNY26 830.00

对比（1）与（2），取运费较低者，因此，运费为 CNY23 276.00。

3. 特种货物运价

特种货物运价计算注意事项：

（1）运单填写。运价类别代号栏填写 C；重量栏填写 K 或 L；轻泡货物填体积尺寸，货品品名多于两个，填写总重量。

（2）特种货物一般有最低计费重量限制；当运量较小时，若采用普通货物运价计算的运费小于按特种货物运价计算的运费，采用普通货物运价，运价类别代号栏应填写 N。

4. 比例运价

（1）比例运价的构成。在运价手册上公布的一种不能单独使用的运价附加数（add on amount），当货物的始发地至目的地无公布直达运价时，可采用此附加数与已知的公布直达运价相加，构成非公布直达运价，此运价就称为比例运价。

我们知道，指定运价主要依据是航空运输距离及航空运输成本，因此《TACT Rates》中不可能包括所有至世界各主要城市的直达运价。为了弥补这一缺陷，方便使用者自行构成直达运价，根据运价制定的原则，规定了一个运价的比例范围，只要是运输距离在同一个距离的比例范围内或者接近这个范围，就可以采用某一地点作为运价相加点，然后用相加点至始发地或目的地的公布运价与相加点至目的地或始发地的运价附加数相加，便可以构成全程直达运价。虽然始发地点不同，或者是目的地不同，但相加的运价附加数相同。例如，北京至美国长滩无公布的直达运价，但可以采用自纽约至长滩的运价附加数与北京至纽约的直达运价相加，构成北京至美国的全程比例运价。

（2）比例运价的分类。普通货物的比例运价，用"GCR"表示，只用于组成直达的普通货物运价；指定商品的比例运价，用"SCR"表示，只用于组成直达的指定商品运价；集装箱的比例运价，用"ULD"表示，只用于组成直达的集装箱设备运价。

（3）比例运价的使用规定：

① 比例运价只适用于国际货物运输，不适于国内货物运输。

② 采用比例运输时，必须遵守普通货物比例运价只能与普通货物运价相加、指定商品比例运价只能与指定商品运价相加、集装箱运价只能与集装箱运价相加的原则。

③ 采用比例运价构成直达运价时，直达运价可加在公布运价的两端，但每一端不能连加两个或者两个以上的比例运价。

④ 当始发地或目的地可以不同的运价组成点与比例运价相加组成不同的直达运价时，应采用最低运价。

⑤ 运价的构成不影响货物的运输路线。

例如，从上海运至亚历山大普通货物 15 千克，计算航空运费。其中，开罗—亚历山大运价附加数为 0.06EGP/千克。公布的航空运价如表 2-28 所示。

表 2-28　所公布的运价

SHANGHAI		CN		SHA
Y. RENMINBI		CNY		KGS
CAIRO	EGP		M	380.00
N	72.93			
45	62.06			

其中：1 美元=6.82 元　　1 美元=5.65 埃及磅　　0.06 埃及磅=0.07 元

解： 由于上海至亚历山大无公布的直达运价，可按比例运价组成的运价进行计算。

上海—亚历山大运价：N=72.93+0.07=73.00。

解：（1）按实际重量计算：

Chargeable Weight：15.0 kg

Applicable Rate：GCR N73.00CNY/KG

Weight Charge：15.0×73.00=CNY1 095.00

（2）采用较高重量分界点的较低运价计算：

Chargeable Weight：45.0 kg

Applicable Rate：GCR Q62.06CNY/KG

Weight Charge：45.0×62.06=CNY2 792.70

因此，上海至亚历山大的航空运费为 CNY1 095.00。

知识拓展

查阅以下资料：

1. 目前世界航空货运进出口业务的发展动态。
2. 查找航运表及有关运价表，并能正确填写托运单及分运单。

基本训练

1. 不适合于航空运输的货物有（　　）。
   A. 高附加值产品　　　　　　　　B. 时效性物品
   C. 对运价极具敏感度的物品　　　D. 对运价具有敏感度但能承受一定的运价的物品
2. 航空货运的运输旺季是（　　）月。
   A. 2、3、4　　　B. 5、6、7　　　C. 8、9、10　　　D. 11、12、1
3. 航空运输方式中最快捷方式是（　　）。
   A. 班机　　　　B. 集中托运　　　C. 包机　　　　D. 航空快递

4. 由航空公司签发的运单称为（　　）。
   A. 航空运单　　　　B. 主运单　　　　C. 辅运单　　　　D. 分运单
5. 下列包装标志中，要在货运单据上表示的是（　　）。
   A. 运输标志　　　　B. 指示性标志　　　C. 警告性标志　　　D. 条形码标志
6. 航空货物运输方式有哪些？
7. 直接运输与集中托运货物有什么区别？
8. 航空运单的性质和作用是什么？
9. 航空运单的种类有哪些？
10. 航空货物运输的计费重量是什么？

知识应用

航空货运地面代理越界拓展

《Air cargo world》2006年1月刊登了一篇关于航空货运地面代理的文章。文章中讲到，由于香港国际机场80%的货物来源于珠三角，所以香港空运货站有限公司正在大力加强跟珠三角的联系。从开行第一辆跨界的卡车后，香港空运货站有限公司突飞猛进，在过去的2005年里，开行了包括往返深圳、广州、东莞在内的7个城市的卡车航班。

事实上，不光是香港，2006年第一季度以来，大批空运的地面代理越来越多地开始越界服务，并试图在供应链上重新界定自己的角色。这些地面代理，有的走向了国际，有的找到了新道路，切入到托运和货运代理业务，作为航空公司在机场—机场服务方面的延伸。

"超级中国干线"越界远行

香港空运货站有限公司曾获香港服务业创意大奖的"超级中国干线"。

香港空运货站有限公司自1976年开始营运。2000年8月，首条"超级中国干线"在广州白云机场开通，并开始在珠三角各地设立货物收发中心。随后"超级中国干线"又先后在深圳宝安机场、广州保税区、深圳福田保税区、厦门、福州、东莞虎门宏业码头等地设立了收货中心，其中在珠三角地区就分布了五条"超级干线"。此外，二级收发点覆盖了珠三角地区57个目的地。

通过这条干线，发往广州、深圳、东莞的货物从始发港抵达香港机场后，即可进入干线货站，直接运到当地的货柜码头或保税区。收货人就可以凭一张目的地为当地的空运货运提单，在本地完成各种报关手续。此前海外货品到达香港后，必须经过一系列烦琐程序。有报道称，"由于整合了多个报关环节，货运物流成本比传统的跨境运输模式降低了20%，时间最多可节约近一个星期。"

由于这种便利，"超级中国干线"业务拓展顺利。2005年珠三角地区通过"超级中国干线"进出香港机场的货物量就达2万多吨，现在每天都有超过两部干线货车往返香港机场与深圳机场之间，这还不包括深圳机场快件中心的快件货车。在这项业务推动下，香港空运货站2005年处理货量约243万吨，较上年增长7.5%，创历史最高纪录。

香港空运货站有限公司确实显示他们眼光的超前：香港空运货站有限公司能够提供拆散货物、对单体货物重新添加标签的工作，同时可以在越界卡车运输中提供通关服务。而之前这些工作通常由货运代理或关务代理来操作。

由此可以清晰地看出，香港空运货站有限公司已经在供应链上重新界定自己的角色，不仅仅服务于香港新机场的航空公司和货运代理商还拓展下行到珠三角与各地机场、货运代理公司。

航空公司+地面代理是个不错的选择

服务范围的扩大，使地面操作代理一定程度上成为"收件人"。这源于航空公司希望和他们一道提高绩效和服务水平，从而控制整个航空供应链。

航空货运市场主要存在八类主要的参与者（货主→物流外包商→货运代理→机场/货运站→航空公司→机场/货运站→代理公司/货运代理→收货人）。航空货代公司目前在市场竞争中占主导地位。

货运代理方面所承担的作用主要是集中零散的货源、处理运输单证、预付航空运费并向货主收款、地面收货、暂时存储货物以及寻找合适的航空公司承运。在整个航空货运过程中，货运代理几乎是货主唯一的接触点，它依靠其代理多家航空公司航线的优势，能够获得较好的运价；但由于其无法参与航空承运、机场操作，特别是目的地服务的不完善，其服务质量无法得到有效保证。

航空公司则主要从事航线经营，负责货物从机场到机场的空中运输以及单证审核工作。由于航空公司无法与货主接触，在货物进入始发机场以前的操作都是由货运代理负责，其服务质量由受货运代理影响。因为航空公司并不一定都建有自己的货站，其货物的处理将会受到机场处理效率的影响。加之在中转站处理时，由于一家航空公司的航线覆盖面不广，可能会以其他航空公司作为下一程的航空承运，则下一程的服务将受到其他航空公司的影响。此外，在目的地，由于航空公司一般不具有地面派送能力，在货物送达收货人的服务方面也将受到其他公司的影响。所以即使承运费是航空运费中最大的一块，但航空货运商对整体货运成本和货运时间的控制能力也相当薄弱。

在航空货运的价值链中机场/货运站会出现两次，但两次承担的作用大不相同。第一次（在航空公司前）机场/货运站同时具备货运代理职能，从事单证审核、安全检验、货物暂时储存，货舱配载、货舱装卸等职能。第二次机场/货运站承担的作用主要在于货舱装卸、货物入港检验、单证审核、货物暂时储存及通知收货人或者代理公司提货等相关事务上，主要是地面代理进行的工作。

为了解决众多瓶颈和不透明环节，加之出现庞大的价值链，如何下行抓到最终用户则成为一道不可回避的问题。从这个角度看，航空公司+地面代理也许是一个不错的选择。

地面代理逐渐向巨头时代过渡

正因为如此，尽管目前航空公司还面临着沉重的财务压力，但是它们看待地面代理的眼光已经从单纯的降低成本到低成本开支和附加服务的混合体转化了。

航空公司的当地经理或区域经理独自挑选地面代理的日子一去不复返了，现在航空公司的服务采购团队的专业能力加强了，他们在选择合作伙伴的时候也更加具有职业眼光。

从2003—2005年的变化来看，地面代理方面的选择已经越来越向战略合作伙伴的单一采购方向发展。第三方的地面代理占到的份额在三年间提高了14个百分点。

受此影响，地面代理逐渐向巨头时代过渡。最直接的例证是，机场运营成为资本市场的宠儿。

除了大规模的并购，对于地面代理的投资也络绎不绝。亚洲空运中心有限公司就耗

17.5亿港元兴建第二座货运站，新货运站处理能力为91万吨。

在海运业纵横捭阖的中国海运总公司2005年也被媒体爆出在与扬子江快运航空有限公司接洽，计划建立一个地面代理公司与扬子江快运合作，但之后，没有继续深入下去。不过扬子江快运现在仍寻找投资者，要组建一个叫做扬子江地面服务的公司来运作这块业务。

IT系统的支持

不得不承认，除了航空公司的期望，地面服务范围的扩大也源于IT系统投资的加强。

以香港空运货站有限公司为例。该公司采用Citrix提供的远程接入方案，员工可以在任何地方通过各种电脑设备实时有效地连接公司的核心应用方案，而且深圳及广州办事处的员工亦可连接至企业网络，从而一举提高了整个公司的效率。

同时，香港空运货站也在电脑中开发一种决策支持系统和移动手提装置，使客户服务代表能够通过移动手提终端全程监控货物装卸、接收和交付的过程。当卡车在货车停泊位的等待时间即将超过服务标准时，香港空运货站的员工就会警觉起来，并积极联系那位卡车司机。有了移动信息的支持，香港空运货站能够立刻察觉到服务滞后的问题，并及时进行解决。

思考题

1. 航空公司发展航运代理业务的主要做法有哪些？
2. 香港空运货站有限公司的"超级中国干线"的内涵是什么？
3. 结合案例分析说明中国发展航空货运代理业务应吸取哪些成功经验？

任务五　管道运输业务

任务描述

管道运输是用管道作为运输工具的一种长距离输送液体和气体物资的运输方式，是一种专门由生产地向市场输送石油、煤和化学产品的运输方式，是统一运输网中干线运输的特殊组成部分。管道运输不仅运输量大、连续、迅速、经济、安全、可靠、平稳以及投资少、占地少、费用低，并可实现自动控制。除广泛用于石油、天然气的长距离运输外，还可运输矿石、煤炭、建材、化学品和粮食等。2007年，中国已建油气管道的总长度约6万千米，其中原油管道1.7万千米，成品油管道1.2万千米，天然气管道3.1万千米。中国已逐渐形成了跨区域的油气管网供应格局。随着中国石油企业"走出去"战略的实施，中国石油企业在海外的合作区块和油气产量不断增加，海外份额油田或合作区块的外输原油管道也得到了发展。

任务分析

本项目要求掌握管道运输的概念、特点以及管道运输的优缺点；掌握输油管道、天然气管道、固体料浆管道运输系统的分类及其基本组成，输油（气）工艺的一般原理；掌握管道生产管理的基本内容和要求。查阅资料判断我国管道运输的发展状况、发展背景和发展方向等。

概念点击

管道运输、管道生产管理

任务实施

子任务一　管道运输系统及工作原理

一、输油管道系统及工作原理

长距离输油管道由输油站和管线两大部分组成。

输油站包括首站、末站、中间泵站等。输油管道的起点称为首站，沿途设有泵站，末站接受输油管道送来的全部油品，供给用户或以其他方式转运，故末站有较多的油罐和准确的计量装置。

输油管道的路线（即管线）部分包括管道，沿线阀室，穿越江河、山谷等的设施和管道阴极防腐保护设施等。为保证长距离输油管道的正常运营，还设有供电和通信设施。

输送轻质油或低凝点原油的管道不需加热，油品经一定距离后，管内油温等于管线深埋处的地温，这种管道称为等温输油管，它无需考虑管内油流与周围介质的热交换。易凝、高黏油品不能采用这种方法输送，因为当油品黏度极高或其凝固点远高于管道周围的环境温度时，每千米管道的压降将高达几个甚至几十个大气压，这种情况下，加热输送是最有效的办法。因此，热油输送管道不仅要考虑摩阻的损失，还要考虑散热损失，输送工艺更为复杂。

二、天然气管道

（一）输气管道的组成

输气管道系统主要由矿场集气网，干线输气管道（网），城市配气管道以及与此相关的站、场等设备组成。这些设备从气田的井口装置开始，经矿场集气、净化及干线输送，再经配气网送到用户，形成一个统一的、密闭的输气系统。主要由以下部分组成：井口装置；集气支线；集气站；集气总站；集气干线；气体处理厂；压缩机首站；输气干线；截断阀；压缩机中间站；输气支线；穿（跨）越；储气库；城市配气阀门；配气站；压缩机末站。

（二）输气管道运输设备及工作原理

1. 矿场集气

集气过程从井口开始，经分离、计量、调压、净化和集中等一系列过程，到向干线输送为止。集气设备包括井场、集气管道、集气站、天然气处理厂、外输总站等。

一般气田的集气有单井集气和多井集气两种流程。单井集气方式下的每一井场除采气树外，还有一套独立完整的节流（加热）、调压、分离、计量等工艺设施和仪表设备。多井集气方式下，井场只有采气树。气体经初步减压后送到集气站，每一个集气站可汇集不超过 10 口井的气体。集气站将气体通过集气管网集中于总站，外输至净化厂或干线。多井集气处理的气体质量好，劳动生产效率高，易于实现管理自动化，多用于气田大规模开发阶段。

单井集气与多井集气都可以采用树枝形或环形集气管网。环形管网可靠性好，但投资较大。由于井气井口压力较高，集气管道工作压力一般可达 100 万帕斯卡以上。

2. 输气站

输气站又称压力站，核心设备是压气机和压气机车间。其任务是对气体进行调压、计量、净化、加压和冷却，使气体按要求沿着管道向前流动。由于长距离输气需要不断供给压力，故沿途每隔一段距离（一般为 110~150 千米）设置一座中间压气站（或称压缩机站）。首站是第一个压气站，当地压层压力大至可将气体送到第二站时，首站也可以不设压缩机车间。第二站开始称为压气站，最后一站即干线网的终点：城市配送站。

压气站也可按作用分为压气站、调压计量站、储气库两类。调压计量站设在输气管道的分输处或末站，其作用是调节气体压力、测量气体流量，为城市配送气系统分配气量并分输到储气库；储气库则设于管道沿线或终点，用于解决管道均称输气和气体消费的昼夜及季节不均称问题。压气站站址的选择要求地面平坦，有缓坡可排水，土壤承载能力不低于 0.12 百万帕斯卡，土壤干燥，站址尽量靠近已有的道路系统和居民区以减少建筑费用、便于安排职工生活。

3. 干线输气

干线是指从矿场附近的输气首站开始到终点配气站为止。

由于输气管道输送的介质是可压缩的，其输气与流速、压力有关。压缩机站与管路是一个统一的动力系统。压缩机的出站压力就是该站所属管路的起点压力，终点压力为下一个压缩机站的进站压力。一般地，输气管线可以有一个或多个压缩机站。

4. 城市配气

城市配气指从配气站即干线终点开始，通过各级配送气管网和气体调压所直接向用户供气的过程。配气站是干线的终点，也是城市配气的起点与枢纽。气体在配气站内经过分离、调压、计量和添加后输入城市配气管网。

城市配气管网的形式可以分为树枝形和环形两类，按压力则可分为高压、次高压、中压和低压四级。由于不同级别的管网上管道等级设施的强度不同，上一级压力的管网必须调压才能输向下一级管网，所以城市一般均设有储气库，可调节输气与供气间的不平衡，如当输气量大于城市供气量时，储气库储存气体，否则输出气体。

5. 如何增加输气管道输气能力

输气管道在实际运用过程中常需要进行扩建或改造，目的在于提高输气能力并降低能耗。当输气管最高工作压力达到管道强度所允许的最大值后，可用倍增压气站、铺设副管两种方式来提高输气能力。前者需要扩建原有压气站、增加并联机组；后者是通过在站间增建新的压力站、减少站间管路长度，从而达到提高输气管通过能力的目的。一般地，一定直径的输气管道有其合理的输量范围，超过该范围时，铺设两条管线比一条更经济。

三、料浆管道输送系统及工作原理

用管道输送各种固体物质的基本措施是将待输送固体物质破碎为粉粒状，再与适量的液体配置成可泵送的浆液，通过长输送管道送这些浆液到目的地，再将固体与液体分离送给用户。目前浆液管道主要用于输送煤、铁矿石、磷矿石、铜矿石、铝矾土和石灰石等矿物，配制浆液的主要是水，还有少数采用燃料油或甲醇等液体。

料浆管道的基本组成部分与输气管道大致相同，但是还有一些制浆、脱水干燥设备。以煤浆管道为例，整个系统包括煤水供应系统、制浆厂、干线管道、中间加压泵站、终点脱水与干燥装置。这也可以分为三个不同的组织部分：浆液制备厂、输送管道、浆液处理系统。

（一）料浆制备系统

以煤为例，煤浆制备过程包括洗煤、选煤、破碎、场内运输、浆化、储存等环节。为清除煤中所含硫及其他矿物杂质，一般要采用淘汰、浮选法对煤进行精选，也可采用化学法或细菌生物法。

从煤堆场用皮带输送机将煤浆送至储仓后，经振动筛粗选后入球磨机进行初步破碎，再经第二级震动筛选分后进入第二级棒磨机掺水细磨，所得粗浆液经入储浆槽，由提升泵送至安全筛筛分，最后进入稠浆储罐。在进行管输前，为保证颗粒级配合浓度符合质量要求，可以在试验环管进行检验，不合格者可返回储罐重新处理。

煤浆管道首站一般与制浆厂合在一起，首站的增压泵从外输罐中抽出浆液，经加压后送入干线。

（二）中间泵站

中间泵站的任务是为煤浆补充压力能。停运时则提供清水冲洗管道。输送煤浆的泵也可以为容积式与分离式两种，其特性差异与输油泵大致相同。泵的选用要结合管径、壁厚、输量、泵站等因素综合考虑。

为了减少浆液对活塞泵缸体、活塞杆、密塞杆、密封圈的磨蚀，国外研制了一种油隔离泵，可以避免浆液进入活塞缸内，活塞只对隔离油加压并通过它将压力传给浆液。

（三）后处理系统

煤浆的后处理系统包括脱水、储存等部分。管输煤浆可脱水储存，也可直接储存。脱水的关键是控制煤表面的含水量，一般应保证7%~11%的含水量。

浆液先进入受浆罐或储存池，然后再用泵输送到振动筛中区分为粗、细浆液。粗浆液进入离心脱水机，脱水后的煤粒可直接输送给用户，排出的废液输入浓缩池与细粒浆液一起，经浓缩后再经压滤机压滤脱水，最后输送给用户。影响脱水的主要因素有浆液温度与细颗粒含量。

由于管道中流动的浆液是固体、液体两相的混合物，输送过程除了要保证稳定流动外，还要考虑其沉淀的可能，尤其是在流速降低情况下。不同流速、不同固体粒和不同浓度的条件下，浆液管道中可能出现均匀质流、半均匀质流、非均匀质流三种流态。非均匀质流浓度分布不均，可能会出现沉淀，其摩阻高，输送费用大。

子任务二　管道输油设备

管道输油工艺是根据油品性质和输量，确定输送方法和流程、输油站类型与位置，选择管材和主要设备，制定运行方案和输量调节等工作任务的方法。管道输油的主要设备如下。

一、离心泵

泵是一种将机械能（或其他能）转化为液体能的水力机械，它也是国内外输油管线广泛采用的原动力设备，是输油管线的心脏。泵的种类较多，按工作原理，可将其分为叶片式泵（如离心泵、轴流泵等）、容积式泵（齿轮泵、螺杆泵等）和其他类型泵（如射流泵、轴流泵等）三类。大型的输油泵可采用多级离心泵串联工作，每级的扬程可高达500~600米。

离心泵的种类也很多，如按泵轴位置可以分为卧式泵、立式泵；按叶轮级数可分为单级泵和多级泵；按压力可分为低压泵和高压泵；按用途可分为井用泵、电站用泵、化工用泵、油泵等。

当泵内出现液体时，叶轮旋转产生离心力，叶轮槽内的液体因此被甩向外围而流进泵内，使叶轮中心压力降低并低于水池液面压力，液体在此压力差下由吸入池流进泵内，通过泵的不断吸入和压出，完成液体输送。

从结构上看，离心泵由吸入机构、过流部件、倒流机构、密封部件、平衡部件、支承部件及辅助机构等部分组成。吸入机构和倒流机构组成泵壳；过流部件的轴、叶轮、轴套及轴上的部件组成了泵的转子部分。

蜗壳式泵体与泵盖组成泵壳，它是液体的导入机构。蜗壳应有足够的强度和刚度，流道的铸造要光洁，连接处不能有错缝。这种泵壳的导流机构中，液体流断面是由小到大呈螺旋形，故称蜗壳式。壳体的上半部称泵体，下半部称泵盖。

对转子部分来说，其关键是要减少振动，保证转子平衡。一般平衡轴向力的机构和机械密封的组合件等均套装在轴上。有不平衡重量产生的离心力不应超过转子的2%~3%。叶轮除考虑机械强度外，还要考虑耐磨和耐腐蚀性能。

离心泵应具有良好的密封性能。包括转子轴伸部分与固定壳体间的密封（也称轴端密封）和泵内高低压腔的密封。

二、输油泵站

输油泵站的基本任务是供给油流一定能量（压力或热能），将油品输送到终点站（末站）。输油泵站包括生产区和生活区两部分，生产区又可分为主要作业区和辅助作业区。主要作业区的设备或设施包括输油泵房、总阀室、清管器收发装置、计量间、油罐区、油品预处理装置（多设于首站）、加热炉或换热器组等；辅助作业区包括供电系统、供热系统、供水系统、排污与净化系统、车间与材料库、机修间、调度及监控中心、油品化验室与微波通信设备等。生活区指供泵站工作人员及家属居住用的设备，新建管道时，一般采取在条件较好的地区集中建设生活区的做法，输油站一般只设单身宿舍。

三、输油加热炉

在原油输送过程中对原油采用加热输送的目的是使原油温度升高，防止输送过程中原油凝结，减少结蜡，降低动能损耗。通常采用加热炉为原油提供热能。

加热炉一般有四个部分组成，即辐射室（炉膛）、对流室、烟囱和燃烧设备；加热方法有直接加热和间接加热两种方式。直接加热方法是使原油在加热炉管内直接加热，即低温原油先经过对流室炉管被加热，再经辐射室炉管被加热到所需要温度。直接加热炉的工作流程是：燃烧器（火咀）→辐射室→对流室→烟囱。

目前我国使用较多的是管式加热炉，它操作方便，成本低，可以连续、大量地加热原油（重质油），得到了广泛应用。管式加热炉有多种炉型，如石油行业早期使用的、较为简单的箱式炉（方箱炉）以及斜顶炉、立式炉、圆筒炉、间接加热炉等。箱式炉结构简单、操作容易、取材方便，但占地大、施工期较长、效率较低。斜顶炉有单斜顶和双斜顶之分，它为弥补方箱炉炉膛中气体充满不佳的缺陷而将炉顶改为倾斜方向，改善了箱式炉炉内受热不均的问题。圆筒炉是输油管道上常用的另一种加热炉，有卧式和立式两种，其结构较紧凑，可减少占地面积和钢材耗用量，且烟气由下向上，流向合理，热效率较高，但不适合野外分散的施工作业，多在炼油厂使用。

除上述直接加热炉以外，还有一类间接加热炉，也称热煤炉，它利用某种中间载体（也称热媒）通过换热器加热原油品（原油）。间接加热炉的优点是安全、可靠，缺点是系统复杂，不宜操作，造价亦较高。

子任务三　管道生产管理

在管道运行过程中，要利用技术手段对管道运输实行统一的指挥和调度，以保证管道在最优化状态下长期安全而平稳地运行，从而获得最佳的经济效益。管道生产管理包括管道输送计划管理、管道输送技术管理、管道输送设备管理和管道线路管理。前两者又合称为管道运行管理，它是生产管理的中心。

一、管道输送计划管理

根据管道所承担的运输任务和管道设备状况编制合理的运行计划，以便有计划地进行生产。管道输送计划管理首先是编制管道输送的年度计划，根据年度计划安排管道输送的月计划、批次计划、周期计划等。然后根据这些计划安排管道全线的运行计划，编制管道站、库的输入和输出计划以及分输或配气计划。另一方面，根据输送任务和管道设备状况，编制设备维护检修计划和辅助系统作业计划。

二、管道输送技术管理

根据管道输送的货物特性，确定输送方式、工艺流程和管道运行的基本参数等，以实现管道生产最优化。管道输送技术管理的内容包括随时检测管道运行状况参数，分析输送条件的变化，采取各种适当的控制和调节措施调整运行参数，以充分发挥输送设备的效能，尽可能地减少能耗。对输送过程中出现的技术问题，要随时予以解决或提出来研究。管道输送技术管理和管道输送计划管理都是通过管道的日常调度工作来实现的。

三、管道输送设备管理

对管道站、库的设备进行维护和修理，以保证管道的正常运行。管理的内容主要包括：
（1）对设备状况进行分级，并进行登记。
（2）记录各种设备的运行状况。
（3）制订设备日常维修和大修计划。

(4) 改造和更新陈旧、低效能的设备。
(5) 保养在线设备。

四、管道线路管理

对管道线路进行管理,以防止线路受到自然灾害或其他因素的破坏。管理内容主要包括:

(1) 日常的巡线检查。
(2) 线路构筑物和穿越、跨越工程设施的维修。
(3) 管道防腐层的检漏和维修。
(4) 管道的渗漏检查和维修。
(5) 清管作业和管道沿线的放气、排液作业。
(6) 管道线路设备的改造和更换。
(7) 管道线路的抗震管理。
(8) 管道紧急抢修工程的组织等。

五、技术手段

管道运输线路长,站、库多;输送的货物易燃、易爆、易凝或易沉淀,且在较高的输送压力下连续运行。因此,就要求管道生产管理具有各种可行的技术手段,主要有管道监控、管道流体计量、管道通信。管道监控是利用仪表和信息传输技术测试全线各站、库和线路上各测点的运行工况参数,作为就地控制的依据,或输给控制室作为对全线运行工况进行监视和管理的依据。将收集到的运行工况参数,经分析、判断后,下达调度指令,调节或改变运行工艺。管道流体计量是为管道管理提供输量和油、气质量的基本参数,是履行油品交接、转运和气体调配所必需的。管道通信是管道全系统利用通信系统交流情况,传递各种参数信息,下达调度指令,实现监控。通信系统对管道管理水平的提高起着重要的保证作用。通信线路有明线载波、微波、甚高频和特高频等,作为电话、电传打字及监控信号等的常用信道。为确保通信的可靠性,常用一种以上信道,有的管道用微波或同轴电缆做主要通信手段,而以甚高频、特高频做辅助通信手段。有的管道还用通信卫星做备用手段。海洋管道多用电离层散射等进行站间或管道全系统通信。

知识拓展

科洛尼尔成品油管道

科洛尼尔成品油管道是目前世界上最长、管径最大和输送量最大的成品油管道系统。这一管道于1963年投产。管道起点在美国得克萨斯州的休斯敦,终点在新泽西州的林登,开始投产时干线总长2 465千米。后经多次扩建,至1980年年底管道干线总长4 613千米,支线总长3 800千米。干线管道的管径有1 000毫米(945千米)、900毫米(3 117千米)、800毫米(238千米)和750毫米(313千米)四种。支线管径有150毫米、200毫米、550毫米三种。这一管道系统把美国南部墨西哥湾沿海地区的许多炼油厂生产的成品油输往美国东南部和东部近10个州的工业地区，其中约有50%的输量输送到纽约港。

这一管道投产时，输油能力大约为3 500万吨/年（75万桶/日）。管道干线上建有24座电力驱动泵站和3座燃气轮机驱动泵站，总装机容量为26.1万马力；从4个地区接受油品，向沿途55处交付油品。经历年扩建，科洛尼尔管道输油能力不断提高，1980年达1亿吨以上。干线泵站增至87座，支线有泵站63座，总装机容量137万多马力，总的储罐容量为428万立方米。整个管道系统联系着10个大的接油点和280多个交油点，输送的油品有汽油、煤油、柴油等100多个牌号和品级的轻质油品。输送方式采用油品顺序输送。一种油品的交运批量规定不少于4 000立方米，一组油品的循环周期为10天。输送顺序已基本定型为：优质汽油—常规汽油—透平燃料—煤油—柴油—不含铅汽油（以后为反向顺序）。

科洛尼尔成品油管道系统，从输油之前的编排输油计划，到中间各站的进出油分输，一直到最后分输交付油品，都是通过电子计算机实现集中管理的。

基本训练

1. 管道在我国是既古老又年轻的一种运输方式，我国古代劳动人民创造了用竹管输送（   ）的方法。

    A. 水　　　　　B. 天然气　　　　C. 卤水　　　　D. 煤炭

2. 管道运输的优点有（   ）。

    A. 因为基本上没有可动部分，所以维修方便，费用低

    B. 因为可以连续不断地进行输送，所以效率高，并可以大量输送

    C. 管道一般埋在地下，节省人力和土地

    D. 事故较少、比较安全，对环境污染少

    E. 管道运输路线一般是固定的，管道设施的一次性投资也较大

3. 西气东输工程主干管道全长（   ）千米左右，输气规模设计为年输商品气120亿立方米，建成后将成为我国第一条大口径、长距离、高压力、多级加压、采用先进钢材并横跨长江下游宽阔江面的现代化、世界级的天然气干线管道。

    A. 4 000　　　B. 6 000　　　C. 2 000　　　D. 3 000

4. 对管道站、库的设备进行维护和修理，以保证管道的正常运行，管理的内容主要包括（   ）。

    A. 对设备状况进行分级，并进行登记

    B. 记录各种设备的运行状况

    C. 制订设备日常维修和大修计划

    D. 改造和更新陈旧、低效能的设备

    E. 保养在线设备

5. 简述管道运输的概念及特点？

6. 管道运输的生产管理包括哪几方面？

西气东输工程

西气东输工程是"十五"期间国家安排建设的特大型基础设施，总投资预计超过1 400亿元，其主要任务是将新疆塔里木盆地的天然气送往豫皖江浙沪地区，沿线经过新疆、甘肃、宁夏、陕西、山西、河南、安徽、江苏、上海、浙江十个省市区。西气东输工程包括塔里木盆地天然气资源勘探开发、塔里木至上海天然气长输管道建设以及下游天然气利用配套设施建设。

我国西部地区的塔里木、柴达木、陕甘宁和四川盆地蕴藏着26万亿立方米的天然气资源，约占全国陆上天然气资源的87%。特别是新疆塔里木盆地，天然气资源量有8万多亿立方米，占全国天然气资源总量的22%。塔里木北部的库车地区的天然气资源量有2万多亿立方米，是塔里木盆地中天然气资源最富集的地区，具有形成世界级大气区的开发潜力。塔里木盆地天然气的发现，使我国成为继俄罗斯、卡塔尔、沙特阿拉伯等国之后的天然气大国。2000年2月国务院第一次会议批准启动"西气东输"工程，这是仅次于长江三峡工程的又一重大投资项目，是拉开西部大开发序幕的标志性建设工程。

"西气东输"，线路全长约4 200千米，投资规模1 400多亿元，是目前我国距离最长、口径最大的输气管道。该管道直径1 016毫米，设计压力为10兆帕，年设计输量120亿立方米；全线采用自动化控制，供气范围覆盖中原、华东地区。西起新疆塔里木轮南油气田，向东经过库尔勒、吐鲁番、鄯善、哈密、柳园、酒泉、张掖、武威、兰州、定西、西安、洛阳、信阳、合肥、南京、常州等大中城市，终点为上海。东西横贯新疆、甘肃、宁夏、陕西、山西、河南、安徽、江苏、上海等9个省市自治区，全长4 200千米。它西起塔里木盆地的轮南，起点是塔北油田，东至上海。

"西气东输"管道工程，采取干支结合、配套建设方式进行，管道输气规模设计为每年120亿立方米，是中国目前距离最长、管径最大、投资最多、输气量最大、施工条件最复杂的天然气管道。实施西气东输工程，有利于促进我国能源结构和产业结构调整，带动东、西部地区经济共同发展，改善长江三角洲及管道沿线地区人民生活质量，有效治理大气污染。这一项目的实施，为西部大开发、将西部地区的资源优势变为经济优势创造了条件，对推动和加快新疆及西部地区的经济发展具有重大的战略意义。

西气东输一线工程

西气东输一线工程于2002年7月正式开工，2004年10月1日全线建成投产。主干线西起新疆塔里木油田轮南油气田，向东经过库尔勒、吐鲁番、鄯善、哈密、柳园、酒泉、张掖、武威、兰州、定西、西安、洛阳、信阳、合肥、南京、常州等大中城市，东西横贯9个省市自治区，全长4 200千米。最终到达上海市白鹤镇，是我国自行设计、建设的第一条世界级天然气管道工程，是国务院决策的西部大开发的标志性工程。

西气东输二线工程

西气东输二线管道西起新疆的霍尔果斯，经西安、南昌，南下广州，东至上海，途经新疆、甘肃、宁夏、陕西、河南、安徽、湖北、湖南、江西、广西、广东、浙江和上海13个省市自治区。干线全长4 859千米，加上若干条支线，管道总长度超过7 000千米。

从新疆至上海的西气东输一线管道2004年建成投产，年供气能力迄今已逾120亿立方米。西气东输二线管道将开辟第二供气通道，增强供气的安全性和可靠性。

西气东输二线管道主供气源为引进土库曼斯坦、哈萨克斯坦等中亚国家的天然气，国内气源作为备用和补充气源。中国石油 2013 年 7 月与土库曼斯坦签署协议，将通过已经启动的中亚天然气管道，每年引进 300 亿立方米天然气，在霍尔果斯进入西气东输二线管道。

西气东输二线管道是确保国家油气供应安全的重大骨干工程。它将中亚天然气与我国经济最发达的珠三角和长三角地区相连，同时实现塔里木、准噶尔、吐哈和鄂尔多斯盆地天然气资源联网，有利于改善我国能源结构，保障天然气供应，促进节能减排，推动国际能源合作互利共赢，意义重大。

我国能源发展"十一五"规划提出，天然气占一次能源消费总量的比例将在 5 年内提高 2.5 个百分点，到 2010 年达到 5.3%。据中国石油专家测算，西气东输二线管道建成后，可将我国天然气消费比例提高 1 至 2 个百分点。这些天然气每年可替代 7 680 万吨煤炭，减少二氧化硫排放 166 万吨、二氧化碳排放 1.5 亿吨。

西气东输三期工程

规划中的第三条天然气管道，路线基本确定为从新疆通过江西抵达福建，把俄罗斯和中国西北部的天然气输往能源需求量庞大的长江三角洲和珠江三角洲地区。

思考题

西气东输工程的开通对我国政治、经济、民生等方面意义？

任务六　国际多式联运

任务描述

浙江省金华服装公司（以下简称发货人）将装载布料的 8 个集装箱委托一家国际货运代理公司（以下简称货代）由顺德通过公路托运到香港装船去西雅图港，集装箱在西雅图港卸船后再通过铁路运抵交货地（底特律）。该批出口布料由货代出具全程提单，提单记载：装船港香港、卸船港西雅图，交货地底特律，运输交款 CY-CY，提单同时记载"由货主装载，计数"批注。集装箱在西雅图港卸船时，8 个集装箱中有 4 个外表状况有较严重破损，货代在西雅图港的代理与船方代理对此破损做了记录，并由双方在破损记录上共同签署。8 个集装箱在运抵底特律后，收货人开箱时发现外表有破损的 4 个集装箱内布料已经严重受损，另 2 个集装箱尽管箱子外表状况良好，但箱内布料也有不同程度受损。

任务分析

本次任务是认识国际多式联运的运输方式，按照国际多式联运的业务流程顺利实现运输。通过本次任务使学生能够熟知国际多式联运的优势，掌握国际多式联运的业务流程和多种组织形式，正确使用国际多式联运运单，具备初步开展多式联运运输组织的能力。

概念点击

国际多式联运、西伯利亚大陆桥、北美大陆桥、新亚欧大陆桥、小陆桥运输、微陆桥运输、国际多式联运单证

任务实施

子任务一　国际多式联运基础知识

一、国际多式联运

国际多式联运是在集装箱运输的基础上发展起来的新型运输方式。国际集装箱运输是一种先进的现代化运输方式。与传统的件杂货运输相比，具有运输效率高、经济效益好及服务质量优等特点。尤其是经过近几十年的发展，随着集装箱运输技术的日臻完善，到20世纪80年代集装箱运输已经进入国际多式联运时代。

国际多式联运通常以集装箱为运输单元，将不同的运输方式有机地组合起来，构成一种连续的综合性一体化货物运输。因此国际多式联运通常被称之为国际集装箱多式联运。

联合国为了适应并促进国际贸易和运输的顺利发展，于1980年5月8日至10日在日内瓦召开的国际多式联运公约会议上，经与会84个贸发会议成员国一致讨论通过，并产生了当今世界上第一个国际多式联运公约，其全称为《联合国国际货物多式联运公约》（以下简称《公约》）。《公约》的总则部分第一条对国际多式联运作了如下的定义，即"国际多式联运是按照多式联运合同，以至少两种不同的运输方式，由多式联运经营人将货物从一国境内接受货物的地点运至另一国境内指定交付货物的地点。"

根据这个定义，构成国际多式联运需要具备以下六个条件：

（1）必须要有一个多式联运合同，明确规定多式联运经营人（承运人）和托运人之间的权利、义务、责任、豁免的合同关系和多式联运的性质。多式联运经营人根据合同规定，负责完成或组织完成货物的全程运输并一次收取全程运费。所以，多式联运合同是确定多式联运性质的根本依据，也是区别多式联运和一般传统联运的主要依据。

（2）必须使用一份全程多式联运单据。全程多式联运单据是指证明多式联运合同以及证明多式联运经营人已接受货物并负责按照合同条款交付货物所签发的单据。它与传统的提单具有相同的作用，也是一种物权证书和有价证券。国际商会为了促进多式联运的发展，于1975年颁布了《联合运输单据统一规则》，对多式联运单据作了认可的规定，如信用证无特殊规定，银行可接受多式联运经营人所签发的多式联运单据，这就为多式联运的发展提供了有利条件。

（3）必须是至少两种不同运输方式的连贯运输。多式联运不仅需要通过两种运输方式而且是两种不同运输方式的组合，例如海—海、铁—铁、空—空等，虽经过两种运输工具，由于是同一种运输方式，所以不属于多式联运范畴之内，但海—陆、海—空、陆—空或铁—

公等，尽管也是简单的组合形态，却都符合多式联运的基本组合形态的要求。

(4) 必须是国际的货物运输，这是区别于国内运输和是否适合国际法规的限制条件。也就是说，在国际多式联运方式下，货物运输必须是跨越国境的一种国际运输。

(5) 必须由一个多式联营经营人对全程运输承担总责任。这是多式联运的一个重要特征。多式联运经营人也就是与托运人签订多式联运合同的当事人，也是签发联运单据的人，他在联运业务中作为总承运人对货主负有履行合同的责任，并承担自接管货物起至交付货物时止的全程运输责任以及对货物在运输途中因灭失损坏或延迟交付所造成的损失负赔偿责任。

(6) 必须是全程单一运费费率。多式联运经营人在对货主负全程运输责任的基础上，制订一个货物发运地至目的地全程单一费率并以包干形式一次向货主收取。这种全程单一费率一般包括运输成本、经营管理费用和合理利润。

由此可见，国际多式联运通过一次托运、一次计费、一张单证、一次保险，由各运输区段的承运人共同完成货物的全程运输，即将全程运输作为一个完整的单一运输过程来安排。

二、国际多式联运的优越性

多式联运是货物运输的一种较高组织形式，它集中了各种运输方式的特点，扬长避短融汇一体，组成连贯运输，简化货运环节，加速货运周转，减少货损货差，降低运输成本，实现合理运输的目的，它与传统单一运输方式相比具有后者无可比拟的优越性，主要表现在：

(1) 责任统一，手续简便。在多式联运方式下，不论全程运输距离多么遥远，也不论需要使用多少种不同的运输工具，更不论途中要经过多少次转换，一切运输事宜统一由多式联运经营人负责办理，而货主只要办理一次托运，签订一个合同，支付一笔全程单一运费，取得一份联运单据，就可履行全部责任。由于责任统一，一旦发生问题，只要找多式联运经营人便可解决问题。与单一运输方式的分段托运，多头负责相比，不仅手续简便，而且责任更加明确。

(2) 减少中间环节，缩短货运时间，降低货损、货差，提高货运质量。多式联运通常是以集装箱为媒介的直达连贯运输，货物从发货人仓库装箱验关铅封后直接运至收货人仓库交货，中途无需拆箱转载，减少很多中间环节，即使经多次换装，也都是使用机械装卸，丝毫不触及箱内货物，货损、货差和被窃、丢失事故就大为减少，从而较好地保证货物安全和货运质量。此外，由于是连贯运输，各个运输环节和各种运输工具之间，配合密切，衔接紧凑，货物所到之处，中转迅速及时，减少在途停留时间，故能较好地保证货物安全、迅速、准确、及时地运抵目的地。

(3) 降低运输成本，节省运杂费用，有利贸易开展。多式联运是实现"门到门"运输的有效方法。对货方来说，货物装箱或装上第一程运输工具后就可取得联运单据进行结汇，结汇时间提早，有利于加速货物资金周转，减少利息支出。采用集装箱运输，还可以节省货物包装费用和保险费用。此外，多式联运全程使用的是一份联运单据和单一运费，这就大大简化了制单和结算手续，节省大量人力、物力，尤其是便于货方事先核算运输成本，选择合理运输路线，为开展贸易提供了有利条件。

(4) 是实现"门到门"运输的有效途径。多式联运综合了各种运输方式，扬长避短，组成直达连贯运输，不仅缩短运输里程，降低运输成本，而且加速货运周转，提高货运质量，是组织合理运输、取得最佳经济效果的有效途径。尤其是采用多式联运，可以把货物从发货人仓库直运至收货人仓库，为实现"门到门"的直达连贯运输奠定了有利基础。

三、国际多式联运与一般国际货物运输的比较

国际多式联运极少由一个经营人承担全部运输，往往是接受货主的委托后，联运经营人自己办理一部分运输工作，而将其余各段的运输工作再委托其他的承运人。但这又不同于单一的运输方式，这些接受多式联运经营人负责转托的承运人，只是依照运输合同关系对联运经营人负责，与货主不发生任何业务关系。因此，多式联运经营人可以是实际承运人，也可以是"无船承运人"。

国际多式联运与一般国际货物运输的主要不同点有以下四个方面：

（1）货运单证内容与制作方法不同。国际多式联运大都为"门到门"运输，故货物于装船或装车或装机后应同时由实际承运人签发提单或运单，多式联运经营人签发多式联运提单，这是多式联运与任何一种单一的国际货运方式的根本不同之处。在此情况下，海运提单或运单上的发货人应为多式联运的经营人，收货人及通知方一般应为多式联运经营人的国外分支机构或其代理；多式联运提单上的收货人和发货人则是真正的、实际的收货人和发货人，通知方则是目的港或最终交货地点的收货人或该收货人的代理人。

多式联运提单上除列明装货港、卸货港外，还要列明收货地、交货地或最终目的地的名称以及第一程运输工具的名称、航次或车次等。

（2）多式联运提单的适用性与可转让性与一般海运提单不同。一般海运提单只适用于海运，从这个意义上说多式联运提单只有在海运与其他运输方式结合时才适用，但现在它也适用于除海运以外的其他两种或两种以上的不同运输方式的连贯的跨国运输（国外采用"国际多式联运单据"就可避免概念上的混淆）。

多式联运提单把海运提单的可转让性与其他运输方式下运单的不可转让性合二为一，因此多式联运经营人根据托运人的要求既可签发可转让的也可签发不可转让的多式联运提单。如属前者，收货人一栏应采用指示抬头；如属后者，收货人一栏应具体列明收货人名称，并在提单上注明不可转让。

（3）信用证条款不同。根据多式联运的需要，信用证上的条款应有以下三点变动：

① 向银行议付时不能使用船公司签发的已装船清洁提单，而应凭多式联运经营人签发的多式联运提单，同时还应注明该提单的抬头如何制作，以明确可否转让。

② 多式联运一般采用集装箱运输（特殊情况除外，如在对外工程承包下运出机械设备则不一定采用集装箱），因此，应在信用证上增加指定采用集装箱运输条款。

③ 如不由银行转单，改由托运人或发货人或多式联运经营人直接寄单，以便收货人或代理能尽早取得货运单证，加快在目的港（地）提货的速度，则应在信用证上加列"装船单据由发货人或由多式联运经营人直寄收货人或其代理"之条款。如由多式联运经营人寄单，发货人出于议付结汇的需要应由多式联运经营人出具一份"收到货运单据并已寄出"的证明。

（4）海关验放手续不同。一般国际货物运输的交货地点大都在装货港，目的地大都在卸货港，因而办理报关和通关的手续都是在货物进出境的港口。而国际多式联运货物的起运

地大都在内陆城市，因此，内陆海关只对货物办理转关监管手续，由出境地的海关进行查验放行。进口货物的最终目的地如为内陆城市，进境港口的海关一般不进行查验，只办理转关监管手续，待货物到达最终目的地时由当地海关查验放行。

子任务二　国际多式联运的程序及运输组织形式

一、国际多式联运的主要业务程序

国际多式联运是以集装箱运输为主的国际联合运输，这种运输方式的业务程序与国际海上集装箱运输的业务程序基本相同，具体程序如下：

（一）接受托运申请，订立多式联运合同

多式联运经营人根据货主提出的托运申请和自己的运输线路等情况，判断是否接受该托运申请。发货人或其代理人根据双方就货物的交接方式、时间、地点、付费方式等达成协议并填写场站收据，并把其送至多式联运经营人进行编号，多式联运经营人编号后留下货物托运联，将其他联交还给发货人或其代理人。

（二）空箱的发放、提取及运送

多式联运中使用的集装箱一般由多式联运经营人提供。这些集装箱的来源可能有三种情况：一种是多式联运经营人自己购置使用的集装箱；二是向集装箱公司租用的集装箱；三是由全程运输中的某一分运人提供。如果双方协议由发货人自行装箱，则多式联运经营人应签发提箱单或租箱公司、分运人签发提箱单交给发货人或其代理人，由他们在规定日期到指定的堆场提箱并自行将空箱拖运到货物装箱地点，准备装货。

（三）出口报关

若多式联运从港口开始，则在港口报关；若从内陆地区开始，则应在附近内陆地海关办理报关出口。报关事宜一般由发货人或其代理人办理，也可委托多式联运经营人代为办理，报关时应提供场站收据、装箱单、出口许可证等有关单据和文件。

（四）货物装箱及接受货物

若是发货人自行装箱，发货人或其代理人提取空箱后在自己的工厂和仓库组织装箱，装箱工作一般要在报关后进行，并请海关派员到装箱地点监装和办理加封事宜，如需理货，还应请理货人员现场理货并与其共同制作装箱单。

对于由货主自行装箱的整箱货物，发货人应负责将货物运至双方协议规定的地点，多式联运经营人或其代表在指定地点接受货物，如果是拼箱货，则由多式联运经营人在指定的货运站接收货物，验收货物后，代表多式联运经营人接收货物的人应在场站收据正本上签章并将其交给发货人或其代理人。

（五）订舱及安排货物运送

多式联运经营人在合同订立后，应立即制订该合同涉及的集装箱货物的运输计划，该计划应包括货物的运输路线，区段的划分，各区段实际承运人的选择及确定各区间衔接地点的到达、起运时间等内容。

这里所说的订舱泛指多式联运经营人要按照运输计划安排洽定各区段的运输工具，与选定的各实际承运人订立各区段的分运合同，这些合同的订立由多式联运经营人本人或委托的代理人办理，也可请前一区段的实际承运人代理向后一区段的实际承运人订舱。

货物运输计划的安排必须科学并留有余地，工作中应相互联系，根据实际情况调整计划，避免脱节。

（六）办理保险

在发货人方面，应投保货物运输保险，该保险由发货人自行办理，或由发货人承担费用而由多式联运经营人代为办理。货物运输保险可以是全程投保，也可以为分段投保。在多式联运经营人方面，应投保货物责任险和集装箱保险，由多式联运经营人或其代理人向保险公司投保或以其他形式办理。

（七）签发多式联运提单，组织完成货物的全程运输

多式联运经营人的代表收取货物后，多式联运经营人应向发货人签发多式联运提单，在把提单交给发货人之前，应注意按双方议定的付费方式及内容、数量向发货人收取全部应付费用。

多式联运经营人有完成和组织完成全程运输的责任和义务，在接受货物后，要组织各区段实际承运人，各派出机构及代表人共同协调工作，完成全程中各区段的运输及各区段之间的衔接工作，并做好运输过程中所涉及的各种服务性工作和运输单据、文件及有关信息等组织和协调工作。

（八）运输过程中的海关业务

按惯例，国际多式联运的全程运输均应视为国际货物运输，因此，该环节工作主要包括货物及集装箱进口国的通关手续，进口国内陆段保税运输手续及结关等内容。如果陆上运输要通过其他国家海关和内陆运输线路时，还应包括这些海关的通关及保税运输手续。

如果货物在目的港交付，则结关手续应在港口所在地海关办理；如果在内陆地交货，则应在口岸办理保税运输手续，海关加封后方可运往内陆目的地，然后在内陆海关办理结关手续。

（九）货物交付

当货物运往目的地后，由目的地代理通知收货人提货。收货人需凭多式联运提货。多式联运经营人或其代理人需按合同规定，收取收货人应付的全部费用，收回提单签发提货单，提货人凭提货单到指定堆场和地点提取货物。

如果是整箱提货，则收货人要负责至掏箱地点的运输，并在货物掏出后将集装箱运回指定的堆场，此时，运输合同终止。

（十）货运事故处理

如果全程运输中发生了货物灭失、损害和运输延误，无论能否确定损害发生的区段，发（收）货人均可向多式联运经营人提出索赔，多式联运经营人根据提单条款及双方协议确定责任赔偿。如能确定事故发生的区段和实际责任者，可向其进一步索赔，如不能确定事故发生的区段，一般按在海运段发生处理。如果已对货物及责任投保，则存在要求保险公司赔偿和向保险公司进一步追索问题，如果受损人和责任人之间不能取得一致，则需要通过在诉讼

时效内提起诉讼和仲裁来解决。

二、国际多式联运的运输组织形式

由于国际多式联运具有其他运输组织形式无可比拟的优越性，因而这种国际运输新技术已在世界各主要国家和地区得到广泛的推广和应用。目前，有代表性的国家多式联运主要有远东/欧洲，远东/北美等海陆空联运，其组织形式包括：

（一）海陆联运

海陆联运是国际多式联运的主要组织形式，也是远东/欧洲多式联运的主要组织形式之一。目前组织和经营远东/欧洲海陆联运业务的主要有班轮公会的三联集团、北荷、冠航和丹麦的马士基等国际航运公司以及非班轮公会的中国远洋运输公司和德国那亚航运公司等。这种组织形式以航运公司为主体，签发联运提单，与航线两端的内陆运输部门开展联运业务，与大陆桥运输展开竞争。

（二）陆桥运输

在国际多式联运中，陆桥运输起着非常重要的作用。它是远东/欧洲国际多式联运的主要形式。所谓陆桥运输是指以集装箱为主要运输工具，以贯穿大陆上的铁路或公路运输系统作为中间桥梁，把大陆两端的海洋连接起来组成海—陆—海的运输方式。

目前，陆桥运输线路主要有以下五条。

1. 西伯利亚大陆桥

西伯利亚大陆桥是世界上最著名的国际集装箱多式联运线之一，通过俄罗斯的西伯利亚铁路，把远东、东南亚和澳大利亚地区与欧洲、中东地区联结起来，因此又称亚欧大陆桥。西伯利亚大陆桥于1971年由原"全苏对外贸易运输公司"正式确立。现在全年货运量高达10万标准箱，最多时达15万标准箱。使用这条陆桥运输线的经营者主要是日本、中国和欧洲各国的货运代理公司。其中，日本出口欧洲杂货的1/3，欧洲出口亚洲杂货的1/5是经这条陆桥运输的。

西伯利亚大陆桥运输包括"海铁铁""海铁海""海铁公"和"海公空"等四种运输方式。由俄罗斯的过境运输总公司担当总经营人，它拥有签发货物过境许可证的权利，并签发统一的全程联运提单，承担全程运输责任。至于参加联运的各运输区段，则采用"互为托、承运"的接力方式完成全程联运任务。可以说，西伯利亚大陆桥是较为典型的一条过境多式联运线路。

2. 北美大陆桥

北美大陆桥运输指从日本东向，利用海路运输到北美西海岸，再经由横贯北美大陆的铁路线，陆运到北美东海岸，再经海路运箱到欧洲的"海—陆—海"运输结构。

北美大陆桥包括美国大陆桥运输和加拿大大陆桥运输。美国大陆桥有两条运输线路：一条是从西部太平洋沿岸至东部大西洋沿岸的铁路和公路运输线；另一条是从西部太平洋沿岸至东南部墨西哥湾沿岸的铁路和公路运输线。

北美大陆桥是世界上历史最悠久、影响最大、服务范围最广的陆桥运输线。

北美大陆桥运输对巴拿马运河的冲击很大，由于陆桥运输可以避开巴拿马运河宽度的限制,许多海运承运人开始建造超巴拿马型集装箱船,增加单艘集装箱船的载运箱量,放弃使用巴拿马运河,使集装箱国际海上运输的效率更为提高。

3. 新亚欧大陆桥

新亚欧大陆桥指从中国连云港和日照经新疆阿拉山口西至荷兰鹿特丹及相反方向的运输线路。新亚欧大陆桥东起中国连云港,西至荷兰鹿特丹,途径哈萨克斯坦、乌兹别克斯坦、吉尔吉斯斯坦、俄罗斯、白俄罗斯、波兰、德国和荷兰等国,全长 10 900 千米。

新亚欧大陆桥在中国境内经过陇海、兰新两大铁路干线,全长 4 131 千米。它在徐州、郑州、洛阳、宝鸡、兰州分别与我国京沪、京广、焦柳、宝成、包兰等重要铁路干线相连,具有广阔的腹地。新亚欧大陆桥于 1993 年正式运营。亚太地区运往欧洲、中近东地区的货物可经海运至中国连云港上桥,出中国西部阿拉山口后,进入哈萨克斯坦国境内边境站德鲁日巴换装,经独联体铁路运至其边境站、港,再通过铁路、公路、海运继运至西欧、东欧、北欧和中近东各国。而欧洲、中近东各国运往亚太地区的货物,则可经独联体铁路进入中国西部边境站阿拉山口换装,经中国铁路运至连云港后,再转船继运至日本、韩国、菲律宾、新加坡、泰国、马来西亚等国家和地区。

4. 小陆桥运输

小陆桥运输是指货物以国际标准规格集装箱为容器,从日本港口海运至美国、加拿大西部港口,再由铁路集装箱专列或汽车运至北美东海岸、美国南部或内地以及相反方向的运输。小陆桥运输从其运输组织方式上看与大陆桥运输并无大的区别,只是其运送的货物的目的地为沿海港口。目前,北美小陆桥运送的主要是日本经北美太平洋沿岸到大西洋沿岸和墨西哥湾地区的集装箱货物。当然也承运从欧洲到美国西海岸及海湾地区各港的大西洋航线的转运货物。北美小陆桥在缩短运输距离、节省运输时间上效果是显著的。

5. 微陆桥运输

微陆桥指以国际标准规格集装箱为容器,从日本港口运至北美西海岸及墨西哥湾沿岸港口,利用铁路或汽车从这些港口运至美国、加拿大内陆城市的运输方式。它是从小陆桥派生而出的运输方式,与小陆桥运输基本相似,只是其交货地点在内陆地区。微陆桥部分使用了小陆桥运输线路,因此又称半陆桥运输。

6. OCP 运输

OCP 运输指美国内陆运输方式。它享受优惠费率通过陆运可抵达的地区。在地理位置上看,指落基山脉以东地区,约占美国 2/3 面积。按照 OCP 运输条款规定,凡是使用美国西海岸航运公司的船舶,经过西海岸港口转往所述内陆地区的货物,均可享受比一般直达西海岸港口更为廉价的海运优惠费率和内陆运输优惠费率,其条件是成交的贸易合同须订明采用 OCP 运输方式,并使用集装箱运输;目的港应为美国西海岸港口,并在提单的目的港栏注明 OCP 字样;在物品各栏和包装上标明 OCP 内陆地区名称。

(三) 海空联运

海空联运又被称为空桥运输。在运输组织方式上,空桥运输与陆桥运输有所不同:陆桥运输在整个货运过程中使用的是同一个集装箱,不用换装,而空桥运输的货物通常要在航空港换入航空集装箱。不过,两者的目标是一致的,即以低费率提供快捷、可靠的运输服务。

海空联运方式始于 20 世纪 60 年代,但到 80 年代才得以较大的发展。采用这种运输方式，运输时间比全程海运少，运输费用比全程空运便宜。

目前，国际海空联运线主要有以下三条。

1. 远东—欧洲

远东与欧洲间的航线有以温哥华、西雅图、洛杉矶为中转基地，也有以中国香港、曼谷、海参崴为中转基地。此外还有以旧金山、新加坡为中转地。

2. 远东—中南美

近年来，远东至中南美的海空联运发展较快，因为此处港口和内陆运输不稳定，所以对海空运输的需求很大。该联运线以迈阿密、洛杉矶、温哥华为中转地。

3. 远东—中近东、非洲、澳洲

这是以中国香港、曼谷为中转地至中近东、非洲的运输服务。在特殊情况下，还有经马赛至非洲、经曼谷至印度、经中国香港至澳洲等联运线，但这些线路货运量较小。

总的来讲，运输距离越远，采用海空联运的优越性就越大，因为同完全采用海运相比，其运输时间更短。同直接采用空运相比，其费率更低。因此，从远东出发将欧洲、中南美以及非洲作为海空联运的主要市场是合适的。

子任务三　国际多式联运单证

一、国际多式联运单证

国际多式联运单证是指证明多式联运合同以及证明多式联运经营人接管货物并负责按合同条款交付货物的单证。该单证包括双方确认的取代纸张单证的电子数据交换信息。

国际多式联运单证不是多式联运合同，只是多式联运合同的证明，同时是多式联运经营人收到货物的收据和凭其交货的凭证。在实践中一般称为国际多式联运提单。

（一）可转让的多式联运单证

可转让的多式联运单证类似提单，即可转让的、多式联运单证具有三种功能：多式联运合同的证明、货物收据与物权凭证功能。

（二）不可转让的多式联运单证

不可转让的多式联运单证类似于运单（如海运单，空运单），即不可转让的多式联运单证具有两种功能：多式联运合同的证明和货物收据。但它不具有物权凭证功能，如果多式联运单证以不可转让方式签发，多式联运经营人交付货物时，应凭单证上记名的收货人的身份证明向其交付货物。

（三）集装箱提单与多式联运提单

（1）集装箱提单。集装箱提单是指为集装箱运输所签发的提单。它既可能是港到港的直达提单，也可能是海船转海船的转船提单或联运提单，还可能是海上运输与其他运输方式接续完成全程运输的多式联运提单。虽然习惯上常将这三种提单统称为集装箱提单，甚至认为集装箱提单就是多式联运提单。然而，应该明确的是，由于集装箱运输并不一定都是多式联运，因而为集装箱运输所签发的提单也不一定都是多式联运提单。不过，在实务中，集装箱提单大都以"港到港或多式联运"为提单的"标题"，以表明本集装箱提单兼具直达提单和多式联运提单性质，而且都在提单中设置专门条款按"港到港"运输和多式联运分别为承运人规定了不同的责任。

（2）多式联运提单。关于多式联运单证的表现形式，目前并没有统一的格式。实践中，多式联运单证可以有各种不同的格式、名称出现，其记载的内容和特点可能也有差别。常见的格式有联运提单和波罗的海航运公会多式联运提单。

二、国际多式联运单证的签发

多式联运经营人在接收托运的货物时，必须与发货单位出具的货物收据进行核对无误后，即签发多式联运单证。多式联运单证由多式联运经营人或其授权的人签字，在不违背多式联运单证签发国法律规定的情况下，多式联运单证可以是手签的、手签笔迹复印的、打透花字的、盖章或用任何其他机械或电子仪器打印的。

多式联运经营人凭发货单位签收的货物收据，根据发货人或货物托运人的要求，签发可转让或不可转让的多式联运单证。

（一）签发可转让的多式联运单证

（1）应列明按指示交付，或向持票人交付。
（2）如列明按指示交付，需经背书转让。
（3）如列明向持票人交付，无需背书即可转让。
（4）如签发一套一份以上的正本单证，则应注明正本份数。
（5）对于所签发的任何副本，则应在每份副本上注明"不可转让"字样。

在业务实践中，对多式联运单证的正本和副本的份数规定不一，主要视发货人的要求而定。在交付货物时，多式联运经营人只要按其中一份正本交付货物后，便已履行向收货人交货的义务，其余各份正本自动失效。

（二）签发不可转让的多式联运单证

如果货物托运人要求多式联运经营人签发不可转让的多式联运单证，多式联运经营人或经他授权的人在"多式联运单证的收货人"一栏内，载明收货人的具体名称，并印上不可转让的字样，货物在运抵目的地后，多式联运经营人只能向单证中载明的收货人交付货物。

如果多式联运单证中载明的收货人以书面形式通知多式联运经营人将单证中所记载的货物交给其在通知中指定的其他收货人，而在事实上多式联运经营人也这样做了，则可认为该多式联运经营人已履行了交货的义务。

（三）多式联运单证签发的时间与地点

在集装箱货物的国际多式联运中，多式联运经营人接收货物的地点有时不在装船港，而在某一内陆货运站、装船港的集装箱码头堆场，甚至在发货人的工厂或仓库。因此，在很多场合下，从接收货物到实际装船之间有一待装期。在实际业务中，即使货物尚未装船，托运人也可凭场站收据要求多式联运经营人签发多式联运提单，这种提单叫收货待运提单。

子任务四　国际多式联运经营人

一、国际多式联运经营人

国际多式联运经营人是指其本人或通过其代理同托运人订立多式联运合同的人。

（一）国际多式联运经营人的类型

（1）以船舶运输经营为主的多式联运经营人（"有船"多式联运经营人）。

（2）无船多式联运经营人。无船多式联运经营人是指不拥有和不掌握船舶的承运人，他们利用船舶经营人的船舶，向货主提供运输服务，并承担运输责任，被称为"无船公共承运人"。起初，无船多式联运经营人仅指无海上运输船舶，后来成为无运输工具的公共承运人的通用名词。

无船多式联运人包括：

① 除海上承运人以外的运输经营人。他们同样通过采用多种运输方式安排货物的门到门运输。但与"有船"经营人不同的是他们不拥有船舶，不能提供多式联运所需的海上运输服务。值得一提的是，在大多数情况下他们只在航线的一端拥有运输工具，而在另一端则不拥有或控制运输工具。因此，为完成全程运输服务，他们可能还要订立陆运或空运分合同。

② 作为承运人承担并履行多式联运合同的全部责任，但不拥有或经营船队或其他任何运输工具的货运代理人、报关经纪人以及装卸公司。

③ 专门提供多式联运服务而通常没有自己的船队的专业多式联运公司。

（二）国际多式联运经营人的性质

多式联运经营人作为事主，一方面与货主签订一份运输合同，为货主提供一次托运、一次收费、统一理赔、一单到底、全程负责的一贯运输服务；另一方面，它又与区段承运人和代理人及受雇人发生合同关系，通过他们完成全程联运任务。

（三）国际多式联运经营人的基本特征

国际多式联运首先应确定国际多式联运经营人的法律地位，调整上述关系人之间的法律关系，从而平衡相互间的权利、义务。作为国际多式联运的主体，多式联运经营人从法律的角度讲，必须具备以下基本特征：

（1）多式联运经营人本人或其代表就多式联运的货物必须与货主（托运人）本人或其代表订立多式联运合同，而且该合同至少须使用两种运输方式完成货物全程运输，同时合同中的货物系国际货物。

（2）从货主或其代表那里接管货物时起即签发多式联运单证，并对接管的货物开始负责。

（3）承担多式联运合同规定的与运输和其他服务有关的责任，并保证将货物交给多式联运单证的持有人或单证中指定的收货人。

（4）对运输全过程中所发生的货物灭失或损害，多式联运经营人首先对货物受损人负责，并应具有足够的赔偿能力；多式联运经营人有权向造成实际货损的分承运人追偿。

（5）多式联运经营人应具备与多式联运所需要的、相适应的技术能力，应确保自己签发的多式联运单证的流通性，并使其作为有价证券在经济上具有令人信服的担保程度。

二、国际多式联运经营人的资质要求

（1）具有从事国际运输所需的专业知识、技能和经验。作为国际多式联运经营人，首先必须具备丰富的专业知识、技能和经验，能全面、及时地了解和掌握国际贸易与运输的有关法律程序、实务及市场的最新动态以及有关的实际承运人和码头、港站的费率水平与成本结构等。

（2）具有一个较为完整的货物运输业务分支机构和代理网络。多式联运经营人必须拥有覆盖其所有服务领域的国际网络，该网络通常由各分支机构、子公司、代理机构等组成；同时，应采用现代化的通信手段（如EDI）将网络的各机构和环节紧密地联系起来。

（3）具有与经营业务相适应的资金能力。多式联运经营人必须拥有足够的自有资金，以满足经营业务开展的需要；同时，一旦发生货物的损坏或灭失，有能力承担对货主的赔偿责任。

三、国际多式联运经营人的责任和义务

（1）从掌管货物时起至交付货物时止，负责从事和/或以他自己的名义组织货物联运工作，包括这种联运所需要的一切服务工作，并在本规则所规定的范围内，承担这种联运和这种服务工作的责任。

（2）对他们的代理人或雇佣人员的行为和不行为承担责任，如果这些代理人或雇佣人员是在他们职责内行事。

（3）对他所使用的为其履行以联运单证作为证明的合同而提供服务的任何其他人的行为和不行为，承担责任。

（4）负责从事或组织为确保货物交付所必需的一切工作。

（5）对于从他掌管货物到交付货物期间发生的关于货物灭失或损害承担本规则规定范围内的责任，并负责支付规则规定的有关这种灭失或损害的赔偿金。

（6）承担在规则规定范围内关于延迟交货的责任，并负责支付该规则所规定的赔偿金。

知识拓展

内陆公共点运输

OCP是OVERLAND COMMON POINTS的缩写，即陆上运输通常可到达的地点。OCP地区是指内陆地区，按美国相关规定，以美国西部九个州为界，即以落基山脉为界，其以东地区均定为内陆地区范围，该地区约占全美三分之二的面积。从远东地区向美国OCP地区出口货物，如按OCP条款达成交易，出口上可以享受较低的OCP海运优惠费率，进口商在内陆运输中也可以享受OCP优惠费率。相反方向，凡从美国内陆地区启运经西海岸港口装船出口的货物同样可按OCP运输条款办理。该条款是太平洋航运公会为争取运往美国内陆地区的货物经美国西海岸港口转运而制定的。

OCP 运输是一种特殊的国际运输方式。它虽然由海运、陆运两种运输形式来完成，但它并不是也不属于国际多式联运。国际多式联运是由一个承运人负责的自始至终的全程运输；而 OCP 运输，海运、陆运段分别由两个承运人签发单据，运输与责任风险也是分段负责。

基本训练

1. 不同运输方式下完成货物运输签发的提单是（　　）。
   A. 联运提单　　　B. 转运提单　　　C. 多式联运提单　　　D. 直达提单
2. 我国最主要的一种联运形式是（　　）。
   A. 海江河联运　　　　　　　　B. 水陆干线联运
   C. 国际多式联运　　　　　　　D. 水路、公路联运
3. 衔接方式联运的全程运输组织者——多式联运经营人在第一程的身份是（　　）。
   A. 货运代理人　　B. 承运人代理人　　C. 承运人　　D. 收货人
4. 联运方式是指（　　）。
   A. 不同运输方式之间　　　　　B. 同一种运输方式之间
   C. 必须是公路与海运之间　　　D. 必须是铁路与公路之间
5. 多式联运经营人对货物承担的责任期限是（　　）。
   A. 自己运输区段　　　　　　　B. 全程运输
   C. 实际承运人运输区段　　　　D. 第三方运输区段
6. 多式联运有哪些特征和优越性？
7. 国际多式联运的特征是什么？
8. 国际多式联运经营人应具备的条件是什么？
9. 多式联运提单与一般海运提单、运单的不同是什么？
10. 比较国际多式联运与一般国际货物运输的主要不同点。

知识应用

国际多式联运经典案例

一、案情介绍

1988 年 10 月，中国某进出口公司委托××对外贸易运输公司办理 333 只纸箱的男士羽绒滑雪衫出口手续，外运公司将货装上××远洋运输公司的货轮并向中国某产进出口公司签发了北京中国对外贸易运输总公司的清洁联运提单，提单载明货物数量共为 333 箱，分装 3 只集装箱。同年 6 月 29 日，货轮抵达目的港日本神户，7 月 6 日，日方收货人在港口装卸公司开箱发现其中一个集装箱 A 的 11 只纸箱中，有 5 箱严重湿损，6 箱轻微湿损。7 月 7 日，运至东京日方收货人仓库，同日由新日本商检协会检验，10 月 11 日出具的商检报告指出货损的原因是由于集装箱有裂痕，雨水进入造成箱内衣服损坏，实际货损约合 1 868 338 日元。在东京进行货损检验时，商检会曾邀请××远洋运输公司派人共同勘察，但该公司以"出港后检验无意义"为由拒绝。日方收货人从 AIU 保险公司取得赔偿后，AIU 公司取得代位求偿权，于 1989 年 9 月 25 日向上海海事法院提起诉讼，要求被告货运代理人和实际承运人赔

偿日方损失，并承担律师费和诉讼费。两被告答辩相互指出应由另一被告承担全部责任，并要求原告进一步对减少货损的合理措施进行举证。

二、案件结果

上海海事法院认为，根据两被告1982年签订的集装箱运输协议以及提单条款，两被告有相当的责任牵连，但日方收货人与××远洋运输公司在开箱时交割不清，商检又在港口外进行，故原告对货物损害索赔及所受损害的确切数额的请求举证不力。

经法院调解，1990年3月28日，原、被告三方达成协议，两被告根据损害事实及提单条款规定，赔付原告人民币8 000元（其中300元为原告预支的诉讼费），赔款先由货运代理人先行给付，再由他与实际承运人自行协商解决，案件受理费由原告负担。

三、基本理论

集装箱运输是以集装箱作为运输单位进行货物运输的一种现代化的先进运输方式。目前关于集装箱运输的国际公约有两个，1977年9月生效的《国际集装箱安全公约》和1975年12月生效的《1972年集装箱关务公约》，我国分别于1991年和1986年加入了上述两个公约。我国目前关于集装箱运输的立法主要是1990年颁布实施的《海上国际集装箱运输管理规定》及其实施细则，其中规定了集装箱所有人、经营人应当做好集装箱的管理和维修工作，定期进行检验，以保证提供适宜于货物运输的集装箱，违反以上规定造成货物损失或短缺的，由责任人按照有关规定承担赔偿责任。

四、案例分析

根据拆箱报告和商检报告，本案中货损的原因是由于集装箱有裂痕，雨水进入箱内所致，又因为承运人签发的是清洁联运提单，所以发生货损应当归于承运人的责任。根据中远提单条款的规定以及××远洋运输公司与××对外贸易运输公司的协议约定，两被告均应对货损承担责任。

本案中日方收货人对货损也应承担一定的责任。依据商检管理，日方收货人在发现货物有湿损时，应及时在卸货港当地申请商检，并采取适当救济措施以避免湿损扩大。但日方在未采取措施情况下将货物运至东京再商检，显然应对货物损失承担部分责任。对于因日方过错导致货物扩大损失的部分，应由日方自身负责，无权向承运人追偿。

本案处理结果基本上符合各方当事人的责任状况，至于两被告哪一方应对货损承担责任，根据他们之间的协议，应在共同对外承担责任后，查明事实后合理分担。

思考题

1. 本案例在国际多式联运过程中出现了哪些问题？
2. 有关集装箱运输的法律公约有哪些？
3. 结合案例分析国际多式联运业务操作应注意哪些事项？

项目三

货物运输操作的拓展

任务一 物流过程中的运输决策

任务描述

运输决策在整个物流决策中占有十分重要的地位，根据物流发展过程中的相关统计资料来看，物流运输成本要占到物流总成本的35%~50%。对许多商品来说，运输成本要占商品价格的4%~10%，也就是说，运输成本物流总成本的比重比其他物流活动大。运输决策包含的范围很广泛，其中主要的决策是：对运输方式的选择，对运输路线的选择，运输计划编制及运输能力配备等问题。但决策的前提是对运输环境的分析。本项目通过让学生完成下列任务，完成本项目所须掌握的知识和能力。任务如下所述：

西安某公司近期要出口一批外贸商品，面对已经完成的订单，接下来的任务是如何将这批货物完整、安全、高效地运往目的地。

任务分析

在本任务当中，需要制订一个具体的货物运输规划，根据货物本身的属性以及对方公司对货物质量等因素的要求，制订出一个满足其要求的详细的货物运输流程方案。本任务涉及国际货物运输的相关问题。

第一，在国际货物运输中，通常要牵扯出运输费用归谁支付的问题，所以必须清楚具体运输过程中哪些费用是由己方支付。

第二，根据货物运输目的地决定该用何种运输方式去完成本次运输。这就涉及对运输方式的选择问题。

第三，在运输方式已经确定的基础上，安排运输线路，以达到降低运输费用的效果。

第四，在确定的运输方式和运输线路的前提下，安排运输时间来满足客户提出的时间要求。

第五，如果在本次运输过程中要涉及水路运输，需要选择航线以及制订船期计划。

第六，如果需要远洋运输，就必须要清楚集装箱运输基本知识。

概念点击

往复式行驶线路、环形式行驶线路、汇集式行驶线路、图上作业法、表上作业法

任务实施

子任务一 运输方式的选择

由于各种运载工具、线路设备、营运管理和服务水平等方面具有不同的技术经济特征，所以作为运输需求的主体对运输方式就有必要作出挑选，利用选定的运输方式来完成运输过程。

一、影响运输方式选择的因素

影响运输方式的因素很多，通过研究这些因素，有助于选择合理的运输方式，充分发挥运输组织在运输过程中的作用。

（一）货物的特性

货物的价值、形状、单件重量、容积、危险性、变质性等都是影响运输方式选择的重要因素。一般来说，不可能空运量大、价低的沙子，庞大笨重的塔吊车等物品；同样，也不可能海运价值昂贵的钻石和硅晶片；更不可能用管道运输冰箱、洗衣机。这些极端的例子说明货物的自然属性直接影响着对运输方式的选择。

一般来说，原材料等大批量的货物，价格低廉或容积形状庞大的货物的长途运输适合选择铁路或水路运输；重量轻、容积小、价值高的货物的长途运输适合选择航空；中短距离的运输适合选择公路运输。至于生活消费品选择公路还是铁路运输，或是水路、航空运输，则需要综合其他因素进行具体的比较分析。

（二）可选择的运输工具的运输能力

由于技术及经济的原因，各种运载工具的容量范围大不相同，即各种运输方式的运输能力不同。对于运输工具的选择，不仅要考虑运输费用，还要考虑仓储，因为运输费用低的运输工具，一般运量大，而运量大会使库存量增大，库存量增大会增加高额的仓储费用，最后使得运输成本增加，因此要综合考虑进行选择。另外，运输工具的选择还要考虑不同运输方式的营运特性，包括速度、可得性、可靠性、能力、频率等。相对来说，汽车运量小，单位运价高，能力不如火车和轮船；而火车和轮船虽然运量大，费用也比较低，但急需时却不如汽车那么容易获得。

（三）运输总成本与运输速度

运输总成本是指两个地理位置间的运输所支付的有关费用的总和，包括载运工具的运输

费用、运输管理、维持运输中的包装、保管、库存、装卸费用以及保险费用等。而这些费用又和运输速度有直接的关系：运输速度快，运输时间短，这些费用会随之减少，反之就会增加。这就是说，最低的运输费用并不一定意味着最低的运输总成本。因此，货物的运输不能单纯地考虑运输方式的费用，还要考虑运输的速度，这样才能做到使得运输总成本达到最小，运输方案最优。

（四）经济里程

经济里程是指单位货物运输距离所支付费用的多少。交通运输经济性状况一般说来受投资额、运转额以及运输速度和运输距离的影响。

不同运输方式的运输距离与成本之间的关系存在较大的差异。如铁路的运输距离增加的幅度要大于成本上升的幅度，而公路则相反。从国际惯例来看，运输距离在 300 千米内主要选择公路运输；300~500 千米内或在没有水路和航空运输线路的区域超过 500 千米，主要选择铁路运输；500 千米以上则选择水路或航空运输。

（五）其他影响因素

除了上述列举的影响因素外，经济环境或社会环境的变化也制约着托运人对运输方式的选择。如随着物流量的增大，噪声、大气污染、海洋污染、事故等问题社会化，政府为防范这些问题发生的法律、法规相继出台；又如对公路运输超载货物、超速运行的限制，对航空、水路、铁路、公路运输中特种货物运输的不同规定等；还有调整运输产业的政策，包括税收、规费等的限制。这些都会影响到运输方式的选择。

二、运输方式的选择

运输方式的选择，既可以单独选用一种，也可以采用多式联运。究竟如何选择，则需要根据运输环境、运输服务的目标要求，采取定性分析与定量分析的方法进行考虑。

（一）定性分析法

1. 单一运输方式的选择

单一运输方式的选择就是指选择一种运输方式提供运输服务。公路、铁路、水路、航空和管道五种运输方式各有自身的优点和不足，结合运输需求进行恰当的选择。

2. 多式联运方式的选择

多式联运方式的选择就是指选择两种或两种以上的运输方式联合起来提供运输服务。多式联运的主要特点是可以在不同运输方式间自由变换运输工具，以最合理、最有效的方式实现货物的运输。多式联运的组合方法很多。

各种运输方式的技术经济特征如表 3-1 所示。

表 3-1　各种运输方式的技术经济特征

运输方式	技术经济特点	运输对象
铁路	初始投资大，运输容量大，成本低廉，占用的土地多，连续性强，可靠性好	适用于大宗货物、散件杂货等的中长途运输

续表

运输方式	技术经济特点	运输对象
公路	机动灵活,适应性强,短途运输速度快,能源消耗大,成本高,污染大,占用土地多	适合于短途、零担运输,门到门运输
水路	运输能力大,成本低廉,速度慢,连续性差,能源消耗及土地占用少	适合于中长途大宗货物运输
航空	速度快,成本高,空气和噪声污染重	适合于中长途及贵重货物运输
管道	运输能力大,占用土地少,成本低廉,连续输送	适合于长期稳定的流体、气体及浆化固体物运输

(二) 定量分析法

根据影响运输方式选择的各种因素进行综合评价,也可以根据运输成本费用进行比较分析,得出合理的选择结果。

1. 综合评价选择法

综合评价选择法是指根据影响运输方式选择的四个因素(经济性、迅速性、安全性和便利性)进行综合评价,根据评价结果确定运输方式的选择方法。这种评价方法的基本步骤是:

首先,确定运输方式的评价因素值,即运输方式的经济性、迅速性、安全性、便利性。如果用 $F1$、$F2$、$F3$、$F4$ 分别表示影响运输方式选择的四个因素值,且各自因素对运输方式的选择具有同等重要性(也可以考虑重要性不同),那么,运输方式的综合评价值 F 为

$$F = F1 + F2 + F3 + F4$$

但是,由于货物的形状、价格、交货日期、运输批量和收货单位等因素的影响也不相同,因此,可对它们赋予不同的权重加以区别。若用 a、b、c、d 表示这些权重,则运输方式的综合评价值可表示为

$$F = aF1 + bF2 + cF3 + dF4$$

如果可供选择的运输方式有公路 (A)、铁路 (B)、水路 (C)、航空 (D) 那么,它们的评价值分别为

$$F(A) = aF1(A) + bF2(A) + cF3(A) + dF4(A)$$
$$F(B) = aF1(B) + bF2(B) + cF3(B) + dF4(B)$$
$$F(C) = aF1(C) + bF2(C) + cF3(C) + dF4(C)$$
$$F(D) = aF1(D) + bF2(D) + cF3(D) + dF4(D)$$

显然,其中评价值最大的为合理的选择对象。

对于 $F1$、$F2$、$F3$、$F4$ 的确定,目前还没有绝对行之有效的方法。这里介绍一种利用简单算术平均法确定评价因素值的方法。

(1) 经济性 $F1$ 的确定。运输方式的经济性是由运费、包装费、装卸费、保险费以及运输手续费等有关费用的合计数来体现出来的。显然,费用越高,运输方式的经济性就越低,

反之越高。

设上述四种运输方式所产生的运输费用分别为 $G(A)$、$G(B)$、$G(C)$、$G(D)$，则平均值为

$$G = [G(A) + G(B) + G(C) + G(D)]/4$$

这时候，四种运输方式的经济性分别为

$$F1(A) = G(A)/G, \ F1(B) = G(B)/G, \ F1(C) = G(C)/G, \ F1(D) = G(D)/G$$

（2）迅速性 $F2$ 的确定。运输方式的迅速性是用从发货地到收货地所需的时间表示。显然，所需的时间越多，迅速性就越低，反之越高。

设上述四种运输方式所需的时间分别为 $T(A)$、$T(B)$、$T(C)$、$T(D)$，则平均值为

$$T = [T(A) + T(B) + T(C) + T(D)]/4$$

这时，四种运输方式的迅速性分别为

$$F2(A) = T(A)/T, \ F2(B) = T(B)/T, \ F2(C) = T(C)/T, \ F2(D) = T(D)/T$$

（3）安全性 $F3$ 的确定。运输方式的安全性可根据过去一段时间内货物的货损、货差率（有时可通过实验数据得到）来表示。显然，货损、货差率越高，运输方式的安全性就越低，反之越高。

设上述四种运输方式货损、货差率分别为 $K(A)$、$K(B)$、$K(C)$、$K(D)$，则平均值为

$$K = [K(A) + K(B) + K(C) + K(D)]/4$$

这时，四种运输方式的安全性分别为

$$F3(A) = K(A)/K, \ F3(B) = K(B)/K, \ F3(C) = K(C)/K, \ F3(D) = K(D)/K$$

（4）便利性 $F4$ 的确定。运输方式的便利性通常可以根据货主把货物最终交付托运人所需要付出的工作量，包括花费的时间来衡量。显然，工作量越大，表明便利性越差，反之越好。

设上述四种运输方式所需的时间分别为 $L(A)$、$L(B)$、$L(C)$、$L(D)$，则平均值为

$$L = [L(A) + L(B) + L(C) + L(D)]/4$$

这时，四种运输方式的便利性分别为

$$F4(A) = L(A)/L, \ F4(B) = L(B)/L, \ F4(C) = L(C)/L, \ F4(D) = L(D)/L$$

上述四个因素都与设定目标是相反的，即费用越高经济性越差，运输所需的时间越长迅速性越低，破损率越高安全性越低，货主工作量越大便利性越差。这样就可以得到四种运输方式的综合评价值。根据综合评价值就可选取合理的运输方式组织货物运输。

2. 成本比较选择方法

不同的运输方式产生不同的运输成本。故对运输方式的选择，也可以通过比较运输服务成本与服务水平导致的相关间接库存成本之间达到的平衡程度进行选择。如果选择速度慢、可靠性差的运输服务，物流运输过程中就会需要更多的库存。这时，由于库存增多而可能使成本升高，就会抵消选择运输服务水平降低的成本。因此，最佳的运输服务方案是既能满足客户的需要，又能使总成本最低。

例如，某公司欲将产品从甲厂运往乙厂自有的仓库，年运量（q）为 70 万件，每件产品的价格（p）为 30 元，每年的存货成本（m）为产品价格的 30%。各种运输方式的有关

参数见表 3-2 所示。

表 3-2 四种运输方式参数统计表

运输方式	每件运送费用 k/元	运输时间 t/天	平均存货量 n/万件
水路运输	0.15	14	5×0.93
铁路运输	0.10	21	10
公路运输	0.20	5	5×0.84
航空运输	1.40	2	5×0.81

解：在途运输的年存货成本为 $pmqt/365$，两端储存点的存货成本各为 $pmn/2$，但其中的 p 值有差别，工厂储存点的 p 值为产品的价格，消费地存储点的 p 值为产品价格与运费之和。具体计算结果如表 3-3 所示。

表 3-3 四种运输方式成本比较表

单位：元

成本类型	计算方法	运输方式			
		水路运输	铁路运输	公路运输	航空运输
运输费用	qk	105 000	700 00	140 000	980 000
在途存货	$pmqt/365$	241 644	362 466	86 301	34 521
工厂存货	$pmn/2$	209 250	450 000	189 000	182 250
仓库存货	$m(p+k)×n/2$	210 296	451 500	190 260	190 755
总成本		766 190	1 333 966	605 561	1 387 526

由表可知，在四种运输方式中，公路运输方式的总成本最低，因此，该公司应选择公路运输方式运送货物。

子任务二 车辆运输路线的选择

车辆行驶路线指车辆在完成运输工作中的运行线路，包括空驶和有载行程。在道路网发达、货运点众多的情况下，车辆按不同的行驶线路完成计划的运输任务时，对运输效率和运输成本会有不同影响。因此，在组织运输生产活动时，应避免不合理运输，如返程或启程空驶、对流运输、迂回运输、重复运输、倒流运输、过远运输等情况。选择时间短、费用省、效益好的最经济的运输线路，是组织货运车辆经济有效运行的一项十分重要的工作。

一、行驶路线的种类

车辆在货运生产中，按预定计划在道路上运行的线路即为车辆行驶线路，包括三个或三个以上运输区段；A→B、D→A 属于空驶区段；B→C、C→D 属于有载区段，如图 3-1 所示。货运车辆的行驶线路一般有往复式、环形式和汇集式三种类型。

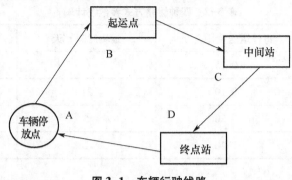

图 3-1 车辆行驶线路

（一）往复式行驶线路

往复式行驶路线是指车辆在两个装卸作业点之间的线路上，进行一次或多次重复运行的行驶线路。根据汽车往复运输时的载运情况，可分为单程有载往复式、回程部分有载往复式和双程有载往复式三种。

1. 单程有载往复式行驶线路

单程有载往复式运输线路在运输生产中属于常见方式，但是车辆里程利用率较低，生产效率在三种方式属最低，如图 3-2 所示。

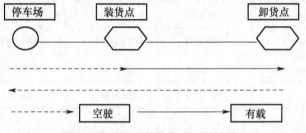

图 3-2 单程有载往复式运输线路

2. 回程部分有载往复式行驶线路

回程部分有载往复式行驶线路在运输生产中也常用到，尤其是在已经具有网络化运输经营能力的大型运输企业。在回程途中，有一段路程有载，或全程有载但实载率低，如图 3-3 所示，目前许多企业通过回程"配载"的方式，尽量减少回程空驶路段或空载现象。

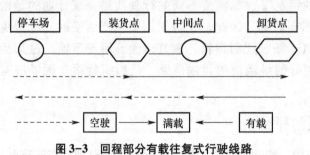

图 3-3 回程部分有载往复式行驶线路

3. 双程有载往复式行驶线路

车辆全程有载往复式行驶路线在三种运输生产中运输效率最高，而回程时满载属于最高运输效率，如图 3-4 所示。

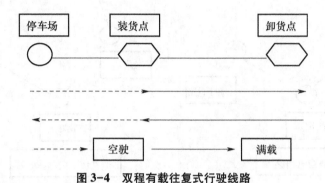

图 3-4 双程有载往复式行驶线路

（二）环形式行驶线路

不同运输任务的装卸点一次连接成一条封闭线路时成为环形式行驶线路。由于不同货物任务装卸点位置分布不同，环形式行驶路线可能有不同的形状，如图 3-5 所示。环形式行驶线路的选择，以完成同样货运任务的里程利用率最高为原则，即空车行程最短。

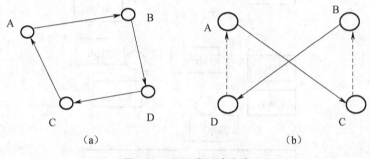

图 3-5 环形式行驶线路

（三）汇集式行驶线路

汇集式路线是指按单程进行货运生产组织的车辆行驶的线路。车辆由起点发车，在货运任务规定的各货运点依次进行装（卸）货，并且每次装（卸）货量都小于一整车，车辆完成各货运点运输任务以后，最终返回原出发点。汇集式运输时，车辆可能沿一条环形线路运行，也可能在一条直线线路上往返运行。一般汇集式运输可分为三种形式：分送式、收集式、分送—收集式。

1. 分送式

车辆沿运行线路上货运点依次进行卸货，如图 3-6 所示。

2. 收集式

车辆沿运行线路上各货运点依次进行装货，如图 3-7 所示。

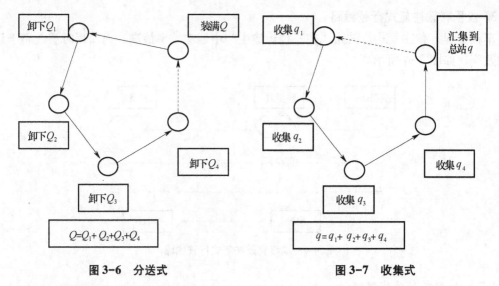

图 3-6　分送式　　　　　　　图 3-7　收集式

3. 分送—收集式（先送货后收货）

车辆沿运行线路上各货运点分别或同时进行分送及收集货物，如图 3-8 所示。

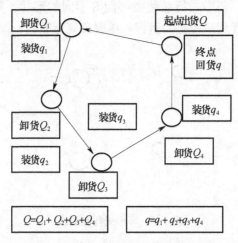

图 3-8　分送—收集式（先送货后收货）

在三种运送方式中，按总行程最短组织车辆进行运输最为经济，因此选择汇集式线路以总行程最短为最佳运输方案。

二、最优线路选择

运输线路的选择是运输所要考虑的主要因素，也是影响运输成本的主要因素。在运输过程中往往会面临许多具体的问题，例如，有时从单一的出发地到单一的目的地，有时却需要从多个起点出发到达多个终点；有时每一个地点既有货物要运送，又有货物要取；有时有多辆运输工具可以使用，每一运输工具都有自己的容量和承载量的限制。所以，运输问题不可能有一个普遍适用的最佳解决方案。这里仅给出在一定简单假设约束条件下线路选择的数学方法。

（一）图上作业法

图上作业法是使用图解的形式进行车辆调度或货物分配，特点是直观易懂、计算简单。其步骤如下：

（1）列出货物运输计划平衡表或各点发到空车差额表。

（2）绘制运输线路表。运输线路是若干个点（点上标有地名）和连接各个点的线段（线段上标有两点间的距离）组成。为了使运输线路图简单、明确，各点用符号表示。车场、车队所在地用"△"表示；发货点，即空车的收点（需车点）用"〇"表示；收货点即空车的发点用"□"表示。

（3）作流向图。在运输线路图的各发、收点上注上货物发、收量或空车收、发量，有"+"号的数值表示收货量或空车发车量；有"-"号的数值表示发货量或空车收车量；括号中的数值表示两点间的距离；用箭头表示货物运输或空车调度的方向，在箭头线上注明数值表示运量。

（4）检查是否最优方案。最优流向图应该既没有对流，也没有迂回。

对流就是在流向图的同一路段上两个方向都有货物或车辆流向。在图3-9中，在B、C之间就发生了对流现象，若改为图3-10就没有对流现象了。

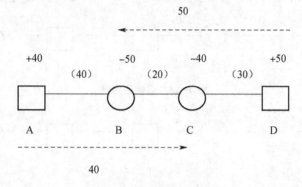

图3-9 有对流的流向图

如果运输线路成闭合时，在流向图中把顺时针流向画在圈内，成为内圈流向；把逆时针流向画在圈外，成为外圈流向；如果流向图中内圈流向的总长度（称内圈长）或外圈流向的总长（简称外圈长）超过整个圈长的50%，就称为迂回运输，属于不合理运输。图3-11所示的流向图就属于迂回运输，如果调整为图3-12所示的流向图就没有迂回现象了。

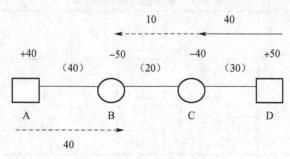

图3-10 无对流的流向图

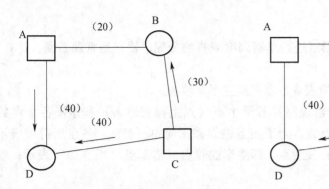

图 3-11 有迁回运输流向图　　　　图 3-12 无迁回运输流向图

（5）调整到最优流向图后，根据最优流向图将最优方案填入货运计划平衡表或空车调度表。

1. 运输线路不是闭合环作业法

在货运线路不是闭合环时，编制出的空车调度方案只要无对流，就是运输线路最优方案。直线操作步骤按"直线取一端，供需归邻点"的原则进行。

例如，某货运公司承接一货运任务：有 B、E 两个装货点（图 3-13），分别有货物 50 吨、10 吨，有 A、C、D 三个收货点，各需要物资 30 吨、10 吨、20 吨，运输线路如图 3-14 所示。

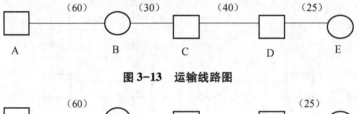

图 3-13　运输线路图

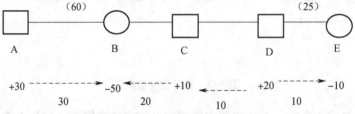

图 3-14　初始方案空车流向图

解：（1）列出各收发点的空车差额表，如表 3-4 所示。

表 3-4　各点收发空车差额表

数量/吨　　收发点 项目		A	B	C	D	E	合计
货物	发量		50			10	60
	收量	30		10	20		60
空车吨位差额	需要调进（−）		50			10	60
	需要调出（+）	30		10	20		60

（2）绘制空车流向图，如图 3-14 所示；先取左端点 A 点，将 A 点的 30 吨供给 B 点；

再取右端点 E，将 D 点的 20 吨供给 E 点，剩下的 10 吨和 C 点的 10 吨都供给 B 点，全线安排完毕，各点供需已经平衡。

(3) 检验方案。经检验没有对流，是最优方案。

(4) 根据流向图，填制空车调度表，如表 3-5 所示。

表 3-5 空车调度表

空驶线路		里程/千米	空车吨位/吨	空车记录	合计空驶/吨千米
起点	终点				
A	B	60	30		1 800
C	B	30	10		300
D	B	70	10		700
D	E	25	10		250

填表时应注意：D—C、C—B 是连续流向线，应按 D—B 直达流量 10 吨和 C—B 10 吨填表，不能按图示的 D—C 10 吨和 C—B 20 吨分段流量填表。

2. 运输线路是闭合环形作业法

在道路闭合环形的情况下，必须首先将其破圈，即将闭合线路变成不闭合的运输线路，然后按不闭合环形线路的方法作出流向图。破圈就是要甩开一段，一般甩圈中较长段或同收及同发点之间的段。作出空车调度方案后，如果既没有对流也没有迂回，就是最优方案。

例如，图 3-15 所示，B、D、F、H 各有待运货物 80 吨、150 吨、170 吨，A、C、E、G 各需货物 110 吨、160 吨、100 吨、160 吨，求空车调度最优方案。

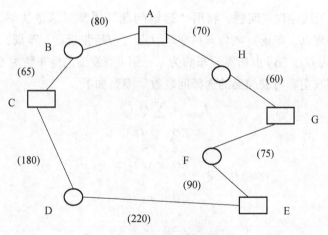

图 3-15 运输线路图

解：(1) 因 ED 段距离较长，按经验甩段法先甩 ED 段，这一单圈即画为 D—C—B—A—H—G—F—E 一条线，按直线作业法取端点顺次对空车进行供需分配，初始方案如图 3-16 所示。

(2) 检验有无迂回。若内圈（顺时针方向）长和外圈（逆时针方向）都没有超过全圈长的一半，即无迂回，同时也没有对流，就是最优流向图。

全圈长 = 80+65+180+220+90+75+60+70 = 840

内圈长 = 70+75 = 145 > 半圈长 = 420

外圈长 = 80+65+180+90+60 = 475 > 半圈长 = 420

有迂回，需要调整。

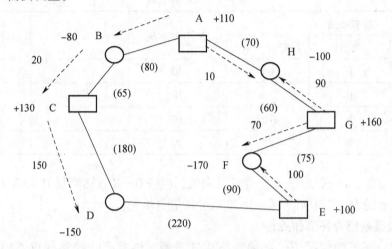

图 3-16　初始方案空流图

（3）调整：把超过半圈长的圈称为超长圈，在超长圈中找出最小流量作为调整段（包括原来甩掉的段）加上调整量，使超长圈缩短，成为新的流向图。对新的流向图进行检查，外圈长 410 千米，内圈长 365 千米，均未超过半圈长，为最优流向图。

（二）表上作业法

表上作业法属于线性规划问题，利用"运输问题"模型寻求最优解。其原理是：假设空车发点（包括卸货点、车场）数为 m；空车收点（包括装货点、车场）数为 n；由 i 点发往第 j 点的空车数为 Q_{ij}；第 j 点所需空车数为 q_j；第 i 点发出的空车数为 Q_i；自第 i 点到第 j 点的距离为 L_{ij}。则其空车行驶线路的选择问题数学模型如下

$$L_{vmin} = \sum Q_{ij}L_{ij}$$

约束条件：
$$\begin{cases} \sum Q_{ij} = Q_i \ (i=1, 2, \cdots, m) \\ \sum Q_{ij} = q_j \ (j=1, 2, \cdots, n) \\ \sum Q_i = \sum q_j \\ Q_{ij} \geq 0 \end{cases}$$

上述数学模型的求解方法较多，以表上作业法为例，求解上述问题的程序框图如图 3-17 所示。

例如，产品需要从 A_1、A_2、A_3 三个产地运往 B_1、B_2、B_3、B_4 四个销售地。假设 A_1、A_2、A_3 三个产地的产量分别是 7 吨、4 吨、9 吨，B_1、B_2、B_3、B_4 四个销售地的销售量分别为 3 吨、6 吨、5 吨、6 吨，如表 3-6 所示。如何安排从产地向各销售地的运量，才能使

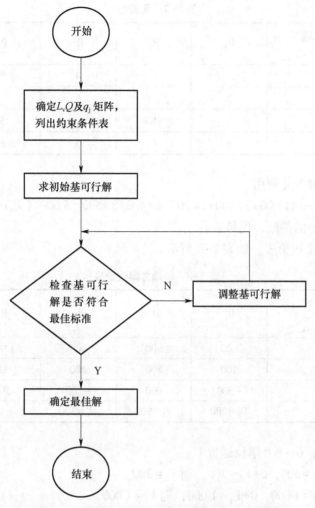

图 3-17 应用表上作业法选择空车线路程序框图

成本最低?

表 3-6 表上作业法

每吨运价/元　　销地 产地	B_1	B_2	B_3	B_4	产量/吨
A_1	300	1 100	300	1 000	7
A_2	100	900	200	800	4
A_3	700	400	1 000	500	9
销量/吨	3	6	5	6	20

解： 第一步，给定初始方案，最小元素法。

根据运价最小优先的原则，得出初始方案运量表，如表 3-7 所示。

表 3-7 闭回路

销地 产地	B_1	B_2	B_3	B_4	产量/吨
A_1			4	3	7
A_2	3		1		4
A_3		6		3	9
销量/吨	3	6	5	6	20

初始基本可行解为总费用

总费用 = 4×300+3×1 000+3×100+1×200+6×400+3×500 = 8 600（元）

第二步，最优解的判断，优势法。

(1) 做初始方案运价表，如表 3-8 所示。

表 3-8 初始方案运价表

单价 销地 产地	B_1	B_2	B_3	B_4	行位势 U_i
A_1	(200)	(900)	300	1 000	$U_1=0$
A_2	100	(800)	200	(900)	$U_2=-100$
A_3	(−300)	400	(−200)	500	$U_3=-500$
列位势 V_i	$V_1=200$	$V_2=900$	$V_3=300$	$V_4=1 000$	

(2) 做位势法，U_i+V_i = 单位运价。

第三列：$U_1+V_3=300$，$0+V_3=300$，则 $V_3=300$

第四列：$U_1+V_4=1 000$，$0+V_4=1 000$，则 $V_3=1 000$

第二行：$U_2+V_3=200$，$300+U_2=200$，则 $U_2=-100$

第三行：$U_3+V_4=500$，$U_3+1 000=500$，则 $U_3=-500$

第一列：$U_2+V_1=100$，$-100+V_1=100$，则 $V_1=200$

第二列：$U_3+V_2=400$，$-500+V_2=400$，则 $V_2=900$

(3) 行位势+列位势 = 单位运价，将运价填入空格（带括号的数字）。

(4) 计算得出检验数表，如表 3-8 所示。

检验数 = 单位运价 − 表 3-9 中相对应表格中的数字。如检验数≥0，则为最优方案；如检验数<0，则需方案改进。

表 3-9 检验数表（一）

销地 产地	B_1	B_2	B_3	B_4
A_1	100	200	0	0
A_2	0	100	0	−100
A_3	1 000	0	1 200	0

从表3-9中可知,检验数第二行第四列小于0,则此方案不是最优方案。

第三步,初始运量方案的改进,闭回路法。

(1) 从负数格出发,做一闭回路,边线为垂直线和水平线且顶点是有数字格,如表3-10所示。

表 3-10 初始方案运量表

销地 产地	B_1	B_2	B_3	B_4	产量/吨
A_1			4	3	7
A_2	3		1		4
A_3		6		3	9
销量/吨	3	6	5	6	20

(2) 以起始点为0,顺序给各角点编号0、1、2、3。从奇数角点选一最小"运输量"作为"调整量"(第3角点的"1"),所有奇数角点均减去该"调整量",所有偶数角点均加上该"调整量"。

(3) 调整后的运量表如表3-11所示。

表 3-11 调整后运量表

销地 产地	B_1	B_2	B_3	B_4	产量/吨
A_1			4+1=5	3-1=2	7
A_2	3		1-1=0	0+1=1	4
A_3		6		3	9
销量/吨	3	6	5	6	20

第四步,对表3-11再求位势表和检验数表,如表3-12和表3-13所示。

表 3-12 位势表

单价　　销地 产地	B_1	B_2	B_3	B_4	行位势 U_i
A_1	(300)	(900)	300	1 000	$U_1=0$
A_2	100	(700)	(100)	800	$U_2=-200$
A_3	(−200)	400	(−200)	500	$U_3=-500$
列位势 V_i	$V_1=300$	$V_2=900$	$V_3=300$	$V_4=1\ 000$	

表 3-13 检验数表（二）

产地＼销地	B_1	B_2	B_3	B_4
A_1	0	200	0	0
A_2	0	200	100	0
A_3	900	0	1 200	0

表 3-13 中各数均为非负，说明调整后的运量表为最优解。

子任务三 车辆行车路线和时刻表的制定

一、行车路线时间进度安排

（一）影响行车路线和时间进度安排的因素

（1）人员特性，包括可获得的人力、所持许可证、培训水平、工会的限制、工作小时、倒班的模式等。

（2）车辆特性，包括车辆的数量、型号、车队的组合、维修要求、运货能力、体积等。

（3）有关客户的情况，包括订单模式、地点（距离仓库的距离）、送货地点的特征（接近收获口是否有限制）、营业时间、白天或夜晚送货、返回时装货与否等。

（4）公司特性，包括客户服务政策、经营政策、车辆使用政策等。

（5）产品特性，包括仓库的特征、返回时装货的政策、管理目标等。

（6）环境特性，包括公路模式、气候条件、法律限制（作业的时间、总量限制等）。

（7）路线和时间安排，包括采用的技术，法律要求等。

以上的所有因素共同指导和限制装卸计划作业，过程图描述如图 3-18 所示。

从总体上讲，车辆的时间进度安排需要达到下列目标：

（1）车辆定额载重量的最大化（最大化装满及回程装载）。

（2）车辆利用最大化（最大化每辆车装货行驶次数）。

（3）距离最小化（如最小化送货路线中的重复）。

（4）花费时间最小化（如最小化等待时间）。

（5）满足客户在成本、服务及时间方面的要求，满足在车辆载重量和司机工作时间方面的法律规定。

因此，不论是本地送货，还是长途行车作业，在运营成本上的节约上都是可以通过以下途径达到的。

（1）增加每辆车所装载的货物，从而增加运输载重量。

（2）计划合理的送货路线，避免重复行驶。

（3）保持按计划的日常性的送货，避免特殊的送货。

（4）必要时，通过改变订单的最小规模，减少送货的频率。

（5）安排返回送货，限制空载。

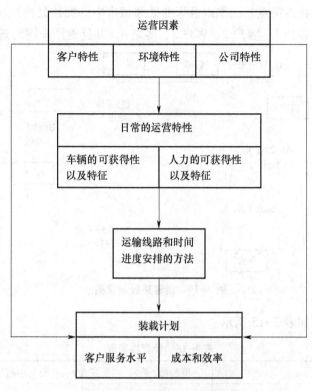

图 3-18 装卸规划作业流程图

(6) 减少司机的非驾驶时间,与客户协调,使无效的等待时间最小化。

(二) 计算驾驶时间

对于计算仓库和客户之间或者至下一个客户间的驾驶时间,下面的平均速度表非常有用。也许一些公司可能使用他们自己合同约定的标准驾驶速度,或者由时间研究得到的其他标准,但表 3-14 将提供一个实用的指南。

表 3-14 平均速度表

公路类型	地段	平均速度/(千米·小时$^{-1}$)
高速公路 M	城市	55
	农村	65
双行道 A(T)	城市	48
	农村	55
"A" 级	城市	32
	农村	40
"B" 级	城市	24
	农村	32
"C" 未上等级公路	城市	20
	农村	24

上述速度考虑了在连接点、山路以及弯曲处和城市中的拥挤处的拖延。图3-19显示了从仓库到四个运输点客户1、客户2、客户3、客户4，并且返回仓库的送货线路。

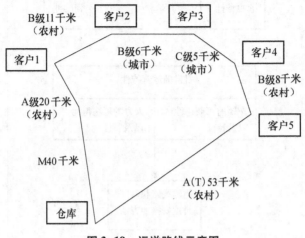

图 3-19　运送路线示意图

驾驶时间的计算如表 3-15 所示。

表 3-15　计算结果表

		里程数/千米	速度/(千米·小时$^{-1}$)	时间/分钟
高速公路	农村	40	65	37
A 级公路	农村	20	40	30
B 级公路	农村	11	32	21
B 级公路	城市	6	24	15
C 级公路	城市	5	20	15
C 级公路	农村	8	24	20
A(T) 双行道	农村	53	55	58
共计				196

二、按运输组织方式进行时刻表制定

（一）多班运输

多班运输是指在一天 24 小时之内，如果一辆车出车工作 2 个或 3 个班次，就称为双班或多班运输，其出发点是"人休车不休"，可以停人不停车或少停车，增加了车辆工作时间，提高了车辆设备利用率和生产率。

根据货源情况以及驾驶员工作组织方式的不同，多班运输主要有以下五种组织形式。

1. 一车两人，日夜双班

即每车配备驾驶员两人，分为日夜两班，每隔一段时间（每周或旬），日夜班驾驶员相互调换一次，配备一名替班驾驶员，替班轮休。

这种组织形式能做到定人、定车，能保证车辆的保修时间。驾驶员的工作、学习、休息时间比较有规律，行车时间组织安排简单，伸缩性大，容易和货主及有关部门配合。缺点是车辆利用时间还不够充分，驾驶员不能当面交接车辆。其组织形式及交接班方法如图3-20所示。

图 3-20　一车两人，日夜双班时刻表示意图

2. 一车三人，两工一休

每车配备三名驾驶员，每位驾驶员工作两天，休息1天，夜班轮流，按规定的地点、定时交接班。它适用于一个车班内完成一趟或多趟往返的短途运输任务，一般在车站、码头、机场、物流中心等节点处的货物集疏运输采用较多。采用这种组织形式，能做到定车、定人，车辆出车时间较长，运输效率高。缺点是每车班驾驶员一次工作时间较长，容易疲劳；另外，安排车辆和保修时间较紧张，需要配备驾驶员数量也比较多。其组织形式及交接班方法如表3-16所示。

表 3-16　一车三人，两工一休多班运输时刻表

人员	周一	周二	周三	周四	周五	周六	周日
甲	日	日	休	夜	夜	休	日
乙	夜	休	日	日	休	夜	夜
丙	休	夜	夜	休	日	日	休

3. 一车两人，日夜双班，分段交接

每车配备两名驾驶员，分段驾驶，定点（中间站）交接，每隔一段时间，驾驶员对换行驶路线，确保驾驶员劳逸均匀。这种组织形式一般适宜于运距比较长、车辆在一昼夜可以到达送货点或能往返的运输线路上，其特点基本与第一种组织形式相近，但能保证驾驶员当面交接。其组织形式及交接班方法如图3-21所示。

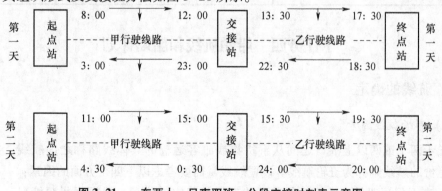

图 3-21　一车两人，日夜双班，分段交接时刻表示意图

4. 一车三人,日夜双班,分段交接

每车配备三名驾驶员,分日夜两班行驶,驾驶员在中途定点、定时进行交换,总交换站可设在离终点站较近(全程1/3左右处),并在一个车班时间内能往返一次的地点,在起点配备两名驾驶员,采用日班制,每隔一段时间轮流交换。

这种组织形式运输效率高,能做到定车、定人运行,驾驶员的工作、休息时间均衡,但车辆几乎全日运行,适用于保养能力强、驾驶员充足或为完成短期突击性运输任务时采用。其组织形式及交接班方法如图3-22所示。

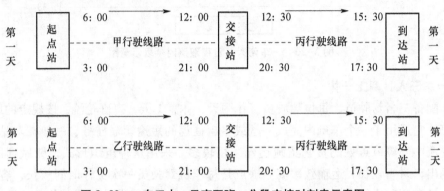

图3-22 一车三人,日夜双班,分段交接时刻表示意图

5. 一车两人,轮流驾驶,日夜双班

一辆车上同时配备两名驾驶员,在车辆全部运行时间内,由两人轮流驾驶,交替休息。这种组织形式适宜于长途运输、货流不固定的运输线路上。其组织特点是能定人、定车,最大可能地提高车辆运行时间;缺点是驾驶员在车上得不到正常休息,随着高速公路网的形成,车辆性能不断提高,这种组织形式已经越来越多地被采用。其组织形式如表3-17所示。

表3-17 一车两人,轮流驾驶,日夜双班时刻表

时间	14:30—17:00	17:00—21:00	21:00—1:00	1:00—5:00	5:00—12:00	12:00—19:00	19:00—21:30
作用项目	准备与装车	运行	运行	睡眠	运行	运行	卸车与加油
驾驶员A	工作	工作	休息	休息	工作	休息	工作
驾驶员B	工作	休息	工作	休息	休息	工作	工作

子任务四 船舶航线和船期计划

一、航线的确定

(一)影响航线因素

船舶于两个或两以上港口之间从事货物或旅客运输的具体线路称之为航线。定港、定船、定运价的航线则称为班轮航线。设置航线常需要考虑以下四个方面的因素:

(1)有无保证船舶正常营运所需要的充足且稳定的货源,要根据货源情况,并考虑基

本舱位的多少。

(2) 地理环境、气候条件、航道的水深以及沿途港口状况是否适合船舶安全航行。

(3) 所拟航线上各船公司的参与及竞争能力情况。

(4) 国家的外交、经贸政策的参与及航行所在地区政局稳定情况。

由于航运市场变幻莫测，竞争激烈，为保证航线开辟后有良好的经济效益，降低投资风险，必须在设置航线时进行优化选择。

(二) 确定航线

航线确定过程如图3-23所示。

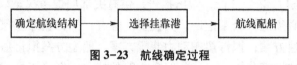

图3-23 航线确定过程

1. 确定航线结构

在海洋货运中，在选择、确定航线中，必须要考虑船舶率。这是因为通常情况下，由于航线发船密度大，而在发船间隔内每一始发港的发货量却极其有限，不可能装满整艘船，必将造成巨大的浪费，并直接导致成本的上涨。在实践中，船运部门为提高船舶装载率，往往采取多港挂靠直达运输方式或干线/支线运转方式。虽然，多港挂靠船舶停港时间过长，增加港口费用，而且受航线上个别港口水深等条件的限制，船舶吨位也因之受到一定的制约，从而造成单位运输成本难以下降。但是，该运输方式可以增加船舶装载率，提高货物运输重量。

为充分发挥集装箱船的优势，干线/支线转运方式应运而生，成为海运航线选择的主要方式。它在航线两端各选择一个货源多、水域好、集疏运便利、装卸效率高的转运港，在两个转运港之间的航线即为干线。为转运港进行货物集疏运的航线是支线，支线可能有多条。它充分发挥了干线航距长，转运港条件优越的优势，克服了多港挂靠的缺点。因此，在长距离的航线上，尤其是在环球航线上，几乎全部采用这种航线结构。

2. 选择挂靠港

船舶挂靠港口方案不同，或者是相同的挂靠但其挂靠顺序不同，营运的经济效果也会有差异。因此，常以能获得最大利润的挂靠港方案和挂港顺序作为评价标准。

在航线选择时，采用多港挂靠直达运输方式虽然可以减少中间环节，提高货运质量，但会使船舶停港时间过长，增加港口费用。为了减少船舶挂靠次数、缩短停港时间和节约港口费用，通常根据港口货源的多寡及稳定情况对挂靠港进行取舍。对货源较大且稳定，需要船舶经常停靠的港口，定其为基本挂靠港，货源不足或不稳定的，船舶不一定经常停靠的定为非基本挂靠港。当然，基本挂靠港与非基本挂靠港只是相对固定的，应随着货源等情况的变化，进行适当地调整。挂靠港确定后，还应根据货物的流量、流向、挂靠港的营运情况、船舶到港时间等确定挂港顺序。

3. 航线配船

在进行运输时，除了重视航线、挂靠港的选择外，还必须重视航线配船问题，这是因为，不同类型船舶的营运效果是不一样的，即使是同一类型但吨位不同船舶营运效果也不一样，只有合理、经济地进行配船作业，才能在现有营运条件下取得最佳效果。

航线配船优化方法有传统方案法和线性规划法，前提是必须广泛收集和认真分析原始资料。

运用线性规划进行航线配船的大致程序为：

（1）根据船型、航线资料粗略判断每一个船型在技术上能否配置到航线上及其在各条航线上的运输能力和营运费用。

（2）选用目标函数，定义自变量，建立航线配船的数学模型。

（3）确定初始方案，用改进方案，直到取得最优解决方案。

（4）对最优方案进行综合分析，做出报告，供有关部门参考决策。

新开辟航线配船必须进行船型论证。其主要内容有：拟订船舶主尺度方案；拟订船舶吨位方案；拟订船舶航速方案；拟订船舶动力装置方案。船型方案拟订后，对各种方案进行技术、营运和经济指标的计算分析。通过各船型方案的技术、经济指标比较，并对最优船型方案作敏感性分析，从中选出最优方案，编制船舶设计任务书，经主管部门审批后进行设计制造。

在一般情况下，无论是重组航线还是新开辟航线，在配船时需要遵循下列原则：

（1）所选船舶结构性能、装卸性能应与所运货种、包装形式及港口的装卸条件相适应，以缩短船舶在港时间，加快船舶周转，保证货运质量。

（2）所选船舶航速应与航线上水流流速、风浪大小、船期表、所运货物价值的大小及船公司的竞争策略相适应。

（3）所选船舶的续航力与航线上加油港位置相适应。船舶续航力是指船舶在一次加油后能行驶的最大里程。

（4）所选船舶的尺度性能应与航道技术特征、碍航物所允许通行的船舶尺度、港口水深、泊位长度等相适应。

（5）所选船舶吨位应与发船间隔、平均昼夜发送量相适应。

（6）及时进行重组配船或开辟新航线。无论是对原有航线进行调整还是新开辟航线会遇到航线配船问题。对原有航线进行调整是指，当市场和航线营运条件发生较大变化，需要重新调整航线；或船公司所拥有的运量发生了较大的增减，力求总体运营效果最佳，船公司需要及时调整航线配船。

二、我国主要海运航线

（一）近洋航线

（1）港澳线——到中国香港、中国澳门地区。

（2）新马线——到新加坡，马来西亚的巴生港、槟城和马六甲等港口。

（3）暹罗湾线，又可称为越南、柬埔寨、泰国线——到越南的海防、柬埔寨的磅逊和泰国的曼谷等港口。

（4）科伦坡，孟加拉湾线——到斯里兰卡的科伦坡、缅甸的仰光、孟加拉的吉大港和印度东海岸的加尔各答等港口。

（5）菲律宾线——到菲律宾的马尼拉港口。

（6）印度尼西亚线——到爪哇岛的雅加达、三宝垄等港口。

（7）澳大利亚新西兰线——到澳大利亚的悉尼、墨尔本、布里斯班和新西兰的奥克兰、惠灵顿等港口。

（8）巴布亚新几内亚线——到巴布亚新几内亚的莱城、莫尔兹比港等港口。

（9）日本线——到日本九州岛的门司和本州岛神户、大阪、名古屋、横滨和川崎等港口。

（10）韩国线——到釜山、仁川等港口。

（11）波斯湾线，又称阿拉伯湾线——到巴基斯坦的卡拉奇，伊朗的阿巴斯、霍拉姆沙赫尔，伊拉克的巴士拉，科威特的科威特港，沙特阿拉伯的达曼等港口。

（二）远洋航线

（1）地中海线——到地中海东部黎巴嫩的贝鲁特、的黎波里，以色列的海法、阿什杜德，叙利亚的拉塔基亚，地中海南部埃及的塞得港、亚历山大，突尼斯的突尼斯，阿尔及利亚的阿尔及尔、奥兰；地中海北部意大利的热那亚，法国的马赛，西班牙的巴塞罗那和塞浦路斯的利马索尔等港口。

（2）西北欧线——到比利时的安特卫普，荷兰的鹿特丹，德国的汉堡、不来梅，法国的勒弗尔，英国的伦敦、利物浦，丹麦的哥本哈根，挪威的奥斯陆，瑞典的斯德哥尔摩和哥德堡，芬兰的赫尔辛基等港口。

（3）美国加拿大线——包括加拿大西海岸港口温哥华，美国西岸港口西雅图、波特兰、旧金山、洛杉矶，加拿大东岸港口蒙特利尔、多伦多，美国东岸港口纽约、波士顿、费城、巴尔的摩、波特兰和美国墨西哥湾港口的莫比尔、新奥尔良、休斯敦等港口。美国墨西哥湾各港也属美国东海岸航线。

（4）南美洲西岸线——到秘鲁的卡亚俄，智利的阿里卡、伊基克、瓦尔帕莱索、安托法加斯塔等港口。

三、船期计划

（一）船期表的制定原则和方法

1. 船期表的内容

船期表的内容有航线，船名，航次编号，始发港、中途港及终点港的港名，到、离各港的时间等。

2. 船期表的制定原则

（1）船期表的制定要符合实际情况。依据可靠资料合理计划，要避免闭门造车、盲目计划，否则在实际上难以实行，反而带来更大麻烦。

（2）船舶应在适当的时间到港和离港。如避免在港口非工作日到港，且离港时间应选择在货源充足的时候为好。

（3）方便托运。为更好招揽货主，航线途经的港口和货载，应方便货主托运，也要满足各揽点的需要。

3. 船期表的制定方法

（1）确定发船间隔，可采用每周两班船、每一班船、每二周一班船或每月班一船的形式。

(2) 计算到离各个港口的时间。计算时要注意以下问题：

① 由于时差的关系，每航行一个时区，要调整航行时间。

② 各航段以及各港的作业时间必须留有一定富余时间，尤其是远洋航行。

③ 对于远洋航班，要使运输组织有节奏、有规律地运行。

(二) 出口货运程序

1. 海运托运

(1) 编制船期表。外运公司按月编印出口船期表，分发给各外贸公司及工贸企业，内列航线、船名及其国籍、抵港日期、截止收单期、预计装船日期和挂港港口名称（即船舶停靠的港口）。各外贸公司及工贸企业据此进行催证、备货。

(2) 办理托运。外贸公司在收到国外开来的信用证经审核（或经修改）无误后即可办理托运。按信用证或合同内有关装运条款填写托运单并提供全套单证，在截止收单期前送交外运公司，作为订舱的依据。

(3) 领取装运凭证。外运公司收到有关单证后，即缮制海运出口托运单，并会同有关船公司安排船只和舱位。然后由船公司据以签发装货单，作为通知船方收货装运的凭证。

(4) 装货、装船。外运公司根据船期，代各外贸公司往发货仓库提取货物运进码头，由码头理货公司理货，凭外轮公司签发的装货单装船。

(5) 换取提单。货物装船完毕，由船长或大副签发"大副收据"或"场站收据"，载明收到货物的详细情况。托运人凭上述收据向有关船公司换取提单。

(6) 发出装船通知。货物装船后，托运人即可向国外买方发出装船通知，以便对方准备付款、赎单、办理收货。如为 FOB 合同，由于保险由买方自行办理，及时发出装船通知尤为重要。

(三) 出口商品海运的详细流程

1. 接受货主询价

(1) 海运询价，包括以下三方面的信息。

① 需掌握发货港至各大洲、各大航线常用的及货主常需服务的港口、价格。

② 主要船公司船期信息。

③ 需要时应向询价货主问明一些类别信息，如货名、危险级别等。

(2) 陆运询价（人民币费用），包括以下三方面的信息。

① 需掌握各大主要城市千米数和拖箱价格。

② 各港区装箱价格。

③ 报关费、商检、动植检收费标准。

(3) 不能及时提供的，需请顾客留下电话、姓氏等联系要素，以便在尽可能短的时间内回复货主。

2. 接单（接受货主委托）

接受货主委托后（一般为传真件）需明确的重点信息：

(1) 船期、件数。

(2) 箱型、箱量。

(3) 毛重。

(4) 体积。

(5) 付费条款、货主联系方法。

(6) 做箱情况，门到门还是内装。

3. 订舱

(1) 缮制委托书（十联单）。制单时应最大程度保证原始托单的数据正确、相符性，以减少后续过程的频繁更改。

(2) 加盖公司订舱章订舱。需提供订舱附件的（如船公司价格确认件），应一并备齐方能去订舱。

(3) 取得配舱回单，提取船名、航次、提单号信息。

4. 装箱

(1) 门到门。填妥装箱计划中的装箱时间、船名、航次、关单号、中转港、目的港、毛重、件数、体积、门点、联系人、电话等要素，先于截关日（船期前两天）1~2天排好车班。

(2) 内装。填妥装箱计划中的船期、船名、航次、关单号、中转港、目的港、毛重、件数、体积、进舱编号等要素，先于截关日（船期前两天）1~2天排好车班。

(3) 取得两种装箱方法所得的装箱单（CLP）。

5. 报关（有时同时、有时先于装箱）

(1) 了解出口货物报关所需资料。

① 商检证书。

② 配额。

③ 许可证。

④ 产地证。

⑤ 商标授权、商标品名。

⑥ 如货发往香港地区货值超过10万美元，其他地区超过50万美元，核销时需提供结汇水单（复印件）。

⑦ 商会核价章。

(2) 填妥船名、航次、提单号，对应装箱单、发票、毛重、净重、件数、包装种类、金额、体积，审核报关单的正确性（单证一致）。

(3) 显示报关单所在货物的"中文品名"，对照海关编码大全，查阅商品编码，审核两者是否相符，按编码确定计量单位，并根据海关所列之监管条件点阅所缺乏报关要件。

(4) 备妥报关委托书、报关单、手册、发票、装箱单、核销单、配舱回单（十联单第五联以后）、更改单（需要的话）和其他所需资料，于截关前一天通关。

(5) 跟踪场站收据，确保配载上船。

(6) 凡是退关改配的，若其中有下个航次，出运仍然需要诸如许可证、配额、商检、动植检之类的文件资料，退关、改配通知应先于该配置船期一个星期到达，以便（报运部）顺利抽回资料，重新利用。否则只会顺延船期，造成麻烦。

6. 提单确认和修改

（1）问明顾客"提单"的发放形式：

① 电放。需顾客提供正本"电放保函"（留底），后出具公司"保函"到船公司电放。

② 预借（如可行）。需顾客提供正本"预借保函"（留底），后出具公司"保函"到船公司预借。

③ 倒签（如可行）。需顾客提供正本"倒签保函"（留底），后出具公司"保函"到船公司倒签。

此种情况下，多半是签发 HOUSE B/L。

④ 分单。应等船开以后 3~4 天（候舱单送达海关，以保证退税），再将一票关单拆成多票关单。

⑤ 并单。应等船开以后 3~4 天（候舱单送达海关，以保证退税），再将多票关单合成一票关单。

⑥ 异地放单。须经船公司同意，并取得货主保函和异地接单之联系人、电话、传真、公司名、地址等资料方可放单。

（2）依据原始资料，传真于货主确认，并根据回传确定提单正确内容。

7. 签单

（1）查看每张正本提单是否都签全了证章。

（2）是否需要手签。

8. 航次费用结算

（1）海运费。海运费有两种付费方式：预付、到付。

（2）陆运费。陆运费包括订舱费、报关费（包括返关之前已经报关的费用）、装箱费（内装/门到门）、其他应考虑的费用（冲港费/冲关费、商检费、动植检费、提货费、快递费、电放费、更改费）。

9. 提单、发票发放（提单样本）

（1）货主自来取件的，需签收。

（2）通过 EMS 和快递送达的，应在"名址单"上标明诸如"提单号""发票号""核销单号""许可证号""配额号"等要素以备日后查证。

10. 返还核销退税单

应在一个月内督促航次费用的清算并及时返还货主的核销退税单。

11. 更改资料

海关退税有问题的，需更改并要提供一些资料。

（1）报关数据正确、舱单不正确时，需提供以下资料：

① 经预录后的（海关返还的）报关单复印件。

② 场站收据复印件（十联单的第七联，即黄联）。

③ 提单正本复印件两张。

④ 装箱单复印件。

⑤ 更正单（三联、正本）。

（2）短装（多报少出）、溢装（少报多出）时，需提供以下资料：

① 船开 5 天（工作日）内没能及时更正的，先交纳罚金 3 000~5 000 元。然后货主重新提供发票、装箱单、报关单、提单副本复印件（加盖"提单副本确认章"）。

② 船开 5 天（工作日）内更改的，需提供提单副本复印件（加盖"提单副本确认章"），正本、正确的报关单，正本、正确的发票、装箱单。

知识拓展

外贸企业水路出口运输业务条款

运输条款是贸易合同的组成部分，如果在成交时忽略了运输问题，导致运输条款订得不恰当，或者责任不明确，甚至脱离了运输的实际可能，不但会在执行合同时使运输工作陷于被动，而且容易引起经济损失和种种纠纷，严重的还会影响履约，使出口任务无法完成。因此，在签订出口合同前，应充分考虑到运输条件，将运输条款订得尽可能完整、明确和切实可行。

一、我方派船合同运输条款

1. 关于装运期的条款

（1）装运期必须订明年度及月份，对船舶较少去的偏僻港口，最好争取跨月装货以便于安排船舶，不要订"即装"条款。

订装运期应结合商品的性质选择季节，如雨季不宜装烟叶，夏季不宜装沥青等。还应结合交货港、目的港的特殊季节因素，如北欧港口不宜订在冰冻期，热带某些地区不宜订在雨季等。

（2）出口货的装运期，分远、近洋地区，应掌握在信用证收到后有一定的期限。远洋地区不少于 30 天，近洋地区不少于 20 天。因此，应在合同中订明信用证于装运期前开到卖方的期限。

（3）签订出口合同时，应避免信用证结汇有效期与装运期订为同时到期即"双到期"。一般应争取结汇有效期长于装运期 15 天，以便货物装船后有足够的时间办理结汇手续。

（4）不能接受一笔货物在短期内分若干批出运的条款。因为在规定期内，如无适当的足够数量的船舶，就会影响这批货物的出运。

2. 关于装运口岸和目的港的条款

（1）出口装运港口，尽可能争取订为"中国港口"，或订为几个中国港口，由卖方选择。

（2）出口目的港，应尽量选订班轮航线通常靠挂的基本港口或条件较好的港口，以便组织直达运输，减少中转。

（3）目的港要明确具体，不要笼统订为"……地区主要港口"以避免由于含义不明，给安排船舶造成困难。如买方提出几个主要港口，并选择其中任何一港交货时，应在合同中有以下明确规定：选卸港费和所选目的港需要增加折运费、附加费等，应由买方负担；买方在开信用证的同时，宣布最后目的港；供选择的港口必须在同一航线内，不应跨航线选卸港口，所选卸港最多不要超过三个。运费应按选卸港中最高的费率及附加费计算。

（4）在不以联运方式承办运输的条件下，一般不接受内地城市为目的地的条款。对于内陆国家的贸易，应选择其最近的我方能安排船舶的海港为目的港。

3. 关于出口转船的条款

（1）货物出口至没有直达船或虽有直达船但没有固定船期、航班较少的港口，必须订明"允许转船"，以利装运。

（2）对某些数量较大的商品或需要运往条件差的港口时，应考虑到港口吃水限度和派船的可能条件，在合同中订明"允许转船及分批装运"的条款。

（3）凡是"允许转船"的货物，不能接受买方指定中转港、二程船公司和船名的条件，也不要接受在提单中注明中转港和二程船舶条件。

4. 关于装卸费负担的条款

由于世界各地的港口对 INCOTERMS 有不同的解释和不同的习惯做法，因此，在签订 C&F 或 CIF 的出口合同时，应根据各地的实际情况，在合同中明确规定在目的港的卸货费用由谁负担，以免引起纠纷。

5. 签订运输条款应注意的问题

（1）关于限期运抵目的港的条款。对买方提出限期运抵目的港的要求应予重视，但不能接受在合同上规定限期运抵目的港的条款。因船舶在海上航行，很难保证到达目的港的时间。如因特殊情况，必须限期运抵目的港时，需事先征求运输部门的意见。

（2）关于指定船舶或限制航线的条款。在合同中一般都不能接受由买方指定装某国籍船，某班轮公司船及限制船型、船级或航线等条款。对于买方要求指定装船部位的条款，要作具体分析，合理的应予接受；对于不合理的要求，则不能接受。

（3）关于指定装卸码头、仓库的条款。对于买方要求指定装卸码头及仓库的条款，一般不能接受。如有特殊情况，应根据货量的大小和所指定的装卸码头及仓库的实际情况来确定。

（4）关于大宗出口商品出具提单问题。对于大宗的出口商品，通常采用程租船装运，同时签发租船提单。对于这种提单，银行一般是不接受的。因此，在签订合同时，应商定双方可以接受的提单，以便作出相应的安排。

（5）关于大宗货的溢、短装条款。对于大宗货物，应订明溢、短装条款，一般为增减 5%～10%。由船方选择，而不是由货方选择。

二、对方派船合同运输条款

（1）对于 FOB 出口合同，卖方应在合同规定的交货期前 30 天向买方发出准备装船通知。买方应从卖方发出通知之日起 20 天内，将装货船只的船舶规范和预计到港日期等通知卖方和装港的船务代理公司。

（2）在我国港口装货所发生的理货费，应在合同中明确由买方或船方负担。因为我国港口一般是由船方申请理货和收受货物，卖方不负担此项费用。

（3）以 FOB 条件成交的出口货物，由船边至船舱的装船费（包括开关舱费、垫舱物料费、理舱和平舱费以及在船上的有关工力费用等）概由买方负担。如为 FOBST 条款，上述费用则应由卖方负担。

三、签订出口贸易合同的注意事项

在我外贸企业执行出口合同的实践中，常因一些合同中的漏洞与差错而贻误了合同的正常履行，不仅给国家造成经济损失，还往往形成了外商对我方信誉的不良印象。

在我出口合同中经常容易出现的漏洞与差错主要有：合同的客户名称写得不全或字母不准；客户的电挂、电传、传真等被忽略或忘记写上；价格计算有误或阿拉伯数字与相应的大写不符；包装条款含混不清；合同条款不明确或前后矛盾；唛头标记不明确；目的港选择不当；装运港规定过死或出现原则错误；装运日期安排不合理，等等。

以上种种，虽然并不都同时发生在同一个合同内，往往不易引起我们的注意，然而就是这些漏洞与差错影响了很多出口合同的正常履行。

签订合同是为了执行。为了切实提高合同质量，减少合同执行过程中的差错与问题，在签订出口合同时应切实注意以下各点。外贸企业的运输部门更应对出口合同的有关条款严格把关，以堵塞漏洞。

1. 合同条款要体现我国的对外政策

（1）成交对象和交货目的港要贯彻我国的对外政策。政策不允许的不能成交，也不能将货物发往政策不允许的地区。

（2）对那些明确规定需在国内办理投保的国家，不要强制对方接受 CIF 条件。

2. 合同条款内容要一致

（1）成交条件与保险条款要一致。CIF 条件成交的应当是我方保险，FOB 或 C&F 条件成交的应当是对方保险。

（2）成交条件与交货港口要一致。CIF 或 C&F 条件要附带一个目的港即卸货港，FOB 条件要有装运港。

（3）单价和总值要保持一致，在币种的使用上也要一致。

（4）包装条件与刷唛标记要一致。散装货不能有刷唛的要求。

（5）付款方式与装运期限要一致。

（6）合同总数量与分批装运的数量要一致。

（7）交货期与信用证开到日期要一致。

（8）有的格式合同对某些条款是填写内容和供选择的，在制作合同时要正确填写或删除。不删除或删错了都会造成条款内容不一致。

3. 合同条款的内容要明确

（1）对交货目的港不要只写国名或地区名称，如美国港口等，因一个国家有很多港口只写国名或地区名不利于船舶的安排。对有重名港口名称后要上国名或地区名，如维多利亚、加拿大、几内亚等国家都有叫维多利亚的港口。如对方派船合同，装港必须明确，卸港则可按买方要求办理。

（2）对合同的交货期、信用证开到日期等的书写上，应写明年月；不能只写月，不写年。

（3）对包装条件的规定要明确，应列明用什么东西包装及每件（包）的重量。

（4）必须明确保险由谁办理，并须明确保险险别及适用条款。

（5）一般均应订上溢短装比例，散装大宗货一般为 5%~10%，一般件杂货为 1%~5%。

（6）在合同中必须明确支付方式。对信用证必须明确是不可撤销的，并须明确开到地点和时间、到期地点以及受益人名称。开到地点、开支时间和到期地点一般均应在中国境内，对信用证的有效期至少掌握在装船期后 15 天。

（7）对合同中唛头标记，应争取按国际通常做法制作，即横式，共为 4 行，每行不超过 17 个字母，第一行为收货人缩写；第二行为合同号码；第三行为目的港名称；第四行为箱号或件数。

（8）对整船出运的货物，往往会涉及滞期/速遣条款。我方派船合同一般发生在国外目的港，对方派船合同发生在国内装港。因此，应根据不同情况，分别在合同上附上一份运输条款。

4. 加强审核，尽量避免差错

（1）合同签订后，要对合同号、买方地址、电挂、电传、传真、成交方式、单价、币制、包装重量、溢短比例、装卸港、保险、信用证开到地点等条款一一进行审核，防止漏打、错打。

（2）要防止英文拼写错误，特别是对品名、价格条款、目的港等更要认真审核，防止打印错误，尽量减少和避免差错。

总之，合同是一个法律文件，必须严肃认真地对待。合同履行的大量工作都集中反映在运输部门。合同签订的好坏，对顺利履行合同关系极大。作为运输部门，更应做好对合同中有关运输条款的把关工作，为日后合同的顺利履行打下一个良好的基础。

基本训练

1. 在环形式行驶线路的选择过程中，以完成同样货运任务时，（　　）为原则。
   A. 实载率最高　　B. 周转量最大　　C. 重车行程最长　　D. 空车行程最短
2. 汇集式运输的三种形式不包括（　　）。
   A. 分送式　　B. 收集式　　C. 收集—收集式　　D. 分送—收集式
3. 在无对流的流向图中，如果流向图中内圈流向的总长度（称内圈长）或外圈流向的总长（简称外圈长）超过整个圈长的（　　），就称为迂回运输，属于不合理运输。
   A. 30%　　B. 40%　　C. 50%　　D. 60%
4. 在确定一条航线时，不包括以下哪个环节（　　）。
   A. 航线配船　　B. 航线评估　　C. 选择挂靠港　　D. 确定航线结构
5. 什么是运输总成本及其具体包括哪些费用？
6. 简述不合理运输的类型。
7. 影响行车路线和时间进度安排的因素有哪些？
8. 简述多班运输中，一车三人、日夜双班、分段交接的组织方式，并画出示意图。

知识应用　最优运输线路决策（节约里程法）典型实例

由配送中心 P 向 A~I 等 9 个用户配送货物。图中连线上的数字表示公路里程（千米）。靠近各用户括号内的数字，表示各用户对货物的需求量（吨）。配送中心备有 2 吨和 4 吨载重量的汽车，且汽车一次巡回行驶里程不能超过 35 千米，设送到时间均符合用户要求，求该配送中心的最优送货方案。

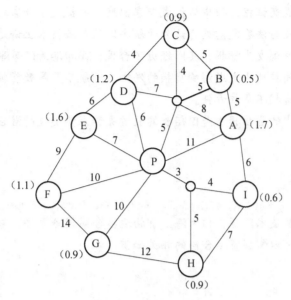

某配送中心配送网络图

问题

1. 试利用节约里程法制定最优的配送方案。
2. 设卡车行驶的速度平均为 40 千米/小时,试比较优化后的方案比单独向各户分送可节约多少时间?

任务二　货物运输合同

任务描述

近日,厦门海事法院对涉案损失达 2 亿元,涉及上海、福建、香港、台湾等众多航运公司及货主,备受瞩目的"景云"轮系列海上货物运输合同货物损害赔偿纠纷案件作出一审判决,判决承运人(美达公司)和实际承运人(大诺公司)免除责任,驳回了原告阳明公司的诉讼请求。

据了解,原告阳明公司是经营集装箱运输的国际班轮公司。2005 年 7 月,原告将所承揽的从福州到高雄的一批集装箱货物运输任务委托给船舶经营人美达公司。货物实际由大诺公司的"景云"轮承运。2005 年 7 月 17 日,该轮从马尾港驶往高雄港。第二天抵达高雄时,高雄港因"海棠"台风影响封锁码头,无法进港。由于台风迅速南下,"景云"轮遭遇大风和巨浪袭击,货物损失总价值 2 亿元人民币。事故发生后,数十名货主向法院提起诉讼,要求船东——承运人(美达公司)和实际承运人(大诺公司)赔偿损失。船东无法赔偿巨款,"景云"轮被依法拍卖。

原告阳明公司认为自己是相关货物的全程承运人,在对货损承担了赔偿责任后,有权向负责区段运输的承运人美达公司和大诺公司追偿,请求法院判令两被告承担连带责任,全额赔偿其损失近 39 万美元(约 292 万元人民币)。

被告美达公司未提交证据，但申请权威专家出庭，并提交了专家技术分析报告。被告大诺公司则辩称：专家及司法鉴定意见都认为开航决定从航海技术上讲是正当合理的，即使开航决定有误，但从开航到发生货损，其间经历了台风、高雄港封港等事项，其中任一事项的发生与否都将直接、间接地决定或影响货损的发生。开航不是导致货物受损的直接原因，承运人或实际承运人对货损不负担责任。

法庭认定，该案中的货物损害是因船长驾驶过失和未能发现的潜在缺陷所引起，承运人和实际承运人可免责。

任务分析

此案涉及大量专业技术问题，作为海上货物运输合同纠纷案件，专业性突出，极具典型意义。通过本任务，可以掌握货运合同的相关知识。

概念点击

货运合同

任务实施

子任务一 货物运输合同的基本知识

一、货运合同的概念

货运合同即货物运输合同，是指当事人为完成一定数量的货运任务，约定承运人使用约定的运输工具，在约定的时间内，将托运人的货物运送到约定地点交由收货人收货并收取一定运费而明确相互权利义务的协议。

二、货运合同的特征

货运合同为运输合同的一种，除具有运输合同的一般特征外，还具有如下重要特征。

（一）货运合同往往涉及第三人

货运合同由托运人与承运人双方订立，托运人与承运人为合同的当事人，但托运人既可以为自己的利益托运货物，也可以为第三人的利益托运货物。托运人既可自己为收货人，也可以是第三人为收货人。在第三人为收货人的情况下，收货人虽不是订立合同的当事人，但却是合同的利害关系人。在此情况下的货运合同即属于为第三人利益订立的合同。

（二）货运合同以将货物交付给收货人为履行完毕

货运合同与客运合同一样，均是以承运人的运输行为为标的。但是，客运合同中承运人将旅客运输到目的地义务即履行完毕；而货运合同中，承运人将货物运输到目的地，其义务并不能完结，只有将货物交付给收货人后，其义务才履行完毕。

(三) 货运合同为诺成性合同

货运合同一般以托运人提出运输货物的请求为要约，承运人同意运输为承诺，合同即告成立。因此，货运合同为诺成性合同。

三、货运合同的效力

(一) 托运人的义务

1. 如实申报的义务

托运人在将货物交付运输时，有对法律规定或当事人约定的事项进行如实申报的义务。因托运人申报不实或者遗漏重要情况，造成承运人损失的，托运人应当承担损害赔偿责任。

2. 托运人有按规定向承运人提交审批、检验等文件的义务

在货物运输中，根据运输货物的种类、性质及国家的计划安排等，有的货物的运输需要得到有关部门的批准，有的货物运输需要先经过有关机关的检验方可进行运输。托运人对需要办理审批、检验手续的货物运输，应将办完有关手续的文件提交承运人。

3. 托运人的包装义务

合同中对包装方式有约定的，托运人有按照约定方式包装货物的义务。合同中对包装方式没有约定或者约定不明确时，可以协议补充，不能达成补充协议的，按照合同有关条款或者交易习惯确定。仍不能确定的，应当按照通用的方式包装，没有通用方式的，应当采取足以保护标的物的包装方式。所谓按照通用的方式包装，主要是指按照某种运输工具运输某种货物的惯常方式包装。所谓足以保护货物的包装方式，主要是指足以保证货物在运输过程中不致发生损坏、散失、渗漏等情形的包装方式。托运人违反约定的包装方式的，或者不按通用的包装方式或足以保护运输货物的包装方式而交付运输的，承运人有权拒绝运输。

4. 托运人托运危险物品时的义务

托运人托运易燃、易爆、有毒、有腐蚀性、有放射性等危险物品的，应当按照国家有关危险物品运输的规定对危险物品妥善包装，粘贴危险物标志和标签，并将有关危险物品的名称、性质和防范措施的书面材料提交承运人。托运人违反规定的，承运人可以拒绝运输，也可以采取相应措施以避免损失的发生，因此产生的费用由托运人承担。

5. 支付运费、保管费以及其他运输费用的义务

在承运人全部、正确履行运输义务的情况下，托运人或者收货人有按照规定支付运费、保管费以及其他运输费用的义务。这是托运人应负担的主合同义务。托运人或者收货人不支付运费、保管费以及其他运输费用的，承运人对相应的运输货物享有留置权，但当事人另有约定的除外。货物在运输过程中因不可抗力灭失，未收取运费的，承运人不得要求支付运费；已收取运费的，托运人可以要求返还。

(二) 承运人的义务

1. 安全运输义务

承运人应依照合同约定，将托运人交付的货物安全运输至约定地点。运输过程中，货物毁损、灭失的，承运人应承担损害赔偿责任。货物的毁损、灭失的赔偿额，当事人有约定的，按照其约定；没有约定或者约定不明确，当事人可以协议补充，不能达成补充协议的，按照合同有关条款或者交易习惯确定。仍不能确定的，按照交付或者应当交付时货物到达地的市场价格计算。法律、行政法规对赔偿额的计算方法和赔偿限额另有规定的，依照其规定。如果承运人证明货物的毁损、灭失是因不可抗力，货物本身的自然性质或者合理损耗以及托运人、收货人的过错造成的，不承担损害赔偿责任。

2. 承运人的通知义务

货物运输到达后，承运人负有及时通知收货人的义务。当然，承运人只有在知道或应当知道收货人的通讯地址或联系方法的情况下，方负有上述通知义务。如果因为托运人或收货人的原因，如托运人在运单上填写的收货人名称、地址不准确，或者收货人更换了填写地址或联系方式而未告知承运人的，承运人免除上述通知义务。

（三）收货人的义务

1. 及时提货的义务

收货人虽然没有直接参与货物运输合同的签订，但受承运人、托运人双方签订的货物运输合同约束，收货人应当及时提货，收货人逾期提货的，应当向承运人支付保管费等费用。收货人不及时提货的，承运人有提存货物的权利。根据《合同法》第316条的规定，在货物运输合同履行中，承运人提存货物的法定事由有两项：

一是收货人不明。这主要包括无人主张自己是收货人，通过现有证据，主要是货物运输合同也无法确认谁是收货人，以及虽有人主张自己是收货人，但根据现有证据，包括货物运输合同及主张人提供的证据，无法认定其即是收货人等情形。

二是收货人无正当理由拒绝受领货物。这主要是指虽有明确的收货人，但其没有正当理由而拒绝受领货物。承运人提存运输的货物后，运输合同关系即告消灭，该货物毁损、灭失的风险由收货人承担。提存期间，货物的孳息归收货人所有，提存所生费用也均由收货人承担。

2. 支付托运人未付或者少付的运费以及其他费用

一般情况下，运费由托运人在发站向承运人支付，但如果合同约定由收货人在到站支付或者托运人未支付的，收货人应支付。在运输中发生的其他费用，应由收货人支付的，收货人也必须支付。

3. 收货人有在一定期限内检验货物的义务

货物运交收货人后，收货人负有对货物及时进行验收的义务。收货人应当按照约定的期限检验货物。对检验货物的期限没有约定或者约定不明确，当事人可以协议补充，不能达成补充协议的，按照合同有关条款或者交易习惯确定。仍不能确定的，应当在合理期限内检验货物。收货人在约定的期限或者合理期限内对货物的数量、毁损等未提出异议的，视为承运人已经按照运输单证的记载交付的初步证据。

四、货运合同的变更或解除

托运人或货物凭证持有人可以请求货物运输合同中如下具体内容的变更或解除：

（1）要求解除合同，由承运人中止运输、返还货物。

(2) 要求承运人变更到达地点。
(3) 要求承运人将货物交给其他收货人，即变更收货人。

托运人并非可随时要求变更或解除运输合同，其请求变更或解除货物运输合同的时间应是在承运人将货物交付收货人之前。如果承运人已将货物交付收货人，则货物运输合同已履行完毕，失去了变更和解除的必要和可能。对承运人因变更和解除所遭受的损失，托运人负有赔偿责任。

五、当事人的违约责任及违约金、赔偿金的一般处理原则

（一）承运方的主要违约责任

（1）承运方过错造成货物逾期到达应按合同规定支付违约金。

（2）从货物装运时起，至货物运抵到达地点交付完毕时止，承运方应对货物的灭失、短少、变质、污染、损坏负责，并按货物实际损失赔偿。但有下列情况之一者除外：① 不可抗力；② 货物的自然损耗或性质变化；③ 包装不符合规定（无法从外部发现）；④ 包装完整无损而内装货物短缺、变质；⑤ 托运方的过错；⑥ 有押运人且不属于承运方责任的；⑦ 其他经查证非承运方责任造成的损失。

（3）货物错运到达地点或收货人，由承运方无偿运到规定地点，交给指定的收货人，由此造成的货物逾期到达，按规定处理。

（4）货物赔偿价格，按实际损失价格赔偿。如货物部分损失，应按损坏货物所减的金额或按修理费用赔偿。赔偿费用应专账支付，不得在运费内扣抵。

（二）托运人的主要违约责任

（1）未按合同规定的时间和要求提供货物，应按合同规定支付给对方违约金。

（2）由于托运人发生下列过错造成事故，致使车辆、机具、设备损坏、腐蚀或人身伤亡以及造成第三者物质的损失，应由托运人负赔偿责任：在普通货物中夹带、匿报危险品或其他违反危险品运输规定的行为；错报笨重货物重量；货物包装不良或未按规定制作标志。

（3）货物包装完整无损而货物短损、变质，收货人拒收，或货物运抵到达地找不到收货人以及由托运方负责装卸的货物超过合同规定装卸时间所造成的损失，均应由托运方负责赔偿。

（4）由于托运方责任给承运部门造成损失，或因匿报而造成他人生命财产损失时，除由托运方负责赔偿外，必要时应交有关部门处理。

（5）托运方对承运方的赔偿要求，凡起运前发现而要求赔偿的，由起运车站负责处理，其他由到达站负责处理。但行车肇事所引起的货运事故，应由事故发生地的就近车站会同当地监理部门和有关单位做出现场记录，由责任人承担赔偿责任。

（6）要求赔偿有效期限，从货物开票之日起，不得超过 6 个月。从提出赔偿要求之日起，责任人承担应在 2 个月内作出处理。

（三）收货人的主要违约责任

（1）收货人逾期领取货物要承担货物的仓储保管费。

（2）收货人应当补交托运人未交或者少交的运费，迟交的要承担滞纳金。

(3) 因收货人的取货行为而造成公路承运人其他财产损失的，应承担赔偿责任。

当事人可以约定违约金、赔偿金，但违约金一般最高不应超过违约部分运量应计运费的10%，并在明确责任的次日起 10 日内偿付。逾期支付按日支付滞纳金。货物灭失、短少的，应按此部分货物价值赔偿；货物变质、污染、损坏按照受损货物所减低价值或者修理费赔偿。赔偿价格应按国家有关主管部门的规定计算。

子任务二 公路货物运输合同

一、公路货运合同

公路货运合同是汽车承运人与托运人之间签订的明确相互权利义务关系的协议，公路货物运输合同除具有一般货运合同的特点外，还有下列三个特点。

(1) 承运人必须是经过国务院交通行政主管部门批准并持有运输经营许可证的单位和个人，国家交通行政主管部门必须对运输工具、司机进行管理，明确职责，以确保货物运输的安全。

(2) 具有门到门的优势和特点。公路汽车货物运输合同可以是全程运输合同，即交由公路承运人通过不同的运输工具一次完成运输的全过程。

(3) 承运人的许多义务是强制性的，如定期检修车辆，确保车辆处于适运状态；运费的计算和收取必须按照有关部门的规定，不得乱收费等。

二、签订公路货运合同条款应注意的问题

(一) 恰当选择公路汽车货物运输的类别

根据所运货物的种类，选择恰当的运输类别。

(二) 确定货物的保险与保价运输事项

汽车货物运输保险采取自愿投保原则，由托运人自行确定。

汽车货物运输实行自愿保价的办法，一张运单托运的货物只能选择保价或不保价中的一种，办理保价运输的货物，应在运单上加盖"保价运输"戳记。承运人按货物保价金额核收 7‰ 的保价费。

(三) 商定公路货物运输计划

公路承运人、托运人双方根据需要可实行计划运输。凡有条件提送运输计划的，托运人应在月前 10 天、季前 15 天、年前一个月向承运人提送"汽车货物托运计划表"。承运人对托运人提送的运输计划安排落实后，应在月前 5 天通知托运人，对已落实的运输计划，承运、托运双方可根据需要签订运输合同，或按规定办理运输手续。托运人变更运输计划，应在运输计划协调前向承运人提出。

(四) 明确运单的填写要求

一张运单托运的货物必须是同一托运人；对拼装分卸的货物应将每一拼装或分卸情况在运单记事栏内注明。易腐货物、易碎货物、易溢漏的液体、危险货物与普通货物以及性质相抵触、运输条件不同的货物，不得用一张运单托运。一张运单托运的件货，凡不是具备同品

名、同规格、同包装的,以及搬家货物,应提交物品清单。托运集装箱时应注明箱号和铅封印文号码,接运港、站的集装箱,还应注明船名、航次或车站货箱位,并提交装箱清单。轻泡货物按体积折算重量的货物,要准确填写货物的数量、体积、折算标准、折算重量及其有关数据。

托运人要求自理装卸车的,经承运人确认后,在运单内注明。托运人委托承运人向收货人代递有关证明文件、化验报告或单据等,须在托运人记事栏内注明名称和份数。托运人对所填写的内容及所提供的有关证明文件的真实性负责,并签字盖章;托运人或承运人改动运单时,亦须签字盖章说明。

托运货物时应注意:在普通货物中不得夹带危险、易腐、易溢漏货物和贵重物品、货币、有价证券、重要票据;托运超限货物,托运方应提供该货物的说明书;鲜活物品,托运方须向车站说明最长的允许运输期限;托运政府法令禁运、限定以及需要办理卫生检疫、公安监理等手续的货物,应随附有关证明。

(五) 规定托运货物的包装

托运货物的包装应符合国家标准或专业标准;没有包装标准规定的货物,应根据货物的重量、性质、运输距离等条件,按照运输需要,做好包装,保证货物安全。托运人还应根据货物性质和运输要求,按照国家规定,正确制作运输标志和包装储运图示标志。零担货物应当用坚固的材料制作明显清晰的运输标志,对不易书写、拴挂运输标志的货物应使用油漆在货物上书写标志。

(六) 有无货物押运

在运输中途需要饲养、照料的动物、植物,易腐物,各种贵重物品以及军械弹药,爆炸品和其他需要押运的物品,托运人应当派人押运。押运人免费乘车,负责运输途中货物的保管、照料。押运人每车以一人为限,因货物性质需要增派押运人员时,在符合安全的前提下,经车站负责人签证,可适当增加押运人数。托运人应在运单内注明押运人员姓名及必要的情况,承运人对押运人员应宣传安全注意事项,并提供工作和生活上的便利条件。

(七) 明确货物的承运

承运人对托运人提交的货物运单应逐项审核,填记承运人记载事项加盖承运章后,将其中一联交托运人存查。承运有受理凭证运输的货物后,要在证明文件的背后注明已托运货物的数量、运输日期、加盖承运章、准运证明,文件可随货同行以备查验,货物到达后,一并交收货人或退还托运人。承运港、站转运集装箱,应核对箱号,并检查箱体和铅封。发现箱体损坏或铅封脱落,须交接人签认或重新加封后,方可起运。承运人对运输货物的全过程负安全责任,应适时检查、妥善保管,注意防火、防潮、防腐、防丢失。有特殊要求的货物,必须遵守商定的事项。

(八) 商洽运输费用

汽车货物运输价格按不同运输条件分别计价,并可按规定实行加、减承运价,有关收费按《汽车运价规则》办理。

汽车货物运输计费重量按以下规定确定:整车运输以吨为单位,尾数不是 10 千克时四舍五入;零担货物运输以千克为单位,起码计算重量为 10 千克,尾数不是 1 千克时四舍五入；一般货物一律按实际重量（含货物本身包装，衬垫及运输需要的附属物品）计算，以过磅为准。

汽车货物运输计费里程按下列规定确定：计费里程以千米为单位，不足1千米的，四舍五入；计费里程以省、自治区、直辖市交通主管部门核定的营运里程为准，未经核定的里程，由承运、托运双方商定；同一运输区间有两条以上营运路线可供行驶时，应按最短的路线为计费里程；如因自然灾害、货物性质、道路阻塞、交通管理需要绕道行驶时，应以实际行驶里程为计费里程；拼装分卸从第一装货地点起至最后一个卸货点止的载重里程计算。

（九）商定货物的交接、运达与交付

在货物装卸和运输过程中，承运、托运双方都应在合同中规定好货物交接。货物起运前，双方当事人应在场当面点件交接，认真核对货物的品名、规格、数量与运单是否相符，并查看包装及装载是否符合规定标准，发现不符合规定或威胁安全运输的，不得起运。承运方确认无误的，应在托运方发货单上签字，然后起运。包装轻度破损，短时间内修复、调换有困难，托运人坚持装车起运的，经双方同意，并做好记录，签名盖章后，方可装运，其后果由托运人承担。

整批货物运抵指定地点交付后，收货单位应在货票上签收，由驾驶员交给到站或带回起运点。零担货物由收货人向到达车站（仓库）凭货票提取。如发现货损、货差，双方交接人员做好记录，并签认，收货人不得因货损、货差拒绝收货。

货物交接时，承运、托运双方对货物重量和内容如有疑义，均可提出查验和复磅，如有不符，按有关规定处理。查验、复磅所发生的费用，由责任方负担。

收货单位如货票遗失，应及时向车站说明登记，经车站确认后，可凭单位证明或其他有效证件提货。如收货单位向车站说明前，货物已被他人持票提走，车站协助查询，不负责赔偿。

承运人对发出领货通知的次日起超过30天无人领取的货物，要建立台账，及时登记，妥善保管，在保管期间不得动用，并认真查找物主，经多方查询，超过一个月仍无人领取的货物，按原国家经委《关于港口、车站无法交付货物的处理办法》办理。但鲜活和不易保管的货物，经企业主管部门批准可不受时间限制。

（十）公路货运合同的变更和解除

运货合同签订后，如确有特殊原因不能履行或需要变更时，需经双方同意，并在合同规定的时间内办理变更。如在合同规定的期限外提出，必须负担对方已造成的实际损失。涉及国家指令性计划的运输合同，在签订变更或解除协议前，须报下达计划的主管部门核准。托运人因故需要变更运输货物的名称、数量、起讫地点、运输时间、收发货人时，应向承运人提出运输变更申请书或其他形式的书面申请（包括信函、电报）；托运方对已托运的货物，要求变更收货人或取消托运，须向受理车站提出书面申请。承运人在接到申请后，应当认真审查，符合变更条件的，应当同意办理相应的变更手续。

由于某种原因发生，运输货物已没有必要，货物起运前可办理解除合同。合同解除的原因主要有：①因自然灾害造成运输线路阻断；②市场变化，托运人认为该批货物已经没有发运必要；③执行政府命令影响按时履行运输合同；④双方商定的其他情况。合同解除也应当以书面形式（包括公函、电报）提出或答复。

子任务三　铁路货物运输合同

铁路货物运输合同（铁路货运合同）是指铁路运输企业与托运人之间达成的旨在明确双方的权利义务关系的协议。根据这个协议，铁路运输企业利用自己的运载工具，按照托运人的要求将货物从一地运至另一地，并交付给托运人指定的收货人。托运人则按照规定支付运输费用。

铁路货运合同根据其运输方式的不同，可以分为整车货运合同、零担货运合同和集装箱货运合同三种。

铁路货运合同根据被运送的货物的性质也可以分为三种，即普通货物货运合同、特殊货物货运合同和危险货物货运合同。

托运人托运货物，必须填写货物运单。托运人填写的部分包括发站、到站；托运人和收货人的名称、住址和电话；货物名称、件数、包装、货物价格、重量等。承运人填写的部分包括车种车号、货车标重、施封号码、运价里程、计费重量、运价率、运费等内容。在填写货物运单时应当遵守有关法律、法规和规章的规定，如实申报货物的品名、重量，不得虚报、匿报品名和重量，防止发生安全事故。特别是托运人和收货人的名称、住址和电话，要填写清楚，避免因记载不清而造成交付困难。领货凭证是货物运单的组成部分，是收货人领取货物的证明，收货在领货时，应当认真阅读领货凭证背面的收货人领货须知。

格式一要车计划表，通常用于整车货物运输。托运人必须提前向铁路运输企业提出要车计划，经铁路运输企业综合平衡后再反馈后执行。经铁路运输企业承诺的要车计划，具有相应的法律效力。

格式二货物运单，是由托运人填写并经承认确认的运输单据。在零担货物运输中，它是运输合同格式；在长期或者整车货物运输中，它是运输合同的重要组成部分。

格式三赔偿要求书，是托运人或者收货人向铁路运输企业提出赔偿要求的书面申请文件。填写赔偿要求书应当注意的问题是：

第一，提出赔偿要求的当事人必须是运输合同的主体，即托运人和收货人。

第二，申请要求赔偿的当事人应当如实填写自己请求赔偿的内容，包括货物名称和损失数量，提赔款额及计算方式。提赔依据要写清楚，以便于铁路运输企业理赔。

第三，对各种赔偿要求文件要逐一填写清楚，包括各种票证、单证，要列出清单，便于查对。

一、铁路货运合同的成立

签订铁路货运合同，一般有三种情况：第一，是托运人在填写货物运单的同时将货物交付给承运人，承运人验货后在运单上予以确认；第二，承运人与托运人经过协商，达成一个长期合作的运输协议；第三，托运人向承运人提出关于运输货物的意向，这种意向，在铁路货物运输中体现在订单上。

上述三种情况，其合同的成立方式是不同的。在第一种情况下，托运人是要约人，填写货物运单并将货物交付给承运人是要约的内容，表明托运人有托运货物的意思表示。承运人是承诺人，承运人接受货物并在货物运单上签字盖章，予以确认，是对托运人要约的认可，是承诺。因此，铁路货运合同就以承运人的签字而成立。

在第二种情况下，托运人和承运人协商签订有一定期间的铁路货运合同，这个过程要经过反复的要约、再要约直至承诺才能完成的。因此，托运人和承运人在签订货运合同过程中的地位是变化的。在有长期铁路货运合同的情况下，通常只能约定一个框架，即在一定期间内托运人提供多少货物、承运人提供多少运力，具体运多少货，还需要托运人根据自己的需要，提前向铁路承运人提出具体的运力计划，在承运人作出计划安排后，才能进入到实质履行阶段。这个过程就是申请车皮计划的过程。有了车皮，才能进入到装车、运送的阶段。实质性的合同内容在填制第一批货物的运单时才能确定。但是，铁路货运合同的成立时间并不是在填写货物运单之时，而是在双方达成一致意见时即为成立。申请车皮、填写运单、交付货物等活动是在履行双方的货运合同的约定内容，双方在其过程中间形成的具有合同意义的各种文件、资料都是货运合同的组成部分。

在第三种情况下，关键问题是订单的性质。铁路货物运服务订单的核心是解决车皮计划也就是运力，有了运力才能将货物运走。因为运力资源不能储存，车皮计划一旦确定，如果托运人放弃或者不使用，运力资源就浪费了。订单本身对双方没有约束力，但当承运人作出提供车皮的承诺时，订单便具有了约束力。因此，合同的成立应以承运人承诺给予托运人运力时成立。托运人填写订单是要约，承运人根据订单安排车皮计划并反馈给托运人时合同即告成立。托运人可以在订单上明确承运人回复的期限，过期即为要约失效。

签订铁路货运合同的目的是为了将货物从甲地运往乙地，实现物的流动。在这个过程中，运力能否落实是铁路货运合同的核心，也就是说铁路货运合同的可执行力主要体现在运力资源上，即承运人能否有能力将货物运至托运人希望的目的地。通过对订立铁路货运合同的过程的分析，不难发现，第一种情况相当于零担运输、小件货物，来了就运，因此，这类合同具有实践性合同的特点。托运人没有货，也就不存在与承运人签订合同的问题。同样，承运人如果没有运力，也不能接受托运人的货物，否则就不能运出去。第二种情况，是一种长期合作关系，书面合同仅仅起到一种相对有计划地安排运力的目的。多少车皮、多少货物、什么时间装车、什么时间发运、到达什么车站，要等到具体的订单落实以后才能知晓。当然，合同的成立并不是以具体的运输计划目标实现为标志。因而，这类合同又具有诺成性合同的特点。第三种情况，订单的特殊性决定了这类合同的特点也是诺成性的，是以铁路承运人承诺提供车皮之时起合同即为成立。

二、铁路货运合同的履行

合同的履行，是指双方当事人按照合同的约定履行义务的过程。因此，论及合同的履行，首先要弄清合同当事人双方的基本权利和义务。

（一）法律规定的义务

根据铁路法、合同法的规定，属于铁路货运合同当事人强制性的义务主要包括以下两个方面。

1. 保证运输安全义务

这项义务虽然也是合同义务，当事人可以约定，但更多体现的是国家法律的要求。任何一方当事人都不应当把安全义务视为一般性的合同义务。因为，铁路运输安全不仅涉及当事人经济上的利益，而且也涉及国家利益和不特定的人的利益。比如，伪报危险品为非危险品，导致他人的财产损失和铁路运输的中断，对于直接责任人而言，既要承担经济上的赔偿责任，也要承担国家法律规定的行政责任，情节严重的，要追究刑事责任。行政责任和刑事责任是国家对行政违法行为和刑事的处罚，不属于当事人约定的责任。这表明，运输安全的义务也是法定的义务内容。

2. 禁止和限制运输的义务

禁止运输和限制运输是行政机关为了公众的利益，对运输行为进行的行政控制。禁止运输的货物一般都是对社会有危险的货物或者对社会有危害的货物，比如黄色书刊，是属于禁止运输的范围。限制运输是对少数物资的流动须经过批准，当事人凭批准的文件实现物资的位移。比如，一些治疗精神病的麻醉药品，就属于限制运输的物品，当事人需要办理相应的准运证才能运输。违反此项义务通常是要承担行政责任的。

3. 遵守铁路运价的义务

这项义务主要是铁路承运人应当履行的义务。铁路货物运价实行国家定价的原则，主要价格由国家制定，铁路承运人与托运人按照国家批准的运价计算运费。随着铁路价格管理体制的改革，当事人之间可以协商确定具体的运费，但这种协商确定的运费，是根据国家运价为基础的，不能认为是当事人自由定价。如果铁路承运人违反收费规定，则要承担行政责任。

除了以上的法定义务外，由于铁路货运合同的特殊性，当事人的许多权利义务在订立合同时往往并不需要协商，托运人按照承运人的要求填写运单，交付货物，合同即告成立，因此，法律法规和规章规定了大量的有关铁路货运合同的当事人的合同义务，这些合同义务，通过法律形式明示，也成为法定义务，当事人应当按照规定履行，不履行义务则构成违反合同的责任条件。

（二）合同履行的内容

由于铁路货运合同自身存在的特点，当事人对合同每一个细节进行协商是很难的，而且也是不经济的，从便利当事人、节约谈判成本、提高合同效率的角度出发，各国一般采取两种办法解决大量的合同谈判基础问题。第一，由服务提供方制定标准合同文本，通过格式合同的形式减少协商的过程，提高签订合同的效率；第二，通过国家立法的形式，直接规定当事人的权利和义务。这两种方式，第一种是市场的成分多一些，第二种是行政的成分多一些。也有采取的是两种方式的兼容，即既有法律的规定，也有合同文本的规定。我国运输合同立法，按不同的运输方式，采取不同的形式。在民航、铁路和海运方面，国家立法占主导；而在公路、水路运输方面，又是市场化的成分多些。当事人可以自由地协商签订公路和水路运输合同。

综合法律的规定，可以把履行铁路货运合同的权利义务分为三个阶段。

1. 承运阶段

这是铁路货运合同履行的第一阶段。这个阶段有的可能与签订合同同时进行，有的则可能分别进行。所谓承运，就是承运人接受货物并开始运输生产活动。从本质上说，铁路货物运输的性质是承运人提供具有服务性的运输劳务行为，承运人通过自己的运输行为，实现货物的位移目的。运送货物是铁路货运合同的第一目标。如果没有货物，则不存在合同的履行。因此，合同履行，都是围绕着货物这个特定物的位移开展的。

在铁路货物运输中，零担货物运输合同通常在签订合同时当事人就要履行相应的义务。比如，托运人到车站托运货物，应当把货物交付给承运人，承运人确认收到货物，才与托运人签订合同。如果托运人与承运人商量第二天交付货物，则合同也可以成立生效，但交付货物义务的时间不是当时而是第二日。托运人支付运费也是一样，可以当即支付也可以在约定的时间支付运费，甚至可以约定由第三人即收货人支付运费。这一阶段，履行的主体即合同的主体为托运人与承运人，履行的工作内容为交付货物、支付运费。围绕这两大项工作，其权利义务分别为：

（1）托运人履行铁路货运合同的义务，主要有以下五个方面：

① 托运人应当按照铁路货运合同的约定及时向铁路承运人提供运输的货物。

② 托运人应对运输的货物进行包装，以保证运输安全的需要。对于包装不良的，铁路承运人有权要求托运人予以改善。如果托运人拒绝改善，或者改善后仍然不符合国家有关运输包装规定要求的，铁路承运人有权拒绝承运。

③ 托运人要按照规定支付运输费用。运输费用可以约定在托运时交付，也可约定在到站时由收货人交付。但铁路零担货物运输的运费原则上都在发运时由托运人支付。如果托运人不支付运费，铁路承运人可以不予承运。

④ 托运人要如实申报货物的品名、重量和性质。这是托运人的基本义务之一。因为不同货物的运输，其安全条件不同。危险品货物必须按照危险品的规定运输；鲜活货物要按照鲜活货物的规定运输。如果托运人匿报品名，把危险品按照普通货物运输，就可能造成铁路运输事故。匿报重量，就可能造成铁路行车事故。因此，托运人如实申报是其基本义务。

⑤ 如果是保价运输的，要声明价格，并按保价运输支付保价费。

（2）承运人接受并验收货物，提供符合运输条件的运输车辆，组织装车，对托运人自装车辆办理交接。

2. 运送阶段

这是合同履行的第二阶段。这个阶段实际上是承运人通过运力的使用实现货物位移的阶段。运输劳务行为既包括在承运车站时的一个点上的服务活动，也包括货物在运输途中的一条线上的服务活动。这个阶段义务的履行，是承运人履行运输劳务行为义务，承运人必须通过自己的行为实现物的位移。承运人基本义务包括两项：一是保障货物安全的义务；二是及时将货物运到到站的义务。

3. 交付阶段

交付阶段，是承运人与收货人交接货物的过程。承运人的履行是要保证及时将货物交付给收货人，并且要保证货物的安全、完好、完整。这个阶段，承运人的义务：一是要及时通知收货人到站领取货物；二是要与收货人清点交接货物；三是如果发现多收运费的要退还给收货人。

收货人作为铁路货运合同的第三人，具有相应的权利义务。但是，收货人只有在行使权利的时候，承运人才有权要求其履行相应的义务。如果收货人拒绝行使权利，则承运人也无权要求收货人履行义务。

就货运合同的履行而言，收货人的履行是托运人的履行的一部分。它的基本义务包括：① 及时到车站领取货物，逾期领取要承担保管费；② 补交托运人未交的运费以及运输途中发生的其他费用；③ 规定由收货人组织卸车的要及时组织卸车。

如果收货人拒绝领取货物，铁路承运人应当及时通知托运人到站处理。则有关收货人货物交付的权利义务由托运人承担。

（三）合同履行的特殊问题

在铁路货运合同履行中，一些涉及承运人的行为性质争议。比如，货物检查、核实托运人的货物包装、对托运自装货物的装载加固等，在实践中有的人认为这是权利，有的人认为这是义务。在法律上，没有明确的规定。

对于这类问题，需要区分的是法律规定的是合同权利义务还是行政法上的权利义务。在合同法上，并不是所有的权利义务都是合同性质的，有相当一部分属于行政法范畴的权利义务。比如，危险品运输，托运人如不履行如实申报的义务，行政部门可以给予行政处罚，造成承运人损失的，构成民事赔偿责任。对货物的检查、装卸安全检查、包装检查等涉及货物运输安全的检查行为，就不能仅仅理解为是承运人的权利或者义务。对涉及公共运输安全的检查行为或者义务，应当理解为是承运人的一种职权，这种职权不能放弃，但不履行职权，不构成托运人向承运人主张违约责任的基础，其不履行的法律后果是行政责任而不应是民事责任。

三、铁路货运合同的变更或解除

（一）铁路货运合同的变更

铁路货运合同的变更，是指经合同双方同意，对运输的货物、运期、到站及收货人等，在法律允许的范围内进行更改的法律行为。

变更的特点包括以下三点：

① 托运人变更合同的要求不是在发站提出，而是向货物所在的途中站或到站提出。

② 由于铁路货运合同的收货人可以是托运人以外的人，他虽未参加订立合同，但作为合同一方当事人的关系人，也可以提出变更合同的要求。

③ 铁路货运合同的变更，不仅应提出变更要求书，还应提出领货凭证或其他有效证明文件，以避免变更合同后原收货人向承运人提出领货要求而出现不必要的货运纠纷。

变更的限制。铁路货运合同在下列四种情况下，不得办理变更：

① 违反国家法律、行政法规、物资流向或运输限制的。

② 变更后的货运期限，长于货物允许运输期限的。

③ 第二次变更到站的。

④ 变更一批货物中的一部分的。

（二）铁路货运合同的解除

铁路货运合同的解除，是指合同有效成立后，基于当事人双方的意思表示，使特定的铁路货运合同托运人与承运人之间的权利义务关系归于消灭的法律行为。

铁路货运合同的解除应具备下列条件四个之一：

① 货运合同在货物发送前，经双方同意，可以解除，但不得因此损害国家利益和社会公共利益。

② 订立货运合同所依据的产品调拨计划、铁路运输计划等国家计划被取消。

③ 由于不可抗力或由于一方当事人虽无过失但无法防止的外因致使合同全部义务不能履行，一方有权通知另一方解除合同。

④ 由于另一方在合同约定的期限内没有履行合同，致使合同的履行已无意义，当事人一方有权通知另一方解除合同。

铁路货运合同的解除必须有解除合同的行为。它包括：双方协商解除合同的，必须有当事人意思表示一致的行为；单方解除合同的，必须有一方通知另一方解除合同的明确意思表示和提供规定的证明文件的行为。

铁路货运合同解除的后果是使特定的合同关系归于消灭，当事人各方均不再履行所负义务。

四、铁路货运合同的违约责任

（一）承运人的违约责任

（1）由于下列原因之一，未按货运合同履行，向托运人偿付违约金：

① 未按旬间日历装车计划及商定的车种、车型配够车辆，但当月补足或改变车种、车型经托运人同意装运者除外。

② 对托运人自装的货车，未按约定的时间送到装车地点，致使不能在当月装完。

③ 调拨车辆的完整和清扫状态，不适合所运货物的要求。

④ 由于承运人的责任停止装车或使托运人无法按计划将货物搬入车站装车地点。

（2）从承运货物时起，至货物交付收货人或依照有关规定处理完毕时止，货物发生灭失、短少、变质、污染、损坏，按下列规定赔偿。

① 已投保货物运输险的货物，由承运人和保险公司按规定赔偿。

② 保价运输的货物，由承运人按声明价格赔偿，但货物实际损失低于声明价格的按实际损失赔偿。

③ 除上述①、②两项外，均由承运人按货物的实际损失赔偿。赔偿的价格如何计算，由铁道部、国家物价局、国家工商行政管理局另行规定。

（3）由于下列原因之一造成的货物灭失、短少、变质、污染、损坏，承运人不负赔偿责任：不可抗力；货物本身性质引起的碎裂、生锈、减量、变质或自燃等；国家主管部门规定的货物合理损耗；托运人、收货人或所派押运人的过错。

（4）由于承运人的过错将货物误运到站或误交收货人，应免费运至合同规定的到站，并交给收货人。

（5）未按规定的运到期限将货物运至到站，向收货人偿付该批货物所收运费5%~20%的违约金。

（6）如果托运人或收货人证明损失的发生确属承运人的故意行为，则承运人除按规定赔偿实际损失外，由合同管理机关处其造成损失部分10%~50%的罚款。

（二）托运人的违约责任

（1）由于下列原因之一，未按货物运输合同履行，向承运人偿付违约金：

① 未按规定期限提出旬间日历装车计划，致使承运人未拨货车（当月补足者除外），或未按日历装车计划的安排，提出日要车计划。

② 收货人组织卸车的，由于收货人的责任卸车迟延，线路被占用，影响装车地点配送空车或对指定使用本单位自卸的空车装货，而未完成装车计划。

③ 承运前取消运输。

④ 临时计划外运输致使承运人违约造成其他运输合同落空者。

（2）由于下列原因之一招致运输工具、设备或第三者的货物损坏，按实际损失赔偿：匿报或错报货物品名或货物重量的；货物包装有缺陷，无法从外部发现，或未按国家规定在货物包装上标明包装储运指示标志的；托运人组织装车的，加固材料不符合规定条件或违反装载规定，在交接时无法发现的；由于押运人过错导致的。

（三）收货人的违约责任

（1）收货人未按规定期限及时领取货物的，应向承运人支付逾期保管费。

（2）货物交接验收时，未按规定提出异议的，视为货运合同履行完毕，责任自负。

（3）接收货物过程中，由于收货人的过错，致使承运人运输工具、设备或者第三人的货物损坏的，由收货人按实际损失赔偿。

（四）承运人、托运人的除外责任

货运合同遇有下列情况，承运人或托运人免除责任。

（1）因不可抗力或铁路发生重大事故影响排空送车，企业发生重大事故以及停电影响装车，超过 24 小时。

（2）根据国家和省、自治区、直辖市的主管行政机关的书面要求停止装车时。

（3）由于组织轻重配装或已完成货物吨数而未完成车数时。

（4）由于海运港口、国境口岸站车辆积压堵塞，不能按计划接车而少装时。

在发生上述情况下造成一方不能完全履行合同时，解除违约方的违约责任，由此带来的损失由各方自己承担。然而应指出，由于上述情况造成部分违约时，只能解除违约方的部分违约责任，不能解除其他部分的违约责任。在发生上述情况时，应及时通知对方，并采取措施避免发生更大损失。由于未及时通知对方给对方造成不应有的损失时，通知方负有赔偿责任。由于未采取合理措施造成自己的损失或扩大损失，则无权要求对方赔偿这部分损失；由于未采取合理措施给对方造成损失或扩大了损失，则对方有权就这部分损失要求赔偿。

（五）索赔时效、答复期限及常见纠纷与解决办法

1. 索赔时效

承运人同托运人或收货人相互间要求赔偿或退补费用的时效期限为 180 日（要求铁路支付运到期限违约金为 60 日）。托运人或收货人向承运人要求赔偿或退还运输费用的时效期限，由下列日期起算：

（1）货物灭失、短少、变质、污染、损坏，为车站交给货运记录的次日。

（2）货物全部灭失未编有货运记录，为运到期限满期的第十六日，但鲜活货物为运到

期限满期的次日。

（3）要求支付货物运到期限违约金，为交付货物的次日。

（4）多收运输费用，为核收该项费用的次日。承运人向托运人或收货人要求赔偿或补收运输费用的时效期限，由发生该项损失或少收运输费用的次日起算。

2. 对赔偿要求的答复期限

合同一方当事人在收到对方的赔偿要求时，应及时作出答复，作出同意与否或修改与否的意思表示。当事人答复的期限为自收到书面赔偿要求的次日起 30 日，如果是跨两个铁路局以上的货运，答复期限为 60 日。如果被要求方未在上述期限内作出答复意见，则视为默示同意对方的要求。

索赔一方对对方的答复有不同意见时，应在接到答复的次日起 60 日内提出。否则，视为默示同意对方的答复。

3. 铁路货运合同常见纠纷及解决途径

（1）铁路货运合同常见的纠纷有以下四种：

① 货物索赔争议。货物在运输过程中发生灭失、短少、变质、污染或者损坏的，托运人、收货人认为是铁路的责任造成的，要求铁路运输企业赔偿损失，铁路运输企业则认为货损是托运人、收货人自身原因造成的，不予赔偿，因而发生争议。

② 货物逾期交付争议。货物未按规定或约定的期限交付，收货人要求铁路运输企业支付违约金，铁路运输企业则提出收货人没有按时提货或托运的手续不合规定或其他理由拒付违约金，因而形成争议。

③ 货物误交争议。铁路运输企业误将货物交给第三人，收货人要求赔偿，铁路运输企业则以运单中填写的收货人有误或不明确为由，拒绝赔偿。

④ 拖欠运杂费争议。货物托运人延迟交付运杂费，铁路运输企业要求支付，但托运人的银行账户已被冻结或无力支付而酿成争议。

（2）铁路货运合同争议的解决。针对上述铁路货运合同容易出现的争议，企业应从防患于未然的角度出发，在合同订立时力求严密、完备，在合同履行时要细致、认真，避免给对方的违约行为授以抗辩的理由，如在填写运单时要力求详尽、准确，托运手续符合要求，货到及时提货等。作为承运人的当事人，应本着诚信原则，对托运人高度负责的态度，安全运输，对各种单据认真核对，将货物准时运抵目的地，交到收货人手中。铁路货运合同争议的解决途径，主要有：

① 当事人双方及时协商解决。不愿意协商或协商不成的，当事人可以通过调解解决。

② 不愿意协商调解解决或协商、调解不成的，可依据合同中的仲裁条款或事后达成的书面仲裁协议，向仲裁机关申请仲裁。

③ 当事人没有在合同中订立仲裁条款，事后又没有达成书面仲裁协议的，可以向人民法院起诉。

子任务四　水路货物运输合同

国际海上货运合同是指船主与货主之间签订的，由承运人或船舶出租人负责将货物由一港经海路运至另一港，交由收货人，由托运方（收货人）支付运费的协议。

国际海上货运合同可分为两类：一种是班轮运输合同。一种是租船运输合同。

一、班轮运输合同

班轮运输合同是指托运人将一定数量的货物交由轮船公司（承运人），由承运人按固定的航线、沿线停靠固定的港口，按固定船期将货物送达目的港，由托运人支付固定运费的协议。

班轮运输合同中的托运人一般是指国际货物买卖合同中的买方或卖方。承运人一般是船舶的所有人或经营人。除托运人和承运人外，班轮运输合同中还常常出现合同第三人即运输合同的收货人，他对运输合同的履行不负任何责任，一般而言，收货人在收货时发现货损货差或灭失时不能直接以自己的名义向承运人索赔，而只能请求托运人或以托运人的名义向承运人索赔或向法院起诉。但如果收货人本身即为托运人，收货人自然可以直接向承运人索赔。

（一）承运人的基本权利、义务

承运人的基本权利即按合同规定向托运人收取运费。

承运人的基本义务有：

（1）负责装卸货物。

（2）提供适航的船舶。依《海牙规则》的规定，在开航前，承运人应"尽到应尽职责"使船舶处于适航状态。所谓适航状态是指配备适当的船员、设备和船舶供应品；适宜装货，即货舱、冷藏舱、冷气舱和船舶其他装货部位能适合并能安全收受、运送和保管货物。

（3）管理和安全运送货物。即应"适当而谨慎地"装载、收受、配载、运送、保管、照料、卸载所运货物。

（4）在目的港将货物交付于收货人。

（二）托运人的基本权利义务

托运人的基本权利是在目的港提取承运的货物。

托运人的基本义务有：

（1）按双方约定的时间、地点，以适当的条件向承运人提供托运货物。适当的条件包括适当包装、将装卸说明通知承运人。

（2）支付运费。托运人应按合同规定的期限、方式向承运人支付运费。

（3）在目的港提取货物。如不提货或逾期提货的，托运人应承担责任。

二、提单

班轮运输合同的表现形式是海运提单，因而班轮运输又称提单运输。提单，是承运人在接受托运人交付的货物后，由承运人或其代理人或承运货物的船长，签发给托运人的书面凭证。

提单是货物所有权的凭证。拥有提单则表明享有提单所载货物的所有权；提单是班轮运输合同的凭证。提单规定了托运人与承运人之间的权利义务，对双方都有约束力，具有合同效力。提单是承运人签发给托运人的货物收据，提单是在承运人收到托运人的货物后才签发的，所以提单起着货物收据及交货凭证作用。

我国海商法基本沿用了《海牙规则》，同时也吸纳了《维斯比规则》的一些规定：

（1）承运人的责任。海商法规定承运人的主要责任有：提供适航船舶；谨慎而妥善地保管货物；及时开航，按规定或习惯或地理上的航线将货物运至卸货港；在约定的时间和卸货港交货，若迟延交货，除法律规定的免责情形外，承运人应负赔偿责任。

（2）承运人承担责任的期间。我国海商法改变了传统上将承运人的责任期间定为"钩至钩"的限制。兼取海牙规则及汉堡规则，具体规定是：承运人对集装箱装运货物的责任期间，从装货港接收货物时起至卸货港交付货物时止，货物处于承运人管理的全部期间，即汉堡规则的"港至港"期限；承运人对非集装箱装运货物的责任期间，从货物装上船时起至卸下船时止，货物处于承运人掌管的全部期间，即海牙规则的"钩至钩期间"。

（3）承运人承担责任的原则。海商法采取的是不完全过失责任原则。这主要体现在该法第五十一条的免责条款中，如对船长、船员、引航员或者承运人的其他受雇人在驾驶船舶或管理船舶中的过失造成的货物灭失、损坏，承运人亦可免责。对因承运人本人过失造成火灾造成的损害则不能免责。

子任务五　航空货物运输合同

一、航空货运合同

航空货运合同是航空承运人与货物托运人之间，依法就提供并完成以民用航空器运送货物达成的协议。

航空承运人是利用民用航空器实施货物运输的公共航空运输企业。民航法第92条规定，公共航空运输企业是指以营利为目的，使用民用航空器运送旅客、行李、邮件或者货物的企业法人。设立公共航空运输企业，应当向国务院民用航空主管部门申请领取经营许可证，并依法办理工商登记；未取得经营许可证的，工商行政管理部门不得办理工商登记。因此，航空承运人只能是取得航空运输许可证并依法办理工商登记的企业法人。航空货物运输合同的承运人包括缔约承运人和实际承运人，所谓缔约承运人是指以本人名义与旅客或者托运人，或者与旅客或托运人的代理人订立航空运输合同的人。所谓实际承运人是指根据缔约承运人的授权，履行全部或者部分运输的人。缔约承运人对合同约定的全部运输负责，实际承运人对其履行的运输负责。

货物托运人是指与航空承运人订立合同，要求使用航空器运输特定货物的当事人，它可以是法人、其他经济组织、个体工商户、农村承包经营户和公民个人等。收货人是航空运输合同指定的货物被运送至约定地点后提取货物的当事人，收货人可以是托运人，也可以是托运人之外的第三人。

二、航空货运合同的特点

（一）航空货运合同是标准合同

航空货运合同中包含大量格式条款，合同的形式和条款基本上都是由承运人依法律、行业惯例、经营需要单方预先制定的，国家对这些条款要加以审核，既要保护航空运输企业的利益，又要保护托运人的利益，这体现了国家对航空货运合同的监管和控制。因此说航空货物运输合同具有标准合同的性质。

（二）航空货运合同是双务、有偿合同

航空货运合同双方互负义务，并且其义务具有对应性，这体现了它的双务性，托运人需为其得到的运输服务支付报酬，这体现了它的有偿性。

三、航空货运合同的订立及内容

（一）航空货运合同的订立

订立航空货运合同，要遵守国家法律法规的规定，不得损害国家利益和社会公众利益。根据《航空货物运输合同实施细则》的有关规定，托运人利用航空运输方式运送货物时，承运人有权要求托运人填写航空货运单，托运人应当向承运人填交航空货运单，并根据国家主管部门规定随附必要的有效证明文件。托运人应对航空货运单上所填写内容的真实性和正确性负责。托运人填交的航空货运单经承运人接受，并由承运人填发货运单后，航空货物运输合同即告成立。

此外，托运人可以与承运人订立包机运输合同。托运人要求包用飞机运输货物，应填写包机申请书，经承运人同意接受并签订包机运输协议书后，航空运输合同即告成立。

（二）航空货运合同内容

航空货运单是航空货运合同订立和运输条件以及承运人接受货物的初步证据。航空货运单上关于货物的重量、尺寸、包装和包装件数的说明具有初步证据的效力。除经过承运人和托运人当面查对并在航空货运单上注明经过查对或者书写关于货物的外表情况的说明外，航空货运单上关于货物的数量、体积和情况的说明不能构成不利于承运人的证据。航空货运单的内容由国务院民用航空主管部门规定。航空货运单至少应包括以下三个方面：

① 出发地点和目的地点。
② 出发地点和目的地点均在我国境内，而在境外一个或者数个约定的经停地点的，至少注明一个经停地点。
③ 货物运输的最终目的地点、出发地点或者约定的经停地点之一不在我国境内，货运单上应载明所适用的国际航空运输公约的规定，并明确载明有关声明。

航空货物运输合同采用航空货运单和航空货物运输合同两种书面形式，无论采用哪种形式，其基本内容是一致的，一般而言，合同内容包括以下条款：

① 托运人和收货人的名称及其详细地址。
② 货物的出发地点和目的地点。
③ 货物名称和性质。
④ 货物重量、数量、体积、价值。
⑤ 货物包装、包装标准和运输标志。
⑥ 运输质量及安全要求。
⑦ 货物的装卸责任和方法。
⑧ 储运注意事项。
⑨ 货物的承运日期和运到日期。

⑩ 货物的交接手续。
⑪ 运输费用,结算方式和方法。
⑫ 违约责任。
⑬ 双方其他约定的事项。

包机运输合同的主要条款包括:
① 包机单位名称、地址、联系人。
② 包机飞行日期。
③ 航程起飞站、途经站、到达站。
④ 货物名称或团体旅客名称。
⑤ 货物单件重量、体积。
⑥ 货物总件数、总重量或乘机人数。
⑦ 包机原因。
⑧ 储运注意事项。
⑨ 包机费用。
⑩ 违约责任。
⑪ 不可抗力及免责条件。
⑫ 争议解决的方式。
⑬ 双方约定的其他事项。

四、航空货运合同各方当事人的义务

(一) 托运人的义务

(1) 托运人应认真填写航空货运单,对货运单内容的真实性、准确性负责,并在货运单上签字或者盖章。对政府规定限制运输的货物以及需向公安、检疫等有关政府部门办理手续的货物,应当随附有效证明。

(2) 托运人要求包用飞机运输货物,应先填交包机申请书,并遵守民航主管机关有关包机运输的规定。

(3) 托运人对托运的货物,应按照国家主管部门规定的标准包装,没有统一标准的,应当根据保证运输安全的原则,按货物的性质和承载飞机等条件包装。凡不符合上述包装要求的,承运人有权拒绝承运。

(4) 托运人必须在托运的货件上标明发站、到站和托运人单位、姓名和详细地址,按照国家规定标明包装储运指示标志。

(5) 托运国家规定必须保险的货物,托运人应在托运时投保货物运输险。对于每千克价值在10元以上的货物,实行保险与负责运输相结合的补偿制度,托运人可在托运时投保货物运输险,具体办法另行规定。

(6) 托运人在托运货物时,应接受航空承运人对航空货运单进行的查核,在必要时,托运人还应接受承运人开箱进行的安全检查。

(7) 托运货物内不得夹带国家禁止运输、限制运输物品和危险物品。如发现托运人谎报品名,夹带上述物品,应按有关规定处理。

(8) 托运在运输过程中必须有专人照料、监护的货物,应由托运人指派押运员押运。押运是对货物的安全负责,并遵守民航主管机关的有关规定,承运人应协助押运员完成押运任务。

(9) 托运人托运货物,应按照民航主管机关规定的费率缴付运费和其他费用。除托运人和承运人另有协议外,运费及其他费用一律于承运人开具货运单时一次付清。

(二) 承运人的义务

(1) 承运人应按照货运单上填明的地点,按约定的期限将货物运达到货地点。货物错运到货地点,应无偿运至货运单上规定的到货地点,如逾期运到,应承担逾期运到的责任。

(2) 承运人应于货物运达到货地点后 24 小时内向收货人发出到货通知。收货人应及时凭提货证明到指定地点提取货物。货物从发出到货通知的次日起,免费保管 3 日。

(3) 货物从发出提货通知的次日起,经过 30 日无人提取时,承运人应及时与托运人联系征求处理意见;再经过 30 日,仍无人提取或者托运人未提出处理意见,承运人有权将该货物作为无法交付货物,按运输规则处理。对易腐或不易保管的货物,承运人可视情况及时处理。

(4) 承运人应按货运单交付货物。交付时,如发现货物灭失、短少、变质、污染、损坏时,应会同收货人查明情况,并填写货运事故记录。收货人在提取货物时,对货物状态或重量无异议,并在货运单上签收,承运人即解除运输责任。

(三) 收货人的义务

(1) 收货人在接到提货通知后,应持提货证明或者其他有效证件在规定的时间内提取货物,逾期提取货物的,应当向承运人支付保管费。

(2) 托运货物发生损失,收货人最迟应在收到货物之日起 10 日内提出异议。货物发生延误的,收货人最迟应自货物交付或者处理之日起 21 日内提出异议。收货人应将所提异议写在运输凭证上或者另以书面提出。收货人未在上述规定期限内提出异议的,不能向承运人提起索赔诉讼,但承运人有欺诈行为的情形除外。

五、航空货运合同的变更和解除

货物承运后,托运人可以按照有关规定要求变更到站、变更收货人或运回原发站。托运人对已承运的货物要求变更时,应当提供原托运人出具的书面要求、个人有效证件和货运单托运人联。要求变更运输的货物,应是一张货运单填写的全部货物。

对托运人的变更要求,只要符合条件的,航空承运人都应及时处理;但如托运人的变更要求违反国家法律、法规和运输规定,承运人应予以拒绝。

由于承运人执行国家交给的特殊任务或气象等原因,需要变更运输时,承运人应及时与托运人或收货人商定处理办法。对于托运人的指示不能执行的,承运人应当立即通知托运人,并说明不能执行的理由。承运人按照托运人的指示处理货物,没有要求托运人出示其所执的航空货运单,给该航空货运单的合法持有人造成损失的,承运人应当承担责任,但不妨碍承运人向托运人追偿。

货物发运前,经合同当事人双方协商同意,或任何一方因不可抗力不能履行合同时,可以解除航空运输合同，但应及时通知对方。承运人提出解除合同的，应退还已收的运输费用；托运人提出解除合同的，应付给承运人已发生的费用。

六、航空货运合同各方当事人的违约责任

（一）承运人的主要违约责任

（1）从承运货物时起至货物交付收货人或依照规定处理完毕时止，货物发生灭失、短少、变质、污染、损坏的，如果是已投保货物运输险的货物，由承运人和保险公司按规定赔偿。除上述情况外，均由承运人按货物的实际损失赔偿。但由于以下原因造成货物灭失、短少、变质、污染、损坏的，承运人不承担责任：不可抗力；货物本身性质所引起的变质、减量、破损或灭失；包装方法或容器质量不良，但从外部无法发现；包装完整，封志无异状而内件短少；货物的合理损耗；托运人或者收货人的过错。

（2）如果托运人或收货人证明损失的发生确属承运人的故意行为，则承运人除按规定赔偿实际损失外，由合同管理机关处其造成损失部分10%~50%的罚款。

（3）货物超过约定期限运达到货地点，每超过1日，承运人应偿付运费5%的违约金，但总额不能超过运费的50%。但因气象条件或不可抗力原因造成货物逾期运到，可免除承运人的责任。

（4）免责条件。承运人证明货物的毁灭、损灭或者损坏完全是由于下列原因之一造成的，不承担责任：货物本身的自然属性、质量或者缺陷；承运人或者其受雇人、代理人以外的人包装货物的，货物包装不良；战争或者武装冲突；政府有关部门实施的与货物入境、出境或者过境有关的行为。

（5）货物在航空运输中因延误造成的损失，承运人应当承担责任；但是，承运人证明本人或者其受雇人、代理人为了避免损失的发生，已经采取一切必要措施或者不可能采取此种措施的，不承担责任。

（6）在货物运输中，经承运人证明，损失是由索赔人或者代行权利人的过错造成或者促成的，应当根据造成或者促成此种损失的程度，相应免除或者减轻承运人的责任。

（二）托运人的主要违约责任

（1）签订包机航空货物运输合同后，包机人因故要求解除合同时，应按规定交付退包费，并承担在此之前，承运人已经发生的调机等项费用。

（2）托运人未按照规定缴纳运输费用的，应承担违约责任。

（3）因航空货运单上的说明和声明不符合规定、不正确或者不完全，给承运人或者承运人对之负责的其他人造成损失的，托运人应承担赔偿责任。

（4）托运人在托运货物内夹带，匿报危险物品，错报笨重货物重量，或违反包装标准和规定，而造成承运人或第三者的损失，托运人应承担赔偿责任。

（三）收货人的责任

（1）由于收货人的过错，造成承运人或第三者的损失的，收货人应承担赔偿责任。

（2）收货人应在规定的期限内提取货物，逾期提取的，应向承运人支付保管费用和其他应付费用。

（四）航空货物运输的索赔时效

托运人或收货人要求赔偿时，应在填写货运事故记录的次日起180日内，以书面形式向承运人提出，并随附有关证明文件。承运人对托运人或收货人提出的赔偿要求，应在收到书面赔偿要求的次日起60日内处理。

航空运输的诉讼时效期间为2年，自民用航空器到达目的地或者运输终止之日起计算。

航空运输合同样本

托运人（姓名）与中国民用航空航空公司（以下简称承运人）协商空运（货物名称）到（到达地名），特签订本合同，并共同遵守下列条款：

第一条，托运人于　月　日起需用＿＿＿＿＿型飞机＿＿＿＿＿架＿＿＿＿＿次运送（货物名称），其航程如下：

　　月　日自至，停留　日；

　　月　日自至，停留　日；

运输费用总计人民币　元。

第二条，根据飞机航程及经停站，可供托运人使用的载量为　千克（内含客座）。如因天气或其他特殊原因需增加空勤人员或燃油时，载量照减。

第三条，飞机吨位如托运人未充分利用，民航可以利用空隙吨位。

第四条，承运人除因气象、政府禁令等原因外，应依期飞行。

第五条，托运人签订本合同后要求取消飞机班次，应交付退机费　元。如托运人退机前承运人为执行本合同已发生调机费用，应由托运人负责交付此项费用。

第六条，托运方负责所运货物的包装。运输中如因包装不善造成货物损毁，由托运方自行负责。

第七条，运输货物的保险费由承运方负担。货物因承运方问题所造成的损失，由承运方自行负责。

第八条，在按照合同的飞行途中，托运人如要求停留，应按规定收取留机费。

第九条，本合同如有其他未尽事宜，应由双方共同协商解决。凡涉及航空运输规则规定的问题，按运输规则办理。

托运人：　　　　　　　　　　　　　承运人：
开户银行：　　　　　　　　　　　　开户银行：
银行账号：　　　　　　　　　　　　银行账号：

　　　　　　　　　　　　　　　　　　　　　　年　月　日订立

子任务六　多式联运合同

多式联运合同是承运人与托运人之间签订的关于多式联运的协议。

一、多式联运合同的订立

（一）多式联运承运人及合同的订立方式

所谓多式联运承运人，又称多式联运经营人，是指与旅客或者托运人订立多式联运合同，并负责履行或者组织履行合同,对全程运输负责,享有承运人权利、承担承运人义务的人。

多式联运承运人不仅是订立多式联运合同的承运人,也是对全程运输负责的承运人。他既不是旅客或者托运人的代理人或代表,也不是参加多式联运的承运人的代理人或代表,或者不是参加联运各区段的具体承运人。多式联运承运人负有履行合同的全部责任,这是他与各区段具体承运人的主要区别所在。

实践中,多式联运合同的订立主要有两种方式。

1. 托运人或旅客与经营多式联运承运人订立合同

在此情况下,先是由托运人或者旅客与多式联运承运人订立承揽运输合同,联运承运人为合同的承揽运输人(也即多式联运承运人)一方,托运人或旅客为合同的另一方。然后,联运承运人与各承运人签订运输协议。在这种情形下,联运承运人以自己的名义与托运人或旅客签订运输合同,承担全程运输,而实际上承运人于承揽运输任务后再将运输任务交由其他承运人完成。但托运人或旅客仅与联运承运人直接发生运输合同关系,而与实际承运人并不直接发生合同关系。因此,联运承运人处于一般运输合同的承运人的地位,享受相应的权利,并承担相应的责任。至于联运承运人与实际承运人之间的关系,则依其相互间的协议而定。

2. 托运人或旅客与第一承运人订立运输合同

在此种情况下,各个承运人为合同的一方当事人,而托运人或旅客为另一方当事人。各个承运人虽均为联运合同的当事人,但只有第一承运人代表其他承运人与托运人或旅客签订运输合同,其他承运人并不参与订立合同。第一承运人则为联运承运人。

(二)承运人之间责任的约定

《合同法》规定:"多式联运承运人可以与参加多式联运的各区段承运人就多式联运合同的各区段运输约定相互之间的责任,但该约定不影响多式联运承运人对全程运输承担的义务。"多式联运合同在签订时,一般应明确各个换装港(站)及货物交接办法或各区段承运人的责任。至于承运人之间的责任,一般先由多式联运承运人与各区段承运人来协议约定,然后在运输合同中加以明确。但是,联运承运人与各区段承运人之间就其责任的约定,不得影响或者减少联运承运人对全程运输所承担的义务。如果约定联运承运人仅对某一区段运输负责,而不对全程运输负责的,该约定应为无效。

二、多式联运合同的法律效力

(一)多式联运合同规定了多式联运合同承运人的地位及区段承运人的关系

多式联运合同的一方是托运人,一方是多式联运承运人。多式联运承运人与区段承运人不同,区段承运人与多式联运承运人存在合同关系,区段承运人只对自己负责运送的过程承担责任。而根据《合同法》第317条的规定:"多式联运承运人负责履行或者组织履行多式联运合同,对全程运输享有承运人的权利,承担承运人的义务。"《合同法》第318条规定:"多式联运承运人可以与参加多式联运的各区段承运人就多式联运合同的各区段运输约定相互之间的责任,但该约定不影响多式联运经营人对全程运输承担责任的义务。"多式联运承运人与区段承运人的约定,不能对抗多式联运承运人。

(二)规定了多式联运单据转让后的责任

《合同法》第320条规定:"因托运人托运货物时的过错造成多式联运经营人损失的,

即使托运人已经转让多式联运单据，托运人仍然应当承担损害赔偿责任。"该条的要点是：因托运人的过错造成联运承运人损失的（如将危险品当做普通物品运输等），即使转让多式联运单据，其仍应承担责任。因为托运人构成了侵权责任。

(三) 明确了赔偿责任

《合同法》第321条规定："货物的毁损、灭失发生于多式联运的某一运输区段的，多式联运承运人的赔偿责任和责任限额，适用调整该区段运输方式的有关法律规定。货物毁损、灭失发生的运输区段不能确定的，依照本章规定承担损害赔偿责任。"

(1) 依照上述规定，联运承运人的赔偿责任和责任限额采用区段责任制（或称分段责任制或网状责任制）。即货物的毁损、灭失发生于多式联运的某一区段时，适用调整该区段运输方式的有关法律规定。例如，货物毁损、灭失发生在铁路区段，则多式联运承运人依照《铁路法》的规定进行赔偿。《铁路法》第17条第1款第2项规定："未按保价运输承运的，按照实际损失赔偿，但最高不超过国务院铁路主管部门规定的赔偿限额"。再如，货物毁损、灭失发生在航空运输区段的，则联运承运人按照《民用航空法》的规定进行赔偿，等等。

(2) "货物毁损、灭失发生的运输区段不能确定的，依照本章规定承担损害赔偿责任。"即按照《合同法》第312条的规定承担赔偿责任。

三、多式联运承运人的责任

(一) 多式联运承运人的责任范围

多式联运承运人负责履行或者组织履行多式联运合同。在多式联运承运人负责履行的情况下，多式联运承运人直接从事运输活动，既是缔约承运人又是实际承运人；在多式联运承运人组织履行的情况下，多式联运承运人并不参加运输活动，而只是缔约承运人。无论多式联运承运人是负责履行或者组织履行多式联运合同，都对全程运输享有承运人的权利，承担承运人的义务。

(二) 多式联运合同责任制度

多式联运至少有两种责任制度，即分散责任制度和统一责任制度。

分散责任制度，是指多式联运承运人无须对全程运输负责，有关责任由发生责任区段的实际承运人负责并适用该区段的相应法律。

统一责任制度，是多式联运承运人对全程运输负责，多式联运承运人与实际承运人之间可以合同形式另行约定相互之间的责任。

可以看出分散责任制度不利于保护托运人或者收货人的利益，不利于托运人或者收货人索赔。同时托运人只与多式联运承运人签订合同，其一般不知道也不需知道货物的运输会由其他承运人来进行。从承担责任的依据上讲，在多式联运运输中实行统一责任制度更合理。我国多式联运合同实行统一的责任制。多式联运承运人要承担全程运输所发生的责任和风险，当然也享有作为全程运输承运人的权利，例如有向托运人或者收货人要求运输费用的权利等。

《中华人民共和国海商法》规定，多式联运承运人与参加多式联运的各区段承运人，可以就多式联运合同的各区段运输，另以合同约定相互之间的责任。但是，此项合同约定不得影响多式联运承运人对全程运输所承担的责任。《联合国多式联运公约》也规定，多式联运承运人对于货物的责任期间，自接管货物之时起到交付货物时为止。也就是说，多式联运承运人对全程运输中所发生的责任负全责，但是多式联运经营人可以与参加多式联运的各区段运输约定相互之间的责任，例如在一个海陆空的多式联运合同中，多式联运承运人与海上运输区段的承运人、陆路运输区段的承运人、航空运输区段的承运人分别对每一段的运输责任约定，在多式联运承运人对托运人或者收货人负全程的运输责任后，可以依据其与每一区段的运输承运人签订的合同，向其他承运人追偿。

知识拓展

通过查阅资料，了解《汉堡规则》《海牙规则》和《维斯比规则》的条款。

基本训练

1. （　　）是托运人与承运人之间缔结的货物运输合同。
   A. 航空货运单　　B. 提货通知书　　C. 货物托运书　　D. 运输许可证
2. 航空运输中，如发生货损、货差，根据《华沙公约》规定，最高赔偿为每千克货物（　　）。
   A. 15 美元　　B. 20 美元　　C. 30 美元　　D. 40 美元
3. 当一笔普通航空货物计费重量很小时，航空公司规定按（　　）计收运费。
   A. 特种运价　　B. 声明价值费用　　C. 起码运费　　D. 指定运价
4. 一张航空运单可以用于一个托运人在（　　）托运的由承运人运往同一目的站的同一收货人的一件或多件货物。
   A. 同一时间　　B. 同一地点　　C. 不同时间　　D. 不同地点
5. 租船提单必须由（　　）签发或证实。
   A. 船长
   C. NVOCC（无船承运人）
   B. 船东
   D. 船东代理人
6. 海运国际公约包括（　　）等。
   A.《海牙规则》
   C.《国际货约》
   B.《海牙—维斯比规则》
   D.《国际货协》
7. 货运合同在何种情况下可以变更或撤销？
8. 航空货合同应包括的内容有哪些？
9. 多式联运合同的特征是什么？

知识应用

某食品公司与某水运公司签订一份运输 200 头黄牛的合同，合同规定由承运人在 7 天内将牛从汉口运至上海。托运方自备饲料和派人押送并负责照料黄牛。在运输过程中，因船长上岸买润滑油及信号灯和加油等耽误了数天时间，船到九江已过 6 天半。押运人要求上岸买饲料遭拒绝。船因主机状况不良，从九江到镇江又花了 2 天半时间，到上海又花了一天时间，结果断了 2 天饲料，饿死了 3 头黄牛，每头牛非正常掉膘 15 千克，共损失 2 万元。食品公司认为船只未按约定时间到港，导致黄牛饿死和非正常掉膘，水运公司应赔偿损失。水运公司认为船期延误系因意外事故造成，属于不可抗力，反而因押运人未及时添置饲料导致损失后果，所有损失应由托运人自负。双方争执不下，诉至法院。

思考题

本案中责任应由哪方负责，为什么？

任务三　运输纠纷及其解决

任务描述

原告：振兴船舶株式会社　　被告：立荣海运股份有限公司　　被告：立荣香港有限公司

2000 年 9 月 20 日，案外人上海高榕食品有限公司（以下简称"高榕公司"）和福建省土产畜产进出口公司（以下简称"福建土畜产公司"）分别与日本 KI FRESH ACCESS. INC.（以下简称"KI 公司"）签订了销售合同书，约定 KI 公司向两公司购买新鲜香菇。货物在装箱时，高榕公司 603 纸箱的鲜香菇和福建土畜产公司 726 纸箱的鲜香菇被装入一个冷藏集装箱内。原告振兴船舶株式会社以自己的名义为上述货物签发了两套提单，载明托运人分别为高榕公司和福建土畜产公司，收货人均为 KI 公司。此后，原告又与被告立荣香港有限公司（以下简称"立荣香港公司"）联系实际运输事宜，由被告立荣海运股份有限公司（以下简称"立荣公司"）实际承运了涉案货物。原告向立荣公司在日本大阪的代理人支付了运费。货物运抵日本后，日本海事鉴定协会应 KI 公司的请求、新日本鉴定协会应立荣公司的请求，在同一地点和同一时间分别对货物做了检验。之后，KI 公司委托案外人东洋码头株式会社对货物进行分拣，部分出售，部分作废弃物处理。12 月 25 日，KI 公司向原告出具了"收据及权益转让书"，载明其已收到原告对货损的赔付款。根据日本海事鉴定协会的检验报告（该检验报告在案件审理中为法院所认定），由于冷藏集装箱在运输途中发生故障致箱内温度升高，而冷藏集装箱内的温度升高正是货损的原因。该货损发生在承运人的责任期间，也在实际承运人立荣公司控制货物的期间内。

关于涉案货物的价值，在庭审中，原告提供了高榕公司和福建土产畜产公司分别出具的发票，显示货物价格为每千克 3.75 美元和每千克 3.72 美元；二被告则提供了高榕公司和福建土畜产公司分别出具的另一套发票，显示货物价格为每千克 1.88 美元和每千克 1.78 美元。双方当事人均无法否定对方证据及其所示内容的真实性。

任务分析

一旦海上货运过程中发生货损，对托运人或收货人而言，承运人应按货运合同承担违约损害赔偿责任，实际承运人应依《海商法》第六十一条承担法定的损害赔偿责任。当承运人与实际承运人都负有赔偿责任时，应当在责任范围内负连带责任。之后，承运人和实际承运人之间可以相互追偿。

概念点击

责任期间、货损、货差、单证纠纷

任务实施

子任务一 运输纠纷的类型

一、运输纠纷的类型

托运人把货物交给承运人后，承运人会根据双方之间的合同和行业惯例履行运输的义务，把货物安全、及时地送交收货人。无论是海运、公路运输、铁路运输还是航空运输，承运人都深刻地意识到货运质量对于业务发展的重要性。虽然加强货运质量管理在一定程度上可以防止运输纠纷的发生，但由于各种危险的存在及货物处在长途的运输过程中多环节作业的情况下，货运事故、运输纠纷的发生难以完全避免。因而纠纷的及时、妥善解决也是运输服务的延伸，更是整个物流链不可缺少的部分。

概括起来，运输纠纷可分为以下五个大类。

（一）货物灭失纠纷

造成货物灭失的原因很多，但其后果均是货方受到损失。绝大多数情况是收货人未能收到货物，也有的是托运人在未转移货物所有权的情况下，无法取回货物。

1. 交通事故造成的货物灭失

货物交付承运人后装上指定的运载工具进行运输，可能由于承运人的运输工具发生事故，如船舶沉没、触礁、飞机失事，车辆发生交通事故等，使得货物连同运输工具一起灭失。

2. 因政府法令禁运和没收、战争行为造成货物灭失

目前，世界局部地区战争还时有发生，战争的突发会造成民用运输工具被误伤而导致货物的灭失。另外，有些国家为保护本国的动植物和人类的卫生状况而对到境的货物实施没收或禁运。2004年年初时，有些国家发生了禽流感，为了防止疫情的扩散、传播，未发现疫情的国家就通过政府法令形式没收有关货物，这样就会造成货物的全部灭失。

3. 因盗窃造成灭失

货物处于承运人掌控时，因涉及的环节较多，其间可能遭受偷盗致损。

4. 承运人的管货过失造成灭失

由于装运积载不当，货物毁损、集装箱落海也是货物灭失的重要原因之一。另外，由于管货的过失，如相关手续混乱造成错装、错卸，使一部分货物无法交给正确的收货人也视为灭失。

5. 故意行为造成灭失

由于承运人故意、恶意毁坏运输工具以骗取保险，从而造成所运输的货物全部损失。而目前更多发生的则是利用运输进行诈骗活动，或是利用单证骗取货物，令货主受损或令承运人承担货物灭失的责任。

（二）货损、货差纠纷

1. 货损纠纷

货损包括货物破损、水湿、汗湿、污染、锈蚀、腐烂变质和虫蛀、鼠咬等，在运输过程中发现的货损的原因极多，归纳起来有以下七种：

（1）未装船、车等运输工具前已受损或已存在了潜伏的致损因素。

（2）装卸作业中受损。

（3）受载场所不符合要求。受载场所不仅包括船舶、汽车、火车和飞机等运输工具，还包括由承运人提供的积载工具，如目前比较常用的集装箱。集装箱空箱交接的标准是箱体完好、水密、无漏光、清洁、干燥、无味，箱号及装载规范清晰，且有合格的检验证书。如果承运人供箱不适货，所致货损应由承运人承担。

（4）运输工具上积载不当。

（5）装运后与途中及卸货前的期间保管不当。如途中的通风不当。

（6）自然灾害。由于自然灾害，如台风、海啸、泥石流等，人力无法控制和预测的灾害造成的运输货物受损。

（7）其他。

2. 货差纠纷

货差即货物数量的短缺，可能由以下原因造成：

（1）货物固有缺陷。

（2）水尺计重产生的误差。

（3）计重方式不同产生的误差。

（4）因卸载过程中飞扬和承运人疏于确定装船数量或卸货数量造成的损耗。

（三）货物延迟交付纠纷

货物延迟交付是指因承运货物的交通工具发生事故，或因承运人在接受托运时未考虑到本班次的载货能力而必须延误到下一班期才能发运，或在货物中转时因承运人的过失使货物在中转地滞留，或因承运人为自身的利益绕航而导致货物晚到卸货地。在航空货运中，经常会由于机械故障、天气原因和海关扣关等原因造成货物的延迟交货。

（四）单证纠纷

承运人未及时签发提单，或托运人未要求签发提单而造成托运人受损的，承运人应托运人的要求倒签、预借提单，从而影响到收货人的利益，收货人在得知后向承运人提出索赔，继而承运人又与托运人之间发生纠纷；或因承运人在单证签发时的失误引起承、托双方的纠纷；此外，也有因货物托运过程中的某一方伪造单证引起的单证纠纷。

（五）其他纠纷

运输中，除了与货物直接相关的纠纷以外，还会有运费、租金等纠纷，如因承租人或货方的过失或故意，未能及时或全额交付运费或租金；承租的运输工具的技术规范达不到原合同的要求而产生的纠纷；由于运输市场行情的变化，导致交易一方认为原先订立的合同使其在新的市场情况下受损，故毁约而产生的纠纷；因双方在履行合同过程中对其他费用如滞期费、装卸费等发生纠纷；因托运人的过失，造成对承运人的运输工具，如船舶、集装箱、汽车、火车及航空器等的损害引发的纠纷。

子任务二　承运人的责任期间和免责事项

一、承运人的责任期间

承运人的责任期间是指除法律另有规定外，如果在此期间货物发生灭失或者损坏，承运人应当负赔偿责任的期间。

（一）海运运输承运人的责任期间

在集装箱运输时，承运人的责任期间采取"港至港"原则，即从装运港接收货物时起至卸货港交付货物时止，货物处于承运人掌管之下的全部期间。此责任期间为法定强制责任期间，即除法律另有规定外，承运人不得与托运人约定减轻或排除，否则约定无效。掌管指法律上的占有，无论当时货物是否在船；接收指开始占有；交付指失去占有。集装箱运输分两种情况：

第一种由托运人自行装妥货柜送至货柜场，交与运送人。待货物运抵目的港再由收货人到该地货柜场，将货柜提出、运回并拆货。在这种情况下，承运人的责任期间为从装运港接收集装箱时起至卸货港交付集装箱时止，货物处于承运人掌管之下的全部期间。

第二种是货物的收货、装柜、拆柜以及送货均系由承运人办理，故此时的责任期间是从装运港接收货物时起至卸货港交付货物时止，货物处于承运人掌管之下的全部期间。但应注意的是，除法律另有规定外，承运人与托运人应当根据下列规定，对集装箱货物的损坏或者短缺负责。

（1）由承运人负责装箱的货物，从承运人收到货物后至运达目的地交付收货人之前的期间内，箱内货物损坏或者短缺，由承运人负责。

（2）由托运人负责装箱的货物，从装箱托运后至交付收货人之前的期间内，如箱体和封志完好，货物损坏或者短缺，由托运人负责；如箱体损坏或封志破坏，箱内货物损坏或者短缺，由承运人负责。在集装箱运输中，作为承运人或实际承运人的船舶运输公司与集装箱场站间就集装箱的进场、堆存、装箱、拆箱、中转、出场、修理和清洗所产生的权利、义务依据相关的法律规定确定。

在非集装箱运送时，承运人的责任期间包括两部分：① 法定强制责任期间，是指从货物装上船时起至卸下船时至，货物处于承运人掌管之下的全部期间。"装船"和"卸船"应依具体的装卸方式来定。如果使用船上吊钩装卸货物，则以吊钩挂起货物为标志确认装船和卸船，即"钩至钩"；如果使用岸吊，则以货物越过船舷为标志确认装船和卸船，即"舷至舷"；如果使用管道装卸，则以货物通过船上接管口处为标志确认装船和卸船，即"管至管"，除法律另有规定外，承运人不得与托运人约定减轻或排除此责任期间，否则约定无效。② 约定责任期间，是指装船前和卸船后的一定期间。法律允许承运人和托运人就装船前和卸船后所承担的责任达成任何协议，因此双方当事人可以约定由承运人承担一定的责任，或约定承运人减轻或免除责任。只要双方当事人意思表示真实、合法，约定就有效。

（二）公路运输承运人的责任期间

公路运输承运人的责任期限是从接受货物时起至交付货物时止。在此期限内，承运人对货物的灭失、损坏负赔偿责任。但不是由于承运人的责任所造成的货物灭失损坏，承运人不予负责。

（三）铁路运输承运人的责任期间

按国际货协运单承运货物的铁路，应负责完成货物的全程运送，直到在到站交付货物时为止。如向非参加国际货协的国家铁路办理货物转、发送时，则直到按另一种国际协定的运单办完运送手续时为止。因此，发送铁路和每一继续运送的铁路，自接收附有运单的货物时起，即认为参加了这项运送契约，并由此承担义务。

参加国际联运货物的铁路，从承运货物时起至到站交付货物时为止，对货物运到逾期以及因货物全部或部分灭失、重量不足、毁损、腐败或其他原因降低质量所发生的损失负责。如由于铁路过失而使发货人或海关在运单上已做记载的添附文件遗失以及由于铁路过失未能执行运送契约变更申请书，则铁路应对其后果负责。

（四）航空运输承运人的责任期间

我国的民用航空法主要借鉴了《华沙公约》关于承运人的相关规定，承运人责任期间采取的是两要素判断标准，即货物处于承运人照管之下且在机场或航空器上。航空运输期间，不包括机场外的任何陆路运输、海上运输、内河运输过程；但是，此种陆路运输、海上运输、内河运输是为了履行航空运输合同而装载、交付或者转运，在没有相反证据的情况下，所发生的损失视为在航空运输期间发生的损失。

（五）多式联运承运人的责任期间

多式联运承运人的责任期间为从其接管货物之时起至交付货物时止的期间。具体来说是自多式联运承运人从下列各方接管货物之时起：① 发货人或其代表；② 根据接管货物地点适用的法律或规章，货物必须交其运输的当局或其他第三方。直到多式联运承运人以下列方式交付货物时为止：① 将货物交给收货人；② 如果收货人不提取货物，则按多式联运合同或交货地适用的法律或特定行业惯例，将货物置于收货人支配之下；③ 将货物交给根据交货地点适用的法律或规章必须向其交付的当局或其他第三方。货物在上述期间被视为是在多式联运承运人的掌管之下。

二、承运人的免责事项

（一）海运承运人的免责事项

虽然航行和货物运输都是承运人负责的事情，但是考虑到海上运输具有一定的危险性，我国《海商法》中又规定了以下一系列承运人对于货物在其责任期间发生的灭失或者损坏可以免责的事项，这些事项是法定的，可以减少或放弃，但不能增加。

（1）船长、船员、引航员或承运人的其他受雇人在驾驶船舶或管理船舶中的过失。这种过失包括了"驾驶过失"和"管船过失"这两大航行过失。其中，驾驶过失是指在采取船舶移动措施时判断发生错误导致损失,如船长、船员疏于瞭望,致使船舶触礁、搁浅、与他船相撞等。管船过失是指船舶航行中欠缺对于船舶应给予的注意,如船长、船员忘记给锅炉加水,应该通风的时候没有打开通风设备等。

(2) 火灾。根据我国法律规定,承运人主张火灾免责时不负举证责任,所以这一免责是对承运人特殊保险的一条规定。但如果索赔方能够证明火灾是由于承运人本人的过失或私谋的存在而引起的,则不能免责。承运人本人一般指参与公司经营管理的主要人员,当然也有观点认为仅指公司的董事会成员或拥有所有权的经理人才是承运人本人。

(3) 类似于"不可抗力"的免责。天灾、海难或者其他可航水域的危险或者意外事故。天灾是指来自于空中的灾难,如暴雨、雷电等;海难是指来自于海面的灾难,如海水、海浪、触礁、撞到冰山等。

(4) 战争或者武装冲突。战争包括正式宣战的战争、没有正式宣战的战争,两国间的战争及内战。

(5) 政府或者主管部门的行为、检疫限制或者司法扣押。政府或者主管部门的行为是指因为政府命令、禁止或者限制货物的输出或卸载、禁运、封锁港口、检疫、拒捕、管制、征用、没收等行为而导致货物的损害后果。司法扣押限于政府通过高压手段进行干预的情况,不包括通过正常的司法程序而对船舶进行的扣押,因此,承运人和托运人之间由于发生纠纷进行诉讼而导致船物被扣押不属于免责事项。

(6) 罢工、停工或者劳动受到限制,包括因劳资纠纷而发起的罢工或其他不能正常进行工作的情形,在海上救助或者企图救助人命或者财产。

(7) 基于货方原因的免责。如托运人、货物所有人或者他们的代理人的行为;货物的自然属性或者固有缺陷;货物包装不良或者标志欠缺、不清;其他原因。

(8) 经谨慎处理仍未发现的船舶潜在缺陷。

(9) 非由于承运人或承运人的受雇人、代理人的过失造成的其他原因。

(二) 公路运输承运人的免责事项

根据我国公路运输规定,由于下列原因而造成的货物灭失损坏,承运人不负责赔偿:

(1) 由于人力不可抗拒的自然灾害或货物本身性质的变化以及货物在运送途中的自然消耗。

(2) 包装完好无损,而内部短损变质者。

(3) 违反国家法令或规定,被有关部门查扣、弃置或作其他处理者。

(4) 收货人逾期提取或拒不提取货物而造成霉烂变质者。

(5) 有随车押运人员负责途中保管照料者。

(三) 铁路运输承运人的免责事项

如因下列原因造成铁路运输承运人所承运的货物发生全部或部分灭失、重量不足、毁损、腐坏或质量降低,铁路不负赔偿责任。

(1) 由于铁路不能预防和不能消除的情况而造成的后果。

(2) 由于货物在发站承运时质量不符合要求或由于货物的特殊自然性质,以致引起自燃、损坏、生锈、内部腐坏和类似的后果。

（3）由于发货人或收货人的过失或由于其要求而造成的后果。

（4）由于发货人或收货人装车或卸车的原因而造成的后果。

（5）由于发送铁路规章允许使用敞车类货车运送货物而造成的后果。

（6）由于发货人或收货人或他们的委派的货物押运人未采取保证货物完整的必要措施而造成的后果。

（7）由于容器或包装的缺陷，在承运货物时无法从其外表发现而造成的后果。

（8）由于发货人用不正确、不确切或不完全的名称托运不准运送的物品而造成的后果。

（9）由于发货人在托运应按特定条件承运的货物时，使用不正确、不确切或不完全的名称或未遵守《国际货协》的规定而造成的后果。

（10）由于《国际货协》规定的标准范围内的货物自然减量以及由于运送中水分减少，或货物的其他自然性质，以致货物减量超过规定标准。

（11）此外，在下列情况下，对未履行货物运到期限，铁路也不负责任：

① 发生雪（沙）害、水灾、崩塌和其他自然灾害。

② 发生其他致使行车中断或限制的情况，可按有关国家政府的指示执行。

（四）航空运输承运人的免责事项

对于下列原因造成的货物损失承运人可免除责任。

（1）不可抗力。

（2）包装方法或容器有问题，但从外部无法发现。

（3）包装完整封志无异状而内部件短少或损坏。

（4）货物的合理损耗。

（5）承运人采取措施，但无法制止的货物损坏。

（6）托运人或收货人的过失。

子任务三　托运人的责任

托运人的责任是托运人在货物运输中应有的责任。

一、海运托运人的责任

托运人托运货物，应当妥善包装，并向承运人保证，在货物装船时提供货物的品名、标志、包数、件数、重量和体积的正确性。由于包装不良或者上述资料不正确，对承运人造成损失的，托运人应当负赔偿责任。

托运人托运货物，应及时向港口、海关、检疫、检验和其他主管机关办理货物运输所需要的各项手续，并将已办理好的各项手续的单证交付托运人。因办理的各项手续的单证不完备或者不及时交付承运人，使承运人的利益受到损失，托运人应负赔偿责任。

托运人托运危险货物，应当依照有关海上危险货物运输的规定，妥善包装，标示危险品标志和标签，并将其正式名称和性质以及应当采取的预防措施以书面通知的形式通知承运人。托运人未通知或者通知有误的，承运人可以在任何时间、任何地点，根据情况需要将货物卸下，销毁或者使之不能为害而不负赔偿责任。托运人因托运此类物品造成承运人损失的，应负赔偿责任。

承运人知道危险物的性质并已同意装运，仍然可以在该项货物对于船舶、人员或者其他货物构成危险时将货物卸下，销毁或者使之不能为害而不负赔偿责任。

托运人在集装箱运输中应有的责任。这种责任是不同于传统海运方面的。拼箱货托运人的责任与传统海运相同。整箱货托运人的责任不同于传统运输的有：应保证所报货运资料的正确和完整；承运人有权核对箱内所装货物，因核对而发生的费用，由托运人承担；海关或其他权力机关开箱检查，其费用和由此发生货损、货差，由托运人承担；如集装箱货不满，或是垫衬不良，积载不当，或是装了不适于集装箱运输的货物，因而引起货损、货差，概由托运人负责；如使用了托运人自有的不适航的集装箱，所引起的货损事故，应由托运人负责；在使用承运人集装箱及设备其间造成第三者财产或生命的损害，应由托运人负责赔偿。

二、公路运输托运人的责任

公路运输托运人应负的责任基本与铁路、海上运输相同，主要包括按时提供规定数量的货载；提供准确的货物详细说明；货物唛头标志清楚；包装完整，适于运输；按规定支付运费。

三、铁路运输托运人的责任

铁路法第十七条规定，铁路运输企业应当对承运的货物、包裹、行李自接受承运时起到交付时止发生的灭失、短少、变质、污染或者损坏，承担赔偿责任。即铁路承运人对自接受承运时起至交付时止的货物承担无过错责任。如果铁路承运人要根据铁路法第十七条、第十八条规定免责，其必须对免责情形举证，否则将承担举证不能的后果。合同法也有相类似的规定。但承运人承担无过错责任并非免除托运人的一切举证责任。尤其是对托运人自装的，除证明托运及货损事实外，还应证明货损发生在铁路承运人接受承运时起至交付时止的区段内，或者证明其在交付时货物是符合运输条件的。这是由于铁路货物运输规章对托运人自装货物运输的特殊规定所决定的。同铁路承运人装车所不同的是，《铁路货物运输规程》第四十七条规定，对于托运人自装的苫盖篷布的敞车整车货物，凭篷布现状交接。也就是说铁路承运人接受货物时并不检查，对交付的货物内在质量、包装、装车等情况不知情，由托运人自己对货物的装载情况负责。这种情况下，货损的原因既可能发生在货物交接前，也可能发生在货物交接后的运输过程中。如果不对两种情形进行区分，即认为铁路承运人应承担无过错责任，对铁路承运人而言，在接收货物时无检查货物之义务的情况下却要对货物的质量等负有举证责任是不公平的，也不符合铁路法关于无过错责任区间的规定。因此，对于托运人自装的货物到站后发现毁损，如果装车外观没出现问题，就应由托运人承担质量的证明责任，托运人不能证明的则承担不利后果。

四、航空运输托运人的责任

托运人托运货物应当遵守适用的公约、法律和规定以及本条件。因托运人违反公约、法律和规定及本条件造成的损失，托运人应当承担责任。因此，托运人应当保证：

① 托运货物的出入境运输为始发地、目的地及经停地国家所允许。

② 托运货物的包装符合航空运输要求。

③ 随附的运输文件必须齐全、有效。

④ 托运货物不会危及航空器、旅客及相关工作人员的安全；不会危及航班飞行安全；不会烦扰旅客。

五、连带责任

（1）托运人承担付清所有费用的责任。保证支付收货人拒绝或不能足额支付的所有费用，包括到付运费、到付运费手续费、保管费等。托运人还应当承担根据其指示运回货物所产生的费用。

（2）托运人应当保证支付由于以下原因可能使承运人及相关承运人承担的所有开支、罚款、损失等费用：

① 托运货物中有禁止运输的物品。

② 限制运输的货物不符合限制条件。

③ 托运货物的标识、数量、地址、包装或者托运货物品名的不准确、不正确、不完整。

④ 托运货物的进、出口许可或者所需证书、文件的缺失、延滞或者错误。

⑤ 托运货物的实际品名、重量、体积等与货运单不符。

⑥ 由于托运货物或文件的原因导致的海关、警察、检验检疫等行政当局的罚款、扣押、拒绝入境等。

六、货物包装的责任

（1）托运人应当根据货物性质、价值、重量、形状和体积，采用适合航空运输全过程的内、外包装材料和包装方法，对货物进行妥善包装。对存在被抢或被盗风险的贵重物品、货币现钞等，托运人应使用不表明内装物品的中性包装。

（2）托运人应当保证托运货物的包装在航空运输期间的正常操作过程中不会散开、变形、渗漏；不会伤害人员、损坏和污染设备或者其他货物、行李和邮件。

（3）托运人所使用的包装材料应当符合托运货物的出发地、经停地、目的地国家或地区的法律和规定。

七、货物标记和标签的责任

（1）托运人应当在每一件托运货物的外包装上正确地标明货物的始发站、目的站、托运人以及收货人的名称、详细地址、电话号码等信息，字迹要清晰、易读、持久。如托运的货物是危险品，托运人必须根据适用法律及规定的要求在货物外包装上进行标注。

（2）托运人应当在每一件托运货物的外包装上粘贴或拴挂运输识别标签。如果托运的是特种货物，托运人应当根据货物性质，在货物外包装上粘贴或拴挂特种货物标签和操作标签。

（3）托运人使用旧包装作为托运货物的外包装时，必须清除原包装上残旧的货物标记和标签，以保证货物快速、安全、准确地运输。

子任务四　索赔与争议的解决

在货物运输中产生纠纷以致引起诉讼是常有的事。一方面托运人可能会因为货物在运输途中发生的各种损失而向承运人索赔；另一方面，承运人也可能会因为未支付的运费或其他应付款项而向托运人索赔。这些索赔并不一定都是承运人的过失引起的。正确解决这些纠纷不仅要找到真正的过失方，还要清楚承运人或托运人谁应对过失负责。这是一个复杂的任务，其中不仅牵扯到货物运输法，还会涉及代理法、合同法等其他许多法律规范。

一、解决纠纷的措施

造成货损或货物灭失的，先向保险公司索赔，再由保险公司行使代位求偿权向责任人追偿。考虑到物流经营人或直接承运人的责任期间比较复杂，且有各种免责、责任限制的可能，这是在运输货物投保情况下货物利益方最适宜采用的方式。

如所涉及货物未投保、未足额投保或货损在免赔额以内，或货物利益人认为货损远超出保险赔偿额，则可以依合同向物流经营人提出赔偿请求，再由物流经营人向责任人追偿。因为托运人一旦把货物交付给物流经营人，托运人很难了解货损、货差发生在哪个实际承运人的责任期间内，故只能向物流经营人先行索赔。如果托运人直接订立物流作业分合同的，而且也知道货损、货差发生的确切责任期间，则可以依据分合同向实际履行人追偿。

二、解决运输纠纷的途径

目前，我国解决运输纠纷、索赔一般有四种途径：当事人自行协商解决、调解、仲裁和诉讼。其中，仲裁和诉讼是司法或准司法的解决途径。运输纠纷出现后，大多数的情况下，纠纷双方会考虑到多年的或良好的合作关系和商业因素，互相退一步，争取友好协商解决，同时为以后的进一步合作打下基础。但也有的纠纷因双方之间产生的分歧比较大，无法友好协商解决，双方可以寻求信赖的行业协会或组织进行调解，在此基础上达成和解协议，解决纠纷。但还会有一部分纠纷经过双方较长时间的协商，甚至在行业协会或其他组织介入调解的情况下还是无法解决，双方只能寻求司法的途径。

三、索赔时效和诉讼时效

各种纠纷如果必须诉之于司法机构，则诉讼时效和索赔时效是一重要的概念。

我国《海商法》规定，就海上货物运输向承运人要求赔偿的请求权，时效期间为一年，自承运人交付或者应当交付货物之日起计算；在时效期间内或者时效期间届满后，被认为负有责任的人向第三人提起追偿请求的，时效期间为90日，自追偿请求人解决原赔偿请求之日起计算。

有关航次租船合同的请求权，时效期间为两年，自知道或者应当知道权利被侵害之日起计算。

因公路运输的纠纷要求赔偿的有效期限，从货物开票之日起，不得超过六个月。从提出赔偿要求之日起，责任方应在两个月内做出处理。

发货人或收货人根据铁路运输合同向铁路提出赔偿请求以及铁路对发货人或收货人关于

支付运送费用、罚款和赔偿损失的要求，可在九个月内提出；货物运到逾期的赔偿请求，应在两个月内提出。

上述期限按如下方法计算：关于货物部分灭失、毁损、重量不足、腐坏或由于其他原因降低质量以及运到逾期的赔偿请求，自货物交付之日起计算；关于货物全部灭失的赔偿请求，自货物运到期限期满后30天起计算；关于补充支付运费、杂费、罚款的赔偿请求，或关于退还上述款额的赔偿请求，或由于运价使用不当以及费用计算错误所发生的订正清算的赔偿请求，自付款之日起计算。如未付款时，从货物交付之日起计算。赔款金额的多少以违约时间长短而定。赔款金额的数额一般最多不超过货物总金额的5%。

知识拓展

了解解决运输纠纷的各种途径其优缺点。

基本训练

1. 由于航空货运单所填写内容不准确、不完全，致使承运人或其他人遭受损失，由（　　）负责。
   A. 托运人　　　B. 承运人　　　C. 代理人　　　D. 机场服务人员
2. 基于货方原因的免责事项不包括（　　）。
   A. 托运人、货物所有人或者他们的代理人的行为
   B. 货物的自然属性或者固有缺陷
   C. 货物包装不良或者标志欠缺、不清
   D. 经谨慎处理仍未发现的船舶潜在缺陷
3. 下列属于铁路运输承运人的免责事项是（　　）。
   A. 由于铁路不能预防和消除的情况造成的后果
   B. 由于发货人或收货人的过失造成的损失
   C. 由于容器或包装的缺陷，在承运货物时无法从其外表发现而造成的后果
   D. 由于发货人用不正确、不确切或不完全的名称托运不准运送的货物而造成的后果
4. 海运承运人的免责事项主要有哪些？
5. 航空运输托运人在什么情况下可能附有连带责任？
6. 公路运输承运人的免责事项主要有哪些？

知识应用

托运人甲某与郑州铁路分局于2002年8月31日签订了运输合同一份。约定：苹果1 500箱，纸箱包装，承运人运输期限6天，到达站为长沙车站，收货人为甲某本人。甲某自行装车，货物标明"鲜活易腐"，9月1日18时挂有该棚车的111次列车从郑州车站出发，甲某派押运人一名，9月3日20时111次列车在站停留。当时气温为37℃，押运人多

次请示车站挂运无效，货车停留到9月9日挂出。9月10日到达长沙车站，卸车时发现很多苹果纸箱外表有湿迹，经开箱检查，苹果有不同程度的腐烂变色。经当地质检部门对苹果腐坏原因进行鉴定，结论为：腐坏因运输时间过长，气温较高，包装不合格，堆码紧密，影响通风所致。甲某将尚可食用的苹果进行处理后，要求承运方赔偿损失。

思考题
1. 货损的主要责任应该由谁来承担，为什么？
2. 托运人甲某是否对损害的发生也有责任，为什么？

参考答案

项目一　货物运输操作的认知

基本训练：1. C　2. D　3. A　4. B　5. A

项目二　货物运输操作的应用

任务一　公路货物运输

基本训练：1. D　2. B　3. C　4. A　5. ABC

任务二　铁路货物运输

基本训练：1. A　2. C　3. B　4. D　5. C

任务三　水路货物运输

基本训练：1. A　2. C　3. C　4. B

任务四　航空货物运输

基本训练：1. C　2. C　3. C　4. B　5. D

任务五　管道运输

基本训练：1. A　2. BCD　3. A　4. ABCDE

任务六　国际多式联运

基本训练：1. C　2. B　3. C　4. B

项目三　货物运输操作的拓展

任务一　物流过程中的运输决策

基本训练：1. D　2. C　3. C　4. B

知识应用：最优运输线路决策（节约里程法）典型实例

解：计算配送中心至各用户以及各用户之间的最短距离，列表得最短距离表：

	P	A	B	C	D	E	F	G	H	I
P		11	10	9	6	7	10	10	8	7
A			5	10	14	18	21	21	13	6
B				5	9	15	20	20	18	11
C					4	10	19	19	17	16
D						6	15	16	14	13
E							9	17	15	14
F								14	18	17
G									12	17
H										7
I										

由最短距离表，利用节约法计算出各用户之间的节约里程，编制节约里程表：

	A	B	C	D	E	F	G	H	I
A		16	10	3	0	0	0	6	12
B			14	7	2	0	0	0	6
C				11	6	0	0	0	0
D					7	1	0	0	0
E						8	0	0	0
F							6	0	0
G								6	0
H									8
I									

根据节约里程表中节约里程多少的顺序，由大到小排列，编制节约里程顺序表，以便尽量使节约里程最多的点组合装车配送。

顺位号	里程	节约里程	顺位号	里程	节约里程	顺位号	里程	节约里程
1	A-B	16	6	H-I	8	10	F-G	6
2	B-C	14	8	B-D	7	10	G-H	6
3	A-I	12	8	D-E	7	15	A-D	3
4	C-D	11	10	A-H	6	16	B-E	2
5	A-C	10	10	B-I	6	17	D-F	1
6	E-F	8	10	C-E	6			

根据节约里程排序表和配车（车辆的载重和容积因素）、车辆行驶里程等约束条件，渐进绘出配送路径：

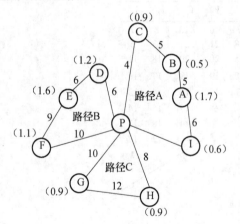

路径A：4吨车，走行32千米，载重量3.7吨；
路径B：4吨车，走行31千米，载重量3.9吨；
路径C：2吨车，走行30千米，载重量1.8吨；
总共行走里程93千米，共节约里程63千米。

任务二　货物运输合同

基本训练：1. A　2. B　3. C　4. AB　5. ABD

6. AB

任务三　运输纠纷及其解决

基本训练：1. A　2. D　3. ABCD

参 考 文 献

[1] 陈宜吉. 铁路货运组织 [M]. 北京：中国铁道出版社，2003.
[2] 季永青. 运输管理实务 [M]. 北京：高等教育出版社，2003.
[3] 朱隆亮，谭任绩. 物流运输组织管理 [M]. 北京：机械工业出版社，2004.
[4] 张敏，黄中鼎. 物流运输管理 [M]. 上海：上海财经大学出版社，2004.
[5] 张瑜. 物流法规 [M]. 北京：对外经济贸易大学出版社，2004.
[6] 张旭凤. 运输与运输管理 [M]. 北京：北京大学出版社，2004.
[7] 杨浩. 运输组织学 [M]. 北京：中国铁道出版社，2004.
[8] 杨庆云. 物流运输管理 [M]. 北京：中国轻工业出版社，2005.
[9] 周广亮. 道路交通物流运输管理 [M]. 郑州：郑州大学出版社，2005.
[10] 喻小贤. 物流运输与配送管理 [M]. 北京：电子工业出版社，2005.
[11] 曲昭仲. 物流运输管理与实务 [M]. 北京：机械工业出版社，2005.
[12] 徐家骅. 物流运输管理实务 [M]. 北京：北京交通大学出版社，2006.
[13] 翟光明. 运输作业实务 [M]. 北京：中国物资出版社，2006.
[14] 姬中英. 物流运输业务管理 [M]. 北京：科学出版社，2006.
[15] 吴文一. 国际物流运输实务 [M]. 上海：立信会计出版社，2006.
[16] 戴实，冯双. 铁路货运组织 [M]. 北京：中国铁道出版社，2006.
[17] 董文尧. 质量管理学 [M]. 北京：清华大学出版社，2006.
[18] 高名波. 物流运输管理实务 [M]. 北京：中国劳动社会保障出版社，2006.
[19] 李克秦. 物流运输实务 [M]. 北京：中国物资出版社，2006.
[20] 阎子刚. 物流运输管理实务 [M]. 北京：高等教育出版社，2006.
[21] 朱强，阎子刚. 运输管理实务 [M]. 北京：中国物资出版社，2006.
[22] 程言清. 港口物流管理 [M]. 北京：电子工业出版社，2007.
[23] 陈克勤，翟光明. 物流运输实务 [M]. 北京：中国物资出版社，2007.
[24] 王鸿鹏. 集装箱运输管理 [M]. 北京：电子工业出版社，2007.
[25] 刘来平. 物流运输管理实务 [M]. 北京：化学工业出版社，2007.
[26] 奉毅. 物流运输管理实务 [M]. 成都：西南交通大学出版社，2007.
[27] 刘雅丽. 运输管理 [M]. 北京：电子工业出版社，2008.
[28] 姜志遥. 运输管理实务 [M]. 北京：中国铁道出版社，2008.
[29] 毛宁莉. 运输作业实务 [M]. 北京：机械工业出版社，2008.
[30] 邹龙. 物流运输管理 [M]. 重庆：重庆大学出版社，2008.
[31] 秦英. 物流运输组织与管理实务 [M]. 北京：科学出版社，2008.
[32] 林慧丹. 物流运输管理 [M]. 上海：上海财经大学出版社，2008.